品牌

（第三版）

余明阳　朱纪达　肖俊崧　著

U0360351

上海交通大学出版社
SHANGHAI JIAO TONG UNIVERSITY PRESS

内容提要

　　品牌传播学是系统研究品牌传播规律和技巧的理论,揭示了品牌成长与发展的核心,是品牌理论体系中的核心组成部分。本书以符号学、传播学和市场学理论为基础,全面综合了国际国内品牌传播研究成果,在此基础上进行了系统创新;全书从概念界定、理论框架、战略、元素、手段、媒介、受众、市场周期、全球化、本土化与标准化、网络时代、效果与价值评估等方面顺应逻辑层层展开,系统完整,结构严谨。

　　本书既可以作为大学、研究生教材,也可以作为品牌研究者的必要参考书和品牌爱好者的学习入门书,更可以成为企事业单位决策人和咨询、广告、公关公司从事品牌传播的指导性书籍。

图书在版编目(CIP)数据

　　品牌传播学 / 余明阳,朱纪达,肖俊崧著. —3 版
. —上海:上海交通大学出版社,2022.10(2024.8 重印)
　　ISBN 978 - 7 - 313 - 27615 - 5

　　Ⅰ.①品… Ⅱ.①余… ②朱… ③肖… Ⅲ.①品牌-
传播学　Ⅳ.①F273.2

　　中国版本图书馆 CIP 数据核字(2022)第 185795 号

品牌传播学(第三版)

PINPAI CHUANBOXUE (DI-SANBAN)

著　　者:余明阳　朱纪达　肖俊崧
出版发行:上海交通大学出版社　　　　　　　地　　址:上海市番禺路 951 号
邮政编码:200030　　　　　　　　　　　　　电　　话:021 - 64071208
印　　刷:浙江天地海印刷有限公司　　　　　经　　销:全国新华书店
开　　本:710mm×1000mm　1/16　　　　　印　　张:18
字　　数:362 千字
版　　次:2016 年 6 月第 1 版　2022 年 10 月第 3 版　　印　　次:2024 年 8 月第 9 次印刷
书　　号:ISBN 978 - 7 - 313 - 27615 - 5
定　　价:69.00 元

序

品牌，是一种超级符号，蕴含着消费者对产品品质、服务保障、心理认同、价值追随，甚至消费荣誉的综合判断与评价，是企业、社会组织、城市乃至国家的无形资产与文化软实力的综合体现与标志。在中国由高速发展向高质量发展的转轨时期，中国产品向中国品牌的升级，便是重要抓手之一。

既然品牌的使用、评价及价值承载是由消费者确定的，那么品牌就不可能闭门造车、自娱自乐，必须有效地传递给消费者，这便是品牌传播。如此看来，没有传播便不能成为品牌。传播是由商标蜕变成品牌的重要路径，而品牌传播学便是研究品牌传播的内涵、外延、规律、法则、路径和方法的科学。

本人从 1992 年起聚焦品牌研究，至今已有 30 年经历，先后出版过《品牌战略》（海天出版社，1997 年）、《名牌的奥秘》（武汉大学出版社，1999 年）、"名牌丛书"（6 卷本，武汉大学出版社，1999 年起）、"新视界广告与品牌书系"（20 卷本，广东经济出版社，2001 年起）、《品牌学》（安徽人民出版社，2002 年）、《世界顶级品牌》（安徽人民出版社，2004 年）、《城市品牌》（广东经济出版社，2004 年）、《大学品牌》（广东经济出版社，2004 年）、《品牌传播学》（上海交通大学出版社，2005 年）、《品牌管理学》（复旦大学出版社，2006 年）、《中国品牌报告》（上海交通大学出版社，2006 年，2007 年，2008 年，2009 年，2011 年，2015 年，2018 年）、《品牌文化》（武汉大学出版社，2008 年）、《品牌定位》（武汉大学出版社，2008 年）、《品牌营销管理》（武汉大学出版社，2008 年）、《品牌危机管理》（武汉大学出版社，2008 年）、《品牌竞争力》（武汉大学出版社，2008 年）、《媒体品牌》（上海交通大学出版社，2009 年）、《品牌战略》（清华大学出版社、北京交通大学出版社，2009 年）、《品牌学概论》（华南理工大学出版社，2008 年）、《品牌传播学（第二版）》（上海交通大学出版社，2016 年）、《品牌学通论》（高等教育出版社，2013 年）、《品牌学教程》（复旦大学出版社，2005 年）、《品牌学教程（第二版）》（复旦大学出版社，2009 年）、《品牌学教程（第三版）》（复旦大学出版社，2022 年）、《品牌传播学（第三版）》（上海交通大学出版社，2022 年）。不知不觉中，30 年间，已出版了 29 部品牌书籍，另主编两套共计 26 部丛书，从青丝到白头，用情深厚，用心良苦。

同样，30 年间，我带出了上百人品牌团队，有国内外高校的教师、政府部门和企事业单位的品牌主管、媒体品牌专栏负责人、品牌中介服务机构的董事长、总经理、业务骨干等,他们当中主要是我的博士后、博士生、硕士生,也有些本校和其他院校的年轻人。本书的另外两位共同作者朱纪达、肖俊崧便是两位优秀的年轻学者,他们在厦门大学攻读广告专业传播学硕士期间就开始参与我们课题研究与品牌策划实务,像朱纪达在中国海洋大学任教,就一直在主讲"品牌传播学"课程,真为年轻学者的成长高兴,中国品牌界后继有人,后浪可畏。

本书的第一版出版于 2005 年 1 月,第二版出版于 2016 年 6 月,是该领域的第一部教材,出版后多次重印,被诸多大学选为教材和考研指定参考书,受到大家的欢迎,这是学界同仁与业界专家对我们的厚爱,也是我们进行不断修正提高的核心力量。2020 年至今的三年中,疫情反复,经常无法参加各种论坛、讲学、咨询与研讨,借着较为充裕的宅家时间,把我在品牌研究中最有代表性的两本教材做了内容补充、升级、案例更新。其中在复旦大学出版社出版的"普通高等教育十一五国家级规划教材"《品牌学教程(第三版)》已于 2022 年 9 月正式出版,今天《品牌传播学(第三版)》也正式出版了,让我倍感欣慰和感动。为了便于教学的规范化,本教材第三版我们专门制作了教师用 PPT、教学大纲与示范考卷等,希望对品牌教学水准的提升尽些绵薄之力。

特别感谢本书的策划编辑,上海交通大学出版社提文静博士十多年来对本书的悉心运营与无私付出,她的眼光、敬业精神与专业水准,都对本教材的提升起了重要作用。

2017 年 5 月 10 日,国务院正式确立为首个"中国品牌日",至今已过第六个庆典日,这标志着品牌已被上升到了前所未有的国家战略的高度。习近平总书记指出,要推动中国产品向中国品牌转变。这是中国品牌奋进的冲锋号角,作为中国品牌学人,我们倍感振奋。中国共产党第二十届全国代表大会指出,高质量发展是新时代中国经济的鲜明特征。这将为中国品牌事业的发展带来广阔的舞台,愿本书的出版能为中国品牌事业添砖加瓦。

余明阳

上海交通大学中国企业发展研究院院长
上海交通大学安泰经济与管理学院教授、博士、博士生导师
2022 年 10 月 25 日于上海交通大学

目 录

第一章

品牌与品牌传播学

- 品牌
- 品牌传播学

第一节　品　牌

当今世界已进入品牌时代。早在 1955 年,广告大师奥格威在美国广告代理协会上的一次讲话中就指出:"速卖、强卖的广告形式已成为过去,广告应该是为了构建品牌形象而进行的长期投资。"这一观点深刻地揭示出了品牌经营在现代企业发展战略中的重要地位。

而二战以来,西方国家的产品之所以能在国际市场上所向披靡,主要靠的就是其在品牌上的巨大优势。跨国公司的海外扩张已从原来的产品输出、资本输出走到了目前的品牌输出这样一个新的历史阶段。

中国自改革开放之后,打开的国门使人们开阔了自己的视野,同时也深切认识到中国企业的经营管理方式和品牌含金量与世界一流水准的差距。于是,国内企业开始汲取国外先进的经营思想与品牌管理经验,摸索自己的成长壮大之路。

这 40 多年里,人们目睹了海尔、联想和青岛啤酒等品牌的崛起,也看到健力宝、爱多、太阳神等品牌在市场上留给中国企业的惋惜与思考。品牌之路的艰辛曾经一度让企业管理者提出这样的口号:"只做销量不做品牌。"但是,不论传统行业还是风头最劲的 IT 行业,还是有大批的企业都在做着品牌梦。那么到底什么是品牌? 它为什么会让中国的众多企业如此魂牵梦萦呢?

围绕这些问题,下面就对品牌的内涵做详细论述。

一、品牌的定义

(一)中外品牌定义的比较和评论

1. 国外专家的论述

美国市场营销协会对品牌定义如下:"品牌是一种名称、术语、标记、符号或设计,或是它们的组合运用,其目的是借以辨认某个销售者或某群销售者的产品或服务,并使之同竞争对手的产品和服务区别开来。"

广告先驱大卫·奥格威曾给品牌下过定义:"品牌是一种错综复杂的象

征——它是产品属性、名称、包装、价格、历史声誉、广告方式的无形总和,品牌同时也因消费者对其使用的印象以及自身的经验而有所界定。"

而奥美广告公司认为:"品牌就是产品和消费者的关系。"

大卫·阿诺在其名作《品牌保姆手册》一书中在谈何谓品牌时说:"品牌就是一种类似成见的偏见。而正如所有的偏见一样,对于较占下风的一方总是有些不公平。品牌化,不仅仅是加强产品的特性而已,而且和顾客如何看待与购买这个产品有关。"

美国营销学权威菲利普·科特勒认为:"品牌是一个名字、名词、符号或设计,或是上述的总和。其目的是要使自己的产品或服务有别于其他竞争者。"

品牌专家大卫·艾克(David A. Aaker)认为:"品牌就是产品、符号、人、企业与消费者之间的联结和沟通。也就是说,品牌是一个全方位的架构,牵涉到消费者与品牌沟通的方方面面,并且品牌更多地被视为一种'体验',一种消费者能亲身参与的更深层次的关系,一种与消费者进行理性和感性互动的总和,若不能与消费者结成亲密关系,产品就从根本上丧失了被称为品牌的资格。"

品牌专家约翰·菲利普·琼斯把品牌定义为:"能为顾客提供其认为值得购买的功能利益或附加值的产品。"琼斯认为附加值是品牌定义中最重要的部分。她从一万个人中进行抽样调查,90%的人都认为附加值在他们几乎所有的购买决策因素中起着最重要的作用。

美国 S&S 公关公司总裁乔·马克尼认为:"品牌是个名字,而品牌资产则是这个名字的价值。"

营销学者麦克威廉(Mcwilliam)等人在关于论述品牌的著作中,认为:"品牌是区分标志,用以识别。同时品牌是速记符号,是更有效沟通的代码。"

学者霍威思(Hawes)认为:"消费者视品牌为可凭消费经验减少购物时间的工具。消费者往往把某个品牌名称当作'信息标志'。通过一个品牌名称,消费者可以回忆起大量信息,如:品质、可靠性、保证、广告等。"

广告专家露丝(Rose.L)认为:"品牌是品质以及信赖和忠诚的永久指南,并能给予那些对于购买决策结果持怀疑态度的顾客更多的信心。"

营销学者莱威(G.Levy)认为:"品牌不仅是用以区别不同制造商品的标签,它还是一个复杂的符号,代表了不同的意义和特征,最后的结果是变成商品的公众形象、名声或个性。品牌中的这些特征比产品中的技术因素显得更为重要。"

《营销术语词典》(*Dictionary of Marketing Terms*)(1988)中的定义是:"品牌是指用以识别一个(或一群)卖主的商品或劳务的名称、术语、记号、象征或设计,及其组合,并用以区分一个(或一群)卖主和竞争者。"

《牛津英语词典》品牌定义:"证明供应者的一种去不掉的标识。"

2. 国内专家的论述

原达美高广告公司大中华区董事长林俊明先生认为:"品牌是一个名称、名词、符号、象征、设计或其组合,其作用在于区别产品或服务。对一个消费者而言,品牌标志出了产品的来源,并且它同时保护了厂商和消费者的利益,可以防止竞争对手模仿。"

中国驰名商标保护组织主任委员、学者艾丰先生认为:"品牌的直接解释就是商品的牌子。但在实际运用中,品牌的内涵和外延都远远超出这个字面解释的范围。品牌包括三种牌子:第一种是商品的牌子,就是平常说的'商标'。第二种是企业的名字,也就是'商号'。第三种是可以作为商品的牌子。这三种就是人们所说的品牌。"

品牌专家梁中国认为:"品牌是凝聚着企业所有要素的载体,是受众在各种相关信息综合性的影响作用下,对某种事或物形成的概念与印象。它包含着产品质量、附加值、历史以及消费者的判断。在品牌消费时代,赢得消费者的心远比生产本身重要,品牌形象远比产品和服务本身重要。"

学者韩光军则认为:"品牌是一个复合概念。它由品牌名称、品牌认知、品牌联想、品牌标志、品牌色彩、品牌包装以及商标等要素构成。"

此外,还有"品牌是企业持续发展所需的一种无形的竞争手段,是企业通过自己的产品和服务与消费者建立起来的,同时需要企业开发和维护的一种关系","品牌是企业的内在实质在消费者界面的一种外在表现"等诸多说法。

3. 对既有品牌论述的比较和评论

以上的论述都对品牌的界定具有重要的意义,综合来看,这些论述大致是从以下几种角度来着眼的:

(1)从学理概念界定。这类界定突出强调品牌是名字、名词、符号或设计中的一种或总和。其目的是使自己的产品或服务有别于其他竞争者。

(2)从公众态度界定。该界定强调品牌是一种偏见,建立品牌的目的就是要形成对于对手的一种不公平,品牌的价值来自顾客的肯定。

(3)从与消费者之间的关系界定。该类界定强调品牌就是产品和消费者的关系,若不能与消费者结成亲密关系,产品就从根本上丧失被称为品牌的资格。企业需要建立好这种关系,以使得自己的品牌在市场上长盛不衰。

(4)从价值角度界定。这些界定着重强调品牌的价值,突出品牌资产、品牌承诺等方面,认为建立好品牌对企业来说具有决定性的意义。

这些论述都从不同的层面揭示出品牌的含义,为我们系统探讨品牌内涵提供了重要的参考。

（二）品牌定义的表述及构成要素分析

参照中外学者的论述,笔者认为,品牌的定义可以表述如下:所谓品牌就是公众对于组织及其产品认识的总和。

这一定义可以延伸出如下几个要素,笔者将分别给予解释,以便更为准确地把握品牌的定义。

1. 品牌以公众为中心

长期以来,人们在对品牌概念的认识上,普遍存在着一种误区,即把品牌看成是企业自己的东西,一种商标权,一种与竞争者相区别的标识,而忽略了其在公众中的影响与地位。因此,在创立品牌时,往往只是企业单方面的努力;在评估品牌价值时,亦往往偏重于财务角度或政府管理部门的角度,而忘记了对公众进行必要的关注。

众所周知,在市场经济环境下由于生产力的发展,人们早已告别了物质短缺的时代,市场也已出现供大于求的情况。在这种状况下,公众便是市场的主宰,在一定意义上决定着企业的兴衰。因此品牌只能在市场中产生,也必须依靠市场才能存在。

公众的组成包括以下几个部分:

（1）消费者。消费者分为两类:一类是直接消费者,即购买并使用该产品的人。他们是品牌最直接的感受者,在消费中能得到物质和精神的同时满足,由于这部分人的行为使品牌价值得到真正的体现,他们是品牌赖以生存的基础。另一类是潜在消费者,这部分人可能会成为消费者,也可能永远都不会购买或使用产品,但他们支持第一部分人的行为,是品牌发展和持续的动力。比如奔驰车,可能喜欢它的人永远不会购买,但这并不妨碍他们对奔驰的好感和赞美,而这些好感和赞美会影响奔驰的社会声誉,增加该品牌的价值。

（2）媒介人士。消费者对品牌的认识大部分来自媒介。由于人们对媒体的信任,在一定意义上,媒介人士相当于消费者的意见领袖。尤其在步入信息时代的今天,信息传播面广泛且速度快捷,人们面对大量的信息无所适从,必须依靠媒介来认识组织及其产品。因此,企业界对媒介应给予高度重视。

（3）专家和有关机构。专家能根据专业知识比较客观地对组织及其产品发表意见,他们的看法会对媒介和消费者产生重大影响。而专家的意见在得到有关机构的认同后会产生更大的影响力,这些机构在综合专家们的意见后形成全面的看法,并公之于众。

2. 组织与产品是品牌的载体

组织的概念包括企业,但是外延要比它大;品牌从狭义上说主要是指企业的产品,从广义上来说则包括非企业组织的产品。

举例而言,宝洁、麦当劳、飞利浦等品牌就属于企业品牌,《南方周末》则属于非企业品牌,而万宝路、非常可乐等则属于产品品牌。

组织与产品是品牌的载体,一个品牌里必定有组织与产品,但又不只是这两个要素,还有通过品牌传播所形成的附加成分。品牌存在于消费者的认知里,是一个抽象的概念。

3. 品牌的产生来自公众的认识

所谓认识就是指人们对于事物的感观和知觉。品牌要通过市场来体现,它离不开公众。品牌形象直接来自公众的描述,而不是品牌所有者的主观判断与凭空臆想。

就像陈云岗在《品牌批判》一书中写的那样:“在人们眼里,有的品牌就像传世的鸿篇巨制,浓缩世间风云,厚实稳健,富有历史感,像福特、杜邦;有的品牌就像是文思飘逸的散文,神采飞扬,隽永优美,散发着人类智性的光芒,像苹果、微软;有的品牌像黎明前诞生的诗歌,凝露般珍贵,拥有直刺肌肤深处的炫目之美,像娇韵诗、露华浓。”

品牌建立在公众对它的认识上,这种认识有好有坏,这并不妨碍品牌的生存与灭亡。但一个品牌如果没有被公众所认识,那么该品牌的存在与价值就无从谈起了。

二、品牌的特征

1. 品牌本身不具有独立的物质实体,是无形的

品牌不具有物质实体,但是它有物质载体,可以通过一系列物质载体来表现自己。直接的载体有图形、标志、文字、声音,间接载体则有产品的价格、质量、服务、市场占有率、知名度、亲近度、美誉度等。

品牌是一种错综复杂的象征,它把一个符号、单词、概念等同时集于一身,将各种符号如标识、色彩、包装合并在一起。企业把品牌作为区别于其他企业品牌的标识,以吸引人们,尤其是引起消费者和潜在消费者对自己产品的注意与识别。从消费者角度来看,品牌作为一种符号与产品类别信息一同储存于头脑中,而品牌也就成为他们搜索记忆的线索和对象。品牌必须提供给消费者强劲的价值利益以满足消费者的需求和欲望,博得他们长期的信赖和偏好。

2. 品牌是企业的无形资产

品牌所代表的意义、个性、品质和特征能产生品牌价值,这种价值虽然看不见、摸不到,但能为品牌拥有者创造大量的超额利益。很多年来,可口可乐的品牌价值就是其有形资产的数倍,创造的利润也大大超过其物质产品的币值,所以可口可乐公司的总裁曾说过:"即使可口可乐公司在一夜之间化为灰烬,但仅凭可口可乐这块牌子就能在很短时间内恢复原样。"

品牌成为资产重组的旗帜,是公司品牌形成的重要标志。当前很多企业亏损或倒闭,而拥有最有价值品牌的企业在市场中却有着越来越高的号召力和影响力。

3. 品牌是企业市场竞争的工具

品牌代表一个企业在市场中的形象和地位,是企业进入市场的通行证,是企业和市场的桥梁和纽带。从某种意义上说,品牌是企业参与市场竞争的法宝、武器和资本。

在产品功能、结构等因素趋于一致的时代,制胜的关键在于谁的品牌过硬。强势品牌的企业能在未来的竞争中处于有利的位置,留住老顾客,开发出大量潜在消费者,树立起良好的品牌形象,提高市场覆盖率和占有率,赢得更大的利益。在品牌对市场的分割中,意大利巴来多定律也适用,即20%的强势品牌占有80%的市场份额。

4. 品牌具有一定的风险性和不确定性

品牌潜在价值可能很大,也可能很小,它可以使企业取得很高的附加值,但如果企业产品或服务出现意外,则会使品牌迅速贬值。例如,可口可乐1999年品牌价值为838.45亿美元,2001年却为689.5亿美元,出现大幅缩水现象。

三、品牌的分类

按照不同的标准,品牌可划分为不同的种类。

1. 根据品牌知晓度的辐射区域分

(1)当地品牌:当地品牌是一个区域内的品牌,只有本地人才知道,产品也

（2）地区品牌：地区品牌相当于我国的省内品牌，有一定的知名度和美誉度。

（3）国内品牌：在国内有较高知名度、美誉度的品牌。例如，长虹彩电、联想电脑等。

（4）国际品牌：在国际市场有较高知名度、美誉度的品牌。例如，万宝路、索尼等。

2. 根据产品经营环节不同分

（1）制造商品牌：指产品生产企业为产品设计的品牌。例如，海尔、TCL 等。

（2）销售商品牌：分两个层次。其一是产品销售商根据目标市场的特点，结合产品的功能和特色，为产品设计的品牌。例如，耐克等。其二是销售商靠自己独特的经营管理、销售、服务而创立的品牌。例如，沃尔玛、华润集团等的产品。

3. 根据产品的用途不同分

（1）资本品品牌：指用来生产其他产品的产品，属于企业的固定资本，品牌相对于产品实质而言并非特别重要。

（2）日用品品牌：指单位价值较低，消费者购买频率高的物品。如牙膏、洗发水等。品牌对这类产品而言比较重要，而此类强势品牌很多。如佳洁士、飘柔等。

（3）享乐品品牌：指满足消费者享乐生活的品牌。如劳力士手表、宝马车等。

4. 根据品牌与消费者的关系分

（1）功能型品牌：通过产品自身的功效传达来为消费者提供不同的好处，从而保持品牌吸引力并建立顾客忠诚度。以宝洁的洗发水品牌为例，其旗下的多种洗发水品牌各自承诺不同的利益：头屑去无踪，秀发更出众（海飞丝）；洗护二合一，让头发飘逸柔顺（飘柔）；含维生素原 B_5，令头发健康，加倍亮泽（潘婷）。

（2）个性型品牌：品牌个性化是指将品牌赋予人的特征或特点。就像人一样，品牌可以具有"现代的""冷峻的""潇洒的"或者"异域风情"等特点。具有合适个性的品牌会使目标顾客感觉它正是适合自己类型的，顾客因此会愿意同品牌保持良好的关系。服装和化妆品品牌多属于个性型。而曼妮芬的"选择曼妮芬即选择时尚生活"就是表明了一种"时尚个性"，表明了一种"我的生活方式"，因而成为时尚女性的最爱。

（3）开拓型品牌：以品牌为动力推动产品，"如果让我……我也能做到……"，旨在挖掘潜在的成长中的需求。著名品牌"耐克"在推出女性运动用品时采用的即是这一品牌类别策略。此外，还有瑞士手表品牌斯沃琪（Swatch）的"时间由你定义"和"发现自己，相信自己"。

（4）族群（社区）型品牌：人们都希望有所归属，成为团体的一员，族群型品牌抓住了人们对归属与爱的需求，即"我想成为其中一员"。以著名品牌可口可乐为例，其百年广告史，始终贯穿着一条主线——用一种"世界性语言"与不同背景、不同国家、不同种族、不同文化背景的消费者沟通。"口渴的感觉使四海成一家"这一口号是可口可乐贯穿全球品牌宣传的灵魂。

（5）标志型品牌（icon brand）：这是前四种品牌都渴望达到并可能达到的一种境界。如果当人们提及某种商品时能自然而然地联想到你的品牌，那么，该品牌就已成为标志型品牌了。

此外，根据品牌的行业不同，还可将品牌分为家电电子行业品牌、食品饮料行业品牌、日用化工品牌、企业机械品牌、服装鞋类品牌等。

四、品牌与国家、企业、消费者的关系

1. 品牌与国家的关系

品牌是国家形象和经济实力的代表。一个国家或地区的品牌在国际市场上的声誉优劣和数量多少，能够反映该国家和地区的整体形象和经济实力；反过来，国家和地区的经济实力又不断扶持和强化其品牌在国际市场上的地位。强势品牌的树立不是少数人、少数企业的事情，它与国家的大力扶持和宣传密不可分。

一位日本名人曾说过："代表日本脸面的有两个：左脸是松下电器，右脸是丰田汽车。"品牌专家们普遍认为在当今的工商业界，品牌是经济增长和获利能力上升的主发动机。

对今日的中国来说，培育自己的世界级品牌，其意义超越了获取经济利益本身。从某种程度上而言，世界级品牌是一个国家的名片，就像人们看到可口可乐、万宝路等品牌，就会想到乐观奔放、积极向上的精神内涵与强大的综合实力。

2. 品牌与企业的关系

（1）提高市场占有率：联合国工业计划署的调查表明：著名品牌在整个产品品牌中所占比例不足 3%，但著名品牌产品所拥有的市场份额则高达 40% 以上，销售额更超过 50%。

（2）形成竞争防线：品牌的差别是竞争对象难以仿效的，它融多种差别化利益于一体，是企业综合实力和素质的反映。经注册之后的品牌，成为企业的一种特有资源，受法律保护，其他企业不得仿冒和使用，若被他人侵权，可以依法追究法律责任。

品牌是企业产品的质量、特征、性能、用途等级的概括性象征，凝聚着企业的风格、精神和信誉，使消费者一接触品牌就会想到生产企业。从一定意义上讲，代表企业产品的市场品牌所包含的价值有时候要远远高于企业的其他资产价值。

（3）提供销售渠道上的杠杆力：一个强势品牌在争夺货架空间位置以及取得渠道上的更好合作方面都占有优势，因为如果顾客希望分销商与零售商经营这些品牌，就能加强品牌拥有方对渠道商的讨价还价能力。

（4）影响现金流：首先它能加速现金流的周转，第二可以增加现金流量，第三能够影响现金流的稳定性，第四还可影响现金流的剩余价值。

（5）获得更高的边际收益：由于该品牌有更高的认识品质，公司可比竞争者卖更高的价格。美国的一项调查表明，领导品牌的平均获利率是第二品牌的四倍，在英国高达六倍。消费者在许多情况下乐意为购买名牌支付更高的金额。

3. 品牌与消费者的关系

（1）作为身份的象征：在现代社会，消费者不再单纯根据产品的功能做出选择，还根据产品的象征意义及品牌的个性和地位来积极地建构自我。品牌的象征意义表现在两个方面：一是向外建构社会象征意义，二是向内建构自我身份，即自我象征意义。品牌常常被用来作为建立和维护购买者社会地位、身份等级的象征性资源。

（2）减少交易成本：强势品牌使消费者在购买过程中省下评判产品的环节，降低了时间成本，买了放心，看着舒心，用着放心。

（3）减少认知不协调：许多消费者在购买一些商品后，常有吃亏上当、后悔等感觉，强势品牌产品可以免除消费者的疑虑和后顾之忧，还能使其有荣耀感。

品牌与消费者的关系很容易快速建立，也很容易被破坏。当人们将互联网纳入自己生活方式的一部分的时候，品牌与消费者的关系触点就变得无时不有、无处不在,而且品牌对消费者的刺激也越来越潜移默化。在这个时候,品牌便单刀直入,直接成为需求的化身,占据消费者的某一处心灵空间,成为其行为习惯的一部分。

已有百年历史的老品牌优势犹存,因为它的正面印象已经牢固地树立在消费者的大脑里。但我们也不能忽视新品牌随时都可能击碎消费者的品牌忠诚,就像互联网的创业奇迹一样,短短几年就能建立全新的巨大品牌。这主要是因为消费者心灵空间的记忆存储是有限的,强烈的吸引,高度的认同和持久的刺激将改变消费者的品牌偏好,重新构建新的品牌忠诚体系。此外,这种未来的新品牌还有一种蔓延充斥消费者生活的巨大能量,甚至能重新建构某一种心理需求为指导的新生活方式。等消费者一旦建立了这种新的价值观和生活方式,品牌就已经成为人们最深层思想与信念支柱的一部分,极难撼动。如果更换新品牌,消费者将要面临否定自己的痛苦境地,所以说,未来的品牌将更加深入到人类思想的底层,影响更深远,也更难颠覆。

五、品牌的历史

"品牌"(brand)一词来源于古挪威文字"brandr",意思是"烙印"。早期的人们利用这种方法来标记他们的家畜,后来也运用到手工业中。原始意义上的品牌起源于古代手工艺人,他们在制作的手工艺品上打上某种标记以利于顾客识别产品的来源,这种标记主要是一种抽象的符号,因此可以说,符号是品牌最原始的形式。

之后,除了符号之外,还出现了以手工艺人的签字作为识别标志的情况,它就是最原始的商品命名(即品牌化)。即使到了今天,有的商品命名仍沿用这种原始的命名方式。

到了中世纪,欧洲出现了很多的手工业协会,为了维持其声誉和产量,它们要求所属的工艺人在自己制作的器皿上打上一些标志,有时它们是用来吸引顾客,但多数情况是为了保护行会的垄断地位以及维护商品质量,找出生产低质量产品的商人。如英国 1266 年通过了一项法律,要求面包房在每个面包上打上它的标记,如果面包分量不足,就可以找到生产者并给予相应处罚。

随着资本主义的发展,商标在 18 世纪末在西方开始出现,由于产品增加、竞争加剧,商标的使用便逐渐推广开来,成为倾销商品和打击竞争对手的重要工具。这时,商标的性质和作用也随之发生了变化,原来作为区别商品的商标,逐渐与商品的使用价值脱节,成为竞争的重要工具。许多经营者开始宣传自己的商标,刺激消费者购买。西方各国的商标法也纷纷出台,使商标时期的品牌运作有了法律依据和保护,从而使品牌的发展变得日益规范有序。

19 世纪末 20 世纪初,资本主义进入垄断时期后,品牌作为竞争手段的作用被突显出来。

科技革命的兴起导致了生产技术和生产力的快速发展,市场向买方市场转变,商品竞争也日渐白热化。随着社会财富日益富足,消费能力也急剧增加,人们对产品质量的要求越来越高,也越来越全面,对品牌的选择成为一种精神与信心的需求。在这一时期,出现了一批名牌,如可口可乐、柯达等。

二战之后,市场竞争到了一个全新的阶段,大型企业集团走向成熟,人们的消费开始出现高档化、多样化的特点,商战进入白热化,品牌逐渐成为企业经营的重心。企业对品牌的理解已不再仅仅是"标记",而是一个含义更广、更抽象的概念,它存在于消费者的心目中,成为企业最重要的无形资产,由此出现了具有现代意义的品牌。

第二节　品牌传播学

一、品牌传播的概念界定及构成要素分析

我们认为,所谓品牌传播就是指品牌所有者通过各种传播手段持续地与目标受众交流,最优化地增加品牌资产的过程。品牌传播学则是研究品牌传播规律、方式方法等的一门学科。

下面对定义中的几个要素分别给予解释,以准确把握这一概念。

1. 传播手段

品牌传播实际上就是对各种传播手段进行信息控制与利用的过程,在这个过程当中,如何利用好这些可控制的传播资源,成为品牌传播制胜的关键。传播手段包括广告、公关、人际传播以及各种媒介资源等。

一个不争的事实是:在品牌传播的过程当中,由于品牌复杂化与品牌多元化的竞争,加之广告铺天盖地对消费者进行狂轰滥炸,广告成本日益上升,而广

告效果却越来越差。受众每天的活动几乎都被广告包围,逃出广告的追踪已越来越成为人们的内心渴求。所以,如何对传播资源进行有效的创新性整合与利用,也是减少品牌在传播过程中损耗率的重要方法。

同时,在进行品牌传播的过程中,企业对其所投入的资金往往是有限的,换句话说,有限的资金对传播资源的控制也是有一定限制的,同时还要面临着竞争品牌同样或类似品牌信息传播的干扰,如果不进行有效的资源整合,那么就会使品牌可传播与控制信息产生很大的浪费。

这样,在品牌传播过程中,如果一味地靠打广告来达到目的,就很不现实。并且现在信息的传播途径越来越多,已经分化了受众对品牌信息的注意力与有效接收。同样一份可控制传播资源,也正在为其他更多的竞争品牌所利用,自然冲淡了传播效果。所以,很多企业越来越重视在品牌传播过程中传播方式的多样化,以使信息在传播过程中脱颖而出,有效区分于其他竞争品牌,从而更好地为受众认知或接受。现在流行的新闻传播、软文传播甚至软文式广告,就是传播方式整合的结果。

为了减少品牌传播过程中的资源损耗,还有必要根据受众的识别途径,进行可控制传播资源的分配与整合:如选择报纸还是电视,互联网还是广播,是利用形象代言人进行传播还是只打硬性产品广告等。

比如,同样手头上拥有100万资金采取不同的方式进行运作,有可能效果会有天壤之别。如果将其在对品牌传播的过程中充分利用,如媒介资源整合充分、创意奇特,到达率与认知率很高,那么就会取得很好的效果。相反,假如在利用这100万资金进行品牌传播过程中,过多的资源在传播途中被消耗或浪费,那么可控制资源就会变成隐藏资源,渐渐流失与枯竭,从而达不到品牌传播的目的。

同样一个高档产品的形象广告,在电视里播放效果就要好得多;反之,如果只是将产品的单张广告在大街上随便派发,所取得的形象效果就要差很多。

比如,利用岳云鹏做形象代言人进行传播,会引起很多喜爱岳云鹏的消费者的关注,很容易使品牌资源与消费者所关注的资源进行有效链接,从而产生一般途径达不到的效果。但如果是科技品牌,用其作为传播途径就不太合适,因为岳云鹏的笑星形象与科技或严肃的品牌形象有明显冲突,不能取得良好的传播效果。同样的传播途径,不同的品牌,在实际的传播过程中,收效亦会大相径庭。

此外,很多企业在进行品牌打造的过程中,单单注意广告传播的资源控制以减少传播过程中的损耗,却往往忽视了产品的渠道与终端的资源整合,导致品牌在终端与渠道传播过程中的可控制与可利用资源被闲置起来,从而使可利用资源变成了隐藏资源,造成了品牌传播的巨大浪费。

可口可乐与百事可乐对终端资源及渠道资源的掘取与控制,可以给我们很大的启发。在饮料界,两大跨国巨头"可口可乐"与"百事可乐"在中国市场均取得了巨大成功,他们的宣传策略除了在主流媒体进行传播之外,还在细分的市场终端,和自己的受众"促膝谈心",掘取资源。

不知大家有没有细心观察,在饮料行业的销售终端,比如超市、小商店、商业街等,见到最多的是百事可乐及可口可乐的广告伞、POP、小店的牌匾等,而国内的饮料却很少。在终端销售日益重要的市场,有效发掘品牌的任何一块可利用资源,为两家跨国饮料公司带来了源源不断的利润。这中间可能有认识的问题,也可能有市场的问题。其实从整个资金投入的角度分析,这种终端资源的发掘与投入相对来说并不巨大,关键的问题在于,企业有没有把这种"田间地头"的"小打小闹"看在眼里,并加以运用。

其实,渠道与终端可发掘资源无处不在,它的创造性也很强,这也正是其相对于主流媒体的魅力所在。体育馆、超市、书店、食堂、购物商场、候诊室、健身俱乐部等,只要涉及人们生活及工作的地方,都是发掘品牌传播资源的有利场所。

为了提高品牌识别率,减少传播过程当中的不确定性因素,还有很多方法可以利用。在这里,雷朋眼镜与电影《玩具总动员》获得的成功可给企业很大的启发。

约翰·拉萨特(John Lasseter)导演的影片《玩具总动员》(Toy Story)令孩子们着迷。温馨逗趣的旋律,新鲜刺激的节奏,把观众引入了一个妙趣横生的玩具世界。影片运用了拟人化的手法,将玩具所具有的各种人性特质发挥得淋漓尽致,就像是真人演出一般,创造了一个生动有趣的玩具王国。

影片中的主人公伍迪(Woody)是一个传统的牛仔玩偶,他是 6 岁小主人安弟最喜欢的玩具,安弟不在房间时,所有的玩具们就会活了过来,演绎着一个个生动有趣的故事。后来安弟得到一个最新型、最时髦的玩具——太空战警巴斯光年(Buzz Light Year),他有令人羡慕的机动折叠双翼、镭射光束与手腕对讲机,他的出现让伍迪原本高高在上的地位开始受到动摇,于是后来他们之间发生了一连串的故事,打动了众多观众,成了玩具明星。

影片《玩具总动员》通过这样拟人化的手法,亲手"制造"了一个个玩具明星,并形成了一个绝好的可利用的资源——玩具市场。当精明的商家迅速推出影片中的各类玩具如牛仔玩偶伍迪、巴斯光年并推向市场时,品牌马上被人们认同。

相对于一般玩具来讲,人们更愿意买比普通玩具多一层文化内涵,并具人性化的玩具明星,其势头随着影片影响的扩大而无法阻挡,为企业带来滚滚财源。

无独有偶,"雷朋"太阳眼镜也有效地利用了电影《雷霆壮志》所形成的强势可利用资源,在品牌传播上取得了巨大的成功。剧中主角汤姆·克鲁斯戴着"雷朋旅行者"太阳镜,"雷朋"和剧中男主角一起备受关注。随着该片票房创造的天文数字,"雷朋"的品牌知名度也急速上升。

有效利用可控制传播资源的方法有很多,其最主要的目的就是与受众建立起牢不可破的关系,以增加品牌资产。

2. 受众的目标性

在关于品牌传播的概念表述中,我们并没有将品牌传播的对象限定于纯粹的消费者,而是包括消费者在内的"目标受众"。其原因是品牌传播对象除了直接消费者,还有一类是潜在或永远都不会成为品牌消费者的人们,他们虽没有直接购买商品,但会支持直接消费者的行为,也是品牌发展的动力。比如宝马车,可能喜欢它的人永远不会购买,但这并不妨碍他们对宝马的好感和赞美,这些好感和赞美会提升宝马的社会声誉、增加该品牌的价值。

品牌传播如果能打动受众,受众就会产生有益于品牌的行为——不仅仅是直接带动销售,而且还引发各种各样的间接行为,如意见领袖对品牌进行二次传播,潜在消费者将转化为直接消费者等。

此外,考虑到"品牌传播学"作为传播学的一个分支,按照学科概念统一的需要,应把传播对象称为"受众"。不同的表述,体现的是不同的指导观念:将品牌传播的对象表述为"消费者",强调的是消费者对产品的消费,体现销售上获利的功利观念;而将品牌传播的对象表述为"受众",强调的是受众对品牌的认可与接受,体现传播上的信息分享与平等沟通观念。因此,"品牌传播"的合理对应便只能是"受众"。

信息传播总是目的导向的,与所有在市场中求取生存的企业一样,传播者也需细分市场,寻找到自己的目标消费者,即目标受众。对于"品牌传播"者来说,他所寻找的目标受众,既是目标消费者,又是品牌的关注者,还应是通过特定媒介积极主动的"觅信者"。如此,只有确立了明确的目标受众,传播中的受众本位意识才能得到体现,受众的接受需求才能得到满足,相应的品牌传播才是卓有成效的。

3. 品牌资产

品牌传播的终极目的就是为了增加品牌资产。在国际上有多种评估品牌资产的方法,最具代表性的是大卫·艾克教授等人提出的品牌资产的五星模型。

该理论认为,构筑品牌资产的 5 大元素是:品牌知名度(brand awareness)、品牌认知度(perceived brand quality)、品牌联想度(brand association)、品牌忠诚度(brand loyalty)和其他独有资产。如果按重要性排列,分别是品牌忠诚度、品牌知名度、品牌认知度、品牌联想度和其他独有资产。

品牌知名度是受众对一个品牌的记忆程度。品牌知名度可分为无知名度、提示知名度、第一未提示知名度和第一提示知名度四个阶段。一个新产品在上市之初,在人们心中处于没有知名度的状态,如果经过一段时间的传播,品牌在部分消费者心中有了模糊的印象,在提示之下能记忆起该品牌,即到了提示知名阶段。下一个阶段,在无提示的情况下,能主动记起该品牌;当品牌成长为强势品牌,在市场上处于"领头羊"位置时,受众会第一个脱口而出或购买时第一个提及该品牌,这时已达到品牌知名度的最佳状态。

品牌认知度是指受众对某一品牌在品质上的整体印象。它的内涵包括:功能、特点、可信赖度、耐用度、服务度、效用评价、商品品质的外观。它是品牌差异定位、高价位和品牌延伸的基础。研究表明,目标受众对品牌品质的肯定,会给品牌带来相当高的市场占有率和良好的发展机会。

品牌联想度是指透过品牌而产生的所有联想,是对产品特征、消费者利益、使用场合、产地、人物、个性等的人格化描述。这些联想往往能组合出一些意义,形成品牌形象。它是经过独特销售点(USP)传播和品牌定位沟通的结果。它提供了购买的理由和品牌延伸的依据。比如提起麦当劳或者看到其金色的拱形门标志,人们马上联想到干净卫生、充满快乐的氛围。

说到万宝路,就想到美国西部策马纵横、四海为家的牛仔,以及粗犷的田野和充满魅力的万宝路乡村。那种感觉,是美的享受和升华。

品牌忠诚度是人们在购买决策中多次表现出来的对某个品牌所具有的特殊偏好。根据这一概念,可把顾客分为习惯购买者、满意购买者、情感购买者、忠贞购买者等。品牌忠诚度受年龄、文化、职业、收入、家庭、性格等因素的影响。

二、品牌传播学的意义

品牌传播学的意义主要有如下几个方面。

首先,品牌传播学的建立是传播学研究细化的必然要求。

作为传播学研究对象的人类传播活动具有无限丰富的多样性。从面对面的人际传播到书信往来,从公众演讲到医生与病人之间的交流,从新闻发布到文艺演出等无一不是传播活动。

人类传播活动的广泛性和多样性,必然导致传播学研究的细化。毕竟传播学属于工具理性,也就是说目的决定手段。传播该如何进行才能达到预期的效果,完全取决于传播内容和目标受众。不同的领域有着自己独特的传播规律,它们之间的共性远远少于个性。

从品牌研究的角度来看,既然品牌是一个存在于消费者头脑中的概念,而品牌为企业所有,因此如何与目标消费者进行有效沟通,以在其心目中实现品牌概念化便成为关键所在。这正是品牌传播所要解决的问题,品牌的概念是通过传播来实现从企业向受众转化的。

品牌传播学这一传播学分支学科由此应运而生。它所研究的是品牌领域内的传播活动,通过发现其特有的传播规律,来为品牌传播实践提供指导。

其次,品牌传播学这一学科也有着很强的现实意义。

当今世界早已进入品牌竞争时代。品牌竞争取胜的关键就是通过强有力的传播来赢得消费者对于品牌的青睐,实现品牌资产的累积。以品牌传播为研究对象的品牌传播学显然会对企业塑造强势品牌发挥很大的指导作用。

据盖洛普调查公司首次所做的中国消费者生活态度和生活方式趋势调查显示,就品牌知名度(认知率)而言,排在前20位的商品品牌,国外品牌16个,国内品牌只有4个。认知率最高的可口可乐达85%。认知率超过20%的58个品牌中,国产品牌10个,占17.24%。

这表明国外品牌进入中国市场,其实就是以品牌传播作为战略先导的,因为只有通过有效的品牌传播,才能拥有广泛的品牌知名度。

许多著名品牌在品牌传播上的投入,已达到了惊人的地步。比如在美国排名前20位的品牌中,每个品牌平均每年光是广告投入费用就达到了3亿美元以上,而一些顶级品牌如AT&T,每年投入品牌宣传的费用则超过了6亿美元。

在这些方面,我国的品牌还相差甚远,这就使其在竞争中难免处于弱势,无法通过自有品牌获得丰厚的利润。而伴随着我国加入WTO,民族品牌参与国际市场竞争将是无可回避的选择,这无疑对我国品牌的国际化传播提出了严峻的挑战。因此,把"品牌传播"作为对象进行研究,就显得极有必要。

【案例】 中国茶企为何难敌英国立顿

中国历来是茶叶消费大国,也是产茶大国。在民间,自古就有将"柴米油盐酱醋茶"当作"开门七件事"的说法,可见茶叶已是人们生活中的必需品之一,按理说,中国的茶叶产销应是风生水起,然而中国茶叶企业其实十分困窘,尽管目前国内茶叶经营企业超过1 000家,但规模最大的经营企业年销售额不过几个亿,不足英国立顿的1%。

虽然业内有观点认为,天生"慢销"的中国茶叶企业与强调快捷、方便的英国"立顿模式"不具有可比性。但是对于那些有志于突破传统茶叶生产、销售模式,实现品牌化发展的中国茶叶企业而言,了解立顿,弄清楚立顿为什么能够领先于中国茶叶企业,有着重要的现实意义。

立顿成立于英国,1890年正式推出立顿红茶。当时的广告词是"从茶园直接进入茶壶的好茶"。1892年,立顿开始了全球化运动,先是在美国设厂,接着又在印度开设分店,走进了远东市场。1898年,立顿被英国女王授予爵位,得到"世界红茶之王"的美名。今天立顿茶叶类产品畅销于全球110多个国家和地区,无论是知名度,还是销量,立顿均为全球第一。

立顿品牌运作成功的背后有以下几个因素:

产品策略

立顿能够长期保持茶叶质量达到既定标准的秘诀在于茶叶拼配,茶叶的质量、风味是由生产的地域、气候条件、海拔高度以及土壤结构决定的,没有两种茶叶是完全相同的,即便它们来自同一产地。但立顿拥有来自世界各地的品茶专家和调茶师,在他们的精心拼配下,可以严格保证茶叶质量稳定,达到既定的质量标准。可以说立顿的茶未必是最好的茶,但绝对是品质标准化的茶、利于规模化推广的茶。

中国茶叶则完全不同,其产地精确到了一个个山头上,采摘时间则精确到"明前""雨前"等,同价位的茶叶,其色、香、味、形的差别很大,给批量化的供应带来极大的困难。

拼配茶还解决了另一个问题。由于是标准化生产,独特的包装形式使得立顿茶包可以像普通的快速消费品一样,进入现代零售渠道体系,让消费者伸手可及。

这一点恰恰是中国茶叶企业当前无法做到的。由于茶本身的特点,以及消费习惯、渠道门槛,当前中国茶叶销售的主渠道依然是茶叶专卖店以及茶叶批发市场。没有现代零售渠道做支撑,中国茶叶品牌无法做大做强。

立顿依靠茶叶拼配技术和包装技术给茶业领域带来了一场革命，颠覆了传统的饮茶方式，避免了传统茶叶冲泡时间长、冲泡程序复杂、茶渣不易处理等弊端。在彻底解决了茶叶作为现代商品必不可少的标准化和大规模生产问题的同时，保持了茶叶的优良品质。事实上，正是这些问题在基础层面上阻碍了当今中国茶叶企业的发展。

品牌策略

立顿作为包装茶的开创者和世界茶叶行业的领导者，一直以来就在宣传它的方便、时尚、自然和品质。立顿在把包装茶带入一个新的市场的时候，同时还给消费者带来了一种全新的快捷、自然、健康的生活方式。

立顿的品牌是时尚的、亲民的，而不是奢侈和学究味的，并且立顿的时尚化直接和生活对接，而不是曲高和寡、高高在上而远离日常生活。

然而，中国的茶叶企业走的正好是和立顿相反的路子。中国茶企注重品质的高贵、饮用器具的专业化，强调喝茶的过程。这种繁杂的饮茶工序无法融入人们的日常生活中，久而久之，就远离了现代生活。

自 1992 年进入中国以来，立顿就意识到：要想让中国消费者了解和接受立顿品牌，就必须突破传统的茶产品营销手法。立顿发现，现代化都市里到处都是繁忙的白领，他们虽然收入颇丰，但是工作紧张；虽然想经常与朋友联络，但办公室生活占据了他们的大部分时间。立顿将红茶作为朋友与朋友联络的纽带，通过美好、轻松的办公室下午茶时刻拉近同事之间的关系。

继 2008 年成功开展送茶活动之后，2009 年 10 月，立顿再次推出主题为"玩味下午茶"的免费送茶活动——只要在网络上简单注册，立顿就会免费为你的朋友送出 3 份冲泡好的定制下午茶，让你的朋友在办公室里与同事共享愉悦的下午茶时刻。在送茶活动进行的 5 周时间内，有几十万份免费立顿茶盒被送出，活动官网的流量攀升至百万以上。更为重要的是，立顿帮助忙碌的办公室年轻人与朋友沟通感情，也让众多的年轻人在轻松的下午茶时刻想起立顿红茶——"红茶味道，随你创造"。

在红茶进入中国市场并建立了坚实的品牌基础之后，根据中国消费者的喜好，立顿又推出了立顿奶茶。由于立顿奶茶有香滑的口感和温暖的特质，赢得了众多消费者尤其是年轻消费者。基于产品特质和消费者需求，立顿尝试着将产品的独特品质和消费者的情感需求联系在一起。

于是，立顿开始大玩情感营销。2009 年，立顿奶茶推出"连连抱"网络活动，将产品特性和消费者情感需求结合在一起。"连连抱"网络活动的主旨为：感受立顿奶茶的温暖,给你的朋友一个"拥抱",传递"拥抱"的温暖,将温暖形成一个"拥抱链",一直链接下去。而立顿之所以举办此次活动,其根据就是六度分离理论:2个陌生人之间最多可以通过6个人建立联系。通过与社交网络平台人人网合作,在两个半月之内,此次活动的网站产生了百万级独立用户浏览,发起了超过80万次拥抱,是人人网上举办的最火的品牌活动之一。

和立顿相比,国内茶叶企业市场推广手法单一,观念陈旧,只是以传统、历史为诉求,缺乏精准的品牌定位,要真正走上品牌化的道路,中国茶叶企业还有很多事情要做。

(案例来源:王俊井,《7万家中国茶厂难敌一家立顿?》,中国经营网,2014—08—18)

第二章

品牌传播学的理论架构

- 品牌传播学的基本范畴及研究方法
- 品牌传播学的理论基础
- 品牌传播的发展与研究
- 关于品牌传播的两种思想

第一节　品牌传播学的基本范畴及研究方法

一、品牌传播学的基本范畴

具体来说,品牌传播学的基本范畴如下:

1. 品牌传播战略

品牌传播战略是执行品牌传播活动的依据,传播战略要有远见并切实可行,这样才能保证目标的实现。企业需要对自身、受众、竞争品牌等有深入的了解,才能制定出好的战略,品牌传播战略所涉及的主要是品牌定位、品牌个性以及传播战略取向等。

2. 品牌传播元素

人们认识一个品牌,往往是从品牌名称、品牌标志以及品牌包装等开始的,这些基本元素会使其对品牌产生极为重要的第一印象,因此也有人把它们称为"无声的推销员"。本范畴所涉及的是如何科学地利用好这些基本传播元素,以使品牌在传播时赢得先机,获得竞争优势。

3. 品牌传播手段

与传统社会里一传十、十传百的人际传播相比,现代社会可供品牌选择的传播手段大大增加了,如广告、公关、销售传播、社会化媒体传播、搜索引擎传播、微电影、口碑传播等。该范畴主要通过研究这些传播手段,来为企业执行具体的品牌传播目标提供参考。

4. 品牌传播媒介

现代科学技术的发展,使得新媒介层出不穷,为品牌传播带来了众多的机遇。在媒介碎片化和整合营销传播的背景下,人们对传播媒介的认识也有了改变,本范畴主要研究各种媒介的功能和特点,寻求合适的手段在正确的时间、地点让品牌与受众进行有效的双向沟通。

5. 受众心理

品牌传播从某种意义上说,就是针对受众的攻心战,通过提高其对品牌的品质认知度、忠诚度等来达到厚积品牌资产的目的,因此对于受众心理的把握是品牌传播成功必不可少的环节。这一范畴主要是研究几种主要的受众心理活动，以使品牌传播有的放矢，取得最佳效果。

6. 品牌成长周期与品牌传播

成功品牌并非一开始就光彩夺目，总要经历一个艰辛的过程，才能在受众心目中树立牢固的地位。品牌处于不同的成长周期，品牌传播的目标会随之改变，这一范畴所涉及的是品牌在初创、成长、成熟和后成熟时期品牌传播所需采取的相应措施。

7. 网络时代的品牌传播

网络时代的来临使得品牌传播与以往相比有了很大的变化，树立品牌所需的时间缩短了，但困难也加大了，本范畴所研究的是品牌如何适应互联网所带来的巨大变化，以最优化的方式与受众进行沟通。

8. 品牌传播的全球化、本土化及标准化

地球村的出现，使得品牌在扩张中必然要面对本土化和全球化这一课题。在一定的条件下，采取标准化的品牌传播战略，会对树立一致性的国际品牌形象大有裨益。该范畴研究影响品牌本土化和国际化的主要因素，为企业制定相关决策提供参考。

9. 品牌传播效果评估

效果评估是品牌传播不可分的一部分。毕竟品牌传播的主要目的是为了累积品牌资产，这就需要企业对品牌传播效果作出评估，以改进与完善传播战略。本范畴研究评估品牌传播效果的方法。

二、品牌传播学的研究方法

研究方法确保研究目的能够顺利实现，对于任何学科的研究来说，它都是必不可少的。不同的研究目的需要有与之相适应的研究方法，对品牌传播学来说，其采用的研究方法主要有定性与定量研究等。

定性和定量研究也是品牌传播学常用的研究方法，这两种方法各有其利弊。定性研究深入研究对象的内部，分析其本质和意义，但在客观性方面有所欠缺，因为每个研究者都有其自身的态度、观点倾向性，所收集的研究数据会受到这些主观因素的影响。定量研究则排除了研究者的主观价值判断所带来的影响，但往往又局限于数据表面，无法深入到研究对象内部。在研究中通常把它们结合起来使用。

品牌传播学是一门应用性极强的学科,有着重要的现实需求,因此要把理论与实际紧密结合起来。由于现实处于不断的变动之中,因此研究必须紧跟现实的变化,从中抽象出具有指导性的理论,同时在实践中要不断充实和检验理论,以保持它的"鲜活性"。

此外,品牌传播学作为一门边缘学科,涉及众多相关学科,如市场学、符号学等,在研究中应把这些学科综合起来,对品牌传播进行理论"聚焦",只有这样,研究才称得上系统完整。

第二节　品牌传播学的理论基础

一、符号学

温暖舒适的小屋代表温馨的家,而城市的特征符号是摩天大楼和熠熠生辉的玻璃橱窗;一个普通女孩的脸象征着生活中平凡安稳的一面,而明星具有独特气质的脸常代表一种特立独行的生活方式;清澈的小溪和乡村小屋上方升起的袅袅炊烟暗示着都市人心中的乡村情结,而速溶咖啡与电脑相伴常是现代人快节奏生活的象征……人们生活在符号的海洋里,符号之于人如同水和空气一样不可缺少,从某种意义上来说,人也可以被称为符号动物,能否使用符号是人与其他动物的主要区别之一。人们的生活理念、民族情感、传统文化积淀都可抽象为某种特殊的符号。

所谓符号,就是可以拿来有意义地代替另一种事物的事物。符号学,顾名思义,是专门研究符号的科学。符号学家们称符号学是一门跨学科的元科学。所谓跨学科是指符号学融合了逻辑学、语言学、哲学、人类学、心理学、社会学、生物学以及信息科学的方法和研究成果。所谓元科学,是指符号学家将符号学视为方法的方法。符号学家对该学科有不同的划分方法,具体而言有逻辑主义的、有结构主义的、有皮尔斯式的、有解构主义的和实用主义的符号学。但是一般认为,索绪尔倡导的结构主义符号学和皮尔斯式的符号学是符号学的两种基本方法。

符号学所研究的中心问题是:符号由什么构成? 它受什么规律支配?

符号学家们认为符号由能指与所指构成。所谓能指，浅显地说，就是符号的形式；所指即是符号的内容。组成符号之时，这两个元素都是必备而不可分离的，将它们分开而谈，只是为了分析的需要。

比如，戴比尔斯钻石的广告语"钻石恒久远，一颗永流传"及其所构建的意义体系内，能指（钻石）与所指（永恒的爱情）共同组成了符号（永葆爱情的钻石）。如果放在另一个意义体系或是另一种文化里，钻石代表的意义可能就完全不同，可能并不代表永恒的爱情，这就是能指与所指的区别。由此，我们可以说产品本身是"能指"，而企业可以通过能动地赋予产品不同意义来构造其"所指"。

从符号学的角度看，广告就是这样一种"能指"与"所指"的游戏。正如"玫瑰"作为一种植物而被当作"爱情"的表征，"符号"即是以能指（物质载体）与所指（心理上所创造出来的意义）的两面性作为表里一体的事物而成立的，企业可以选择不同的符号元素，运用不同的组合表现方式，塑造各有特色的品牌形象。

当代符号学的一个重要发展趋势是其研究领域的扩大，即不断向其他领域渗透。而就品牌来说，其本身就是符号，当提到百事可乐、耐克、万宝路、海尔等品牌时，人们头脑中想到的不会仅仅是产品实体，还会联想起一系列与该品牌有关的特性与意义。比如百事可乐充满活力和朝气的形象、万宝路的西部牛仔以及耐克的广告语"Just do it"所蕴涵的美国精神等，这些都是通过使用符号来创造品牌附加值的典型案例，而附加值正是品牌构成中的核心部分。在当今产品同质化日趋激烈的情况下，同类产品在品质、功能上都具备了满足消费者需要的可能性，企业需赋予品牌超越其基本功能价值之外的附加值才能在市场上立于不败之地。

符号是附加价值的载体与基础，通过符号元素，可以给予品牌不同的情感价值与象征意义。德芙巧克力抓住了人们心中对爱情的渴望与追求，广告主要采用情景剧的方式，讲述德芙女孩的浪漫故事，通过德芙女孩通俗易懂地表达出爱的抽象意义，将美丽、优雅、灵动的德芙女孩打造为德芙的形象代言人，从而引发消费者对该品牌拟人化的联想。

可口可乐公司为了赋予其产品青春梦幻的含义，在中国推出谢霆锋、张震岳、林心如三人组"月亮/滑板"篇广告，这三位广告明星所代表的气质分别是酷、叛逆和美丽。毫无疑问，这三种气质是年轻人心中关于青春梦幻的最佳象征符号。广告的场景是高楼林立，无限繁华的城市夜景的上方，是挂着一轮具有梦幻美感的月亮。这个场景符号代表都市新一代对城市俯瞰式的审视以及对新一代审美观的精神乌托邦的向往。三个年轻人仅仅为了一罐可乐不顾一切地冒险，这个简单的情节既象征着年轻一代讲求自我满足的心理,又暗含不过分看重物质生活却喜欢冒险的生活方式。当谢霆锋、张震岳和林心如三个人传递喝着那瓶可口可乐的时候,画外音响起:从来都是这么酷。试问有谁能拒绝"这么酷"的诱惑呢?当年轻人痛饮可口可乐时,他们喝下去的决不只是一罐罐碳酸水,更多的是一套精心设计、巧妙组合的符号。

一个品牌可以代表男性或女性(性别意义)、社会地位(社会意义)、国籍(国家意义)等;同时品牌还可以传达传统观念、忠诚、快乐、信赖等,从这个层面来说,品牌就是意义的容器。

重庆奥妮洗发水就巧妙地利用了虚拟的一对恋人的故事,赋予产品独特的意义。在周润发主演的《百年润发》电视广告中,不仅描述了这对恋人相知、相思、相恋的故事,更在故事背后反映了小人物在大时代中无法逃避的命运,这是20世纪中国人颠沛流离生活的真实写照。这对恋人坚贞的爱情、对团聚的执著象征着人们对幸福的渴求与信念。广告中男主角周润发给恋人洗秀发的场景,则是对他们幸福生活的具体描绘,把周润发的魅力用到了极致,在品牌塑造方面取得了极大成功,实现了商业诉求和人文精神的高度融合。

品牌传播就是符号演示与意义传播的过程,品牌的意义是靠传播来实现转化的。它连接着品牌与受众,并保持长期、双向、维系不散的效果,使得受众可以通过拥有品牌来获得这些意义。

语言符号与非语言符号都有助于产生附加价值。语言符号包括商标名称、广告语、声明等;非语言符号则包括象征标志、包装、基调色等。受众通过对符号的认知,来赋予其个人化的含义或唤起特定的情绪或情感等心理,从而得到品牌附加值。

下面探讨符号学中另外一个重要问题,即意义如何产生。

通过对符号进行横组合与纵聚合,就可以解决这个问题。所谓横组合关系就是符号所直接呈现的意义,它是显性的、现成的。而纵聚合关系,是经过人们联想所产生的意义,它是潜藏的、隐性的。

符号的横组合关系与纵聚合关系由符号学先驱、语言学家索绪尔最早提出,开始时带有浓厚的语言学痕迹,后来沿着雅克布森、罗兰·巴特等人拓宽的道路,它可以用来描述一切文本的组成结构以及意义的产生和阐释过程,如文学、绘画、电影等。当然,这也为品牌的分析提供了方便。

从结构关系看,品牌的意义是沿"横向组合"与"纵向聚合"两个方向产生的。在横组合的方向上,产生了品牌所要传播的逻辑意义,在此意义的传达中,品牌传播不过履行了一般的话语功能,也就是"叫卖式"的表达方式;在纵聚合的方向上,产生了品牌传播所要传达的联想、隐喻、象征意义,在此层面上,品牌传播发挥着一种文化功能,它远比单纯的"叫卖式"深刻、有效。如果前者是"强推"的话,那后者就可称之为"软拉"。因为前者是品牌传播的表象层面,后者则是其意蕴层面。

品牌传播的表象层面是我们通过感官可以感受到的一切信息,比如包装色彩、广告文案、产品标志以及它们的完整性和相互间的协调等,这构成了横组合关系。如果说表象层面是"台词",那么意蕴层面指的就是品牌传播的"潜台词",它往往藏在隐喻、象征、暗示等手法的背后而构成纵聚合关系,你得从表象层面反应一下才能达到意蕴层面。

在品牌传播中,如果横组合与纵聚合关系配置得当,符号系统"透明度"高,"噪声"少,其意义在传播过程中自然畅通无阻。香港维他奶在这方面就有杰出表现。《背影篇》广告中,一位少年暑假回乡村探望从未见过面的祖父,很有些近乡情更怯的神色。待他终于见到爸爸不断提及的严肃的祖父时,心情忐忑不安。初到乡村,既新鲜又有些不适,连走路都有些磕磕碰碰的。祖父替孙子在碰青了的膝盖上擦跌打药水,祖孙一起翻看昔日的家庭生活照……醇厚真挚的亲情,似流淌的清泉,融化了隔辈人之间的一切隔膜。快乐的暑假过去了,祖父送孙子上火车。开车前,祖父越过铁轨,爬上对面的月台,在小吃店买回一盒维他奶送给孙子。火车开动了,祖父的音容渐渐远去,但他脸上淡淡的愁容却永远刻在孙子的心田。此时,画面出现字幕"始终的维他奶"。据说,广告播出后,由于亲情诉求的巨大力量,在观众中产生了强烈的心灵震撼,许多人看过广告后感动地流泪。从此,维他奶在大众心目中树立了牢固的亲和形象。该品牌传播的成功之处在于对符号纵聚合关系的巧妙借用,创意明显地与朱自清的散文《背影》相嫁接,显现的意义与隐于其后的散文,两种文本构成纵聚合关系,一显一隐,相互印证,相互阐释。

"日清"杯面的品牌传播也做得极为精彩。品牌意义的塑造者遵循符号系统的客观规律,发挥横纵二轴的作用,由此取得不错的传播效果;品牌诉求得到传达,受众对品牌的阐释也同时诞生,并且二者达到完美的一致。

在"日清"系列广告《奇角鹿篇》中,成百个原始人奋力追逐着一只比他们大好多倍的犄角鹿。这只鹿狡猾地跳进一个大坑洞中,原始人追至洞口时,却看到鹿从另一个洞口探出头来。于是他们扭头奔向那个洞口。待到洞口,又见鹿出现在另一个洞口。如此反复追逐,原始人累得瘫倒在地时才发现,原来每一个洞内均有一只鹿。这时,奇角鹿们摇头晃脑地自鸣得意。

《恐鸟篇》也有异曲同工之妙:一只巨大的恐鸟,把追逐它的原始人引诱到悬崖边之后,狡猾地一跳,害得成百名止不住奔跑惯性的原始人纷纷坠落崖下。该恐鸟则幸灾乐祸又似不忍原始人的惨状,探头望了望崖下便扬长而去。两部广告片,都在原始人历经艰辛而不得食之际显示字幕"hungry?"(饿了吗?)和日清面的包装。文本的横组合关系表现出生存困境,而纵聚合关系唤起受众潜意识中对原始人猎食艰难的慨叹,感受到现代社会日清杯面给他们提供的方便。

相比较而言,中国内地的方便面在品牌传播方面,就显得太过直白,只是把酱牛肉、海鲜、蔬菜及面条等原料的鲜嫩质感用摄影技巧包装一番,然后一句"香喷喷,好吃看得见"就完了。横组合关系元素无甚创意,纵聚合关系就自然无法延伸。

所谓"旧元素、新组合"的传播思想,无非是符号的重新排列组合、横纵二轴交叉游戏的万花筒。正是依赖于现成的符号系统与潜藏在文本背后影影绰绰引人遐思的多个聚合因子的相互阐释,所谓言外之意、想象空间和话语张力才得以产生。文本底蕴的无限丰富性和意义的衍生皆出于横组合关系和纵聚合关系一显一隐相互对照。横纵二轴的综合作用始见于品牌所有者对品牌符号的编码过程,继而作用于受众对符号的解码过程。在前一阶段,文本得以构建;在后一阶段,它为接受者敞开无限丰富的意义空间。

二、传播学

人,作为生命的有机体,一刻也离不开氧气的呼吸;作为社会的成员,则一刻也不能离开信息的传播。有人把传播称为社会的黏合剂,这并不为过,人类社会正是在越来越密切的传播活动中不断向更高的历史阶段迈进。

所谓传播就是人们借助媒介来交流信息的行为与过程。传播学则是研究人类信息传播的一门学科。

作为个人之间、个人与群体之间、群体与群体之间的信息交流,离开了交流的内容(即信息)、信息的发送者和接受者或者说传播者与受传者,传播就无从谈起。在定义中,人们其实就包括了传者与受者。由于信息本身必须经过一定的符号系统被组织为信息的形式才能被传播,而信息又必然经过一定的渠道也就是所谓的媒介才能发送给受众,所以传播还包含符号与媒介这两个基本要素。传播者、受众、信息、符号、媒介是任何传播活动都不可缺少的基本要素。

传播学是一门年轻的学科，它自 20 世纪 50 年代起在美国蓬勃发展起来，而对传播学兴起具有直接影响力的是大众传播研究的勃兴。传播学从一开始就表现出跨学科的特点，政治学家、心理学家、语言学家、历史学家、新闻工作者纷纷从不同的角度切入，汇入传播学研究的行列。目前，传播研究的领域更为扩大，出现了健康传播、艺术传播、营销传播等分支。

从品牌研究的角度来看，品牌的拥有者是企业，而树立品牌的目的是为了让其在受众心中占据一个独特的位置，因此如何与受众进行有效沟通来实现这一目标便成为关键所在。因此这也正是品牌传播所要解决的问题，品牌的意义是通过传播来实现从企业向受众转化的。

品牌传播始终都要做到有吸引力，为人接受、领会，符合人们期望。要做到这一点，需要给传播对象穿上某种附加值的外衣，该附加值使传播的事物变得高大、新奇、有趣。成功的品牌传播就是把产品当成载体，借其承载一种附加值，使产品从未表达的潜在状态变成已经表现出来的存在。而这种存在是通过强调其特征，增加内涵，抽去或增添某种意义或通过富有诗意的联想等手法来表现的。科技的进步使得竞争产品之间的功能与品质日趋雷同，于是用传播增加品牌的附加值显得尤为重要。

1. 品牌传播的主要工具

（1）广告。广告一直被认为是塑造品牌的重要工具。如果说品牌识别要素、营销组合要素是在显示品牌符号意义，则广告是解释品牌的符号意义，让受众做出直观、清楚理解的重要诠释手段。

从传播学角度看，广告实质上是一种符号的传递行为，即利用语言文字或视听觉形象等来传播有关信息。在这个过程中，信息发送者把既定信息进行编码而成为"广告文本"，广告受众通过解码即解读广告文本的过程而接受信息。因此，一则广告是否能够达到良好的传播沟通效果，主要依赖于广告创作者编码过程和广告接受者解码过程的一致与否。

实际上意义并非是从天而降坐等受众接收；也非强行灌输，而是透过受众的认知而存在。受众的介入非常重要，从这个角度来说，广告并没有如批评者所说的"操纵"受众，而是把他们列为上宾，才共同建构了意义。麦克卢汉说受众"作了功"，然后才消费了电视的影像，也是与此道理相通的。这种转移之所以能够成功，根本的原因是符号拥有某些可以被转移的意义；其次，在广告诱惑之下，受众通过解码把意义转到了品牌身上。

例如，对于耐克广告的"乔丹篇"，受众首先必须知道，迈克尔·乔丹是谁？

他在世界流行文化与运动领域里,代表了什么意义。这种意义体系供给了参照的工具,从中受众完成了意义的转移。也就是说,讯息传达所用的符号至少有一部分既存在于发送者的符号贮备系统中,也存在于接收者的符号贮备系统中。只有这样意义的传达才能实现。对一个没有任何西方文化知识背景的中国人来说,耐克的广告语"Just do it"的符号不能勾起任何"激情、运动"的感觉;在克林顿绯闻案期间,一种洗衣机的广告以两幅图片表现:在克林顿夫妇的照片下面列出一行字"有理想的夫妇吗?"而在该品牌洗衣机的图片下面的文字则是"但是有理想的洗衣机"。这样一些符号意义体系,是广告人与受众双方心照不宣的。这样说来,大众媒介的广告扮演的就是"中介者"的角色。为了要让受众适当地"解码"相关的讯息(转移意义),广告人必须尽其所能,根据受众的知识背景与传达内容来构建讯息(制码),开发合适的模式,塑造必要的形象,以达到良好的沟通目的。

(2)公共关系。企业和公众的关系对品牌有很大影响。麦当劳是一家深切了解公关对品牌形象重要性的公司,它在俄罗斯开了分店,虽然很难用获利标准来评判它的经营效益,但莫斯科媒体的大幅度报道至少让麦当劳看起来是个有远见的国际化公司。它公开承诺减少环境污染,在餐盘垫纸上写着为干旱地区保存水资源的标语,使人感觉这家公司是十分关注社会民生的。

(3)社会化媒体。社会化媒体已成为品牌与消费者沟通的重要手段,它能以病毒式扩散的速度帮助品牌提高知名度,比如2014年9月,西门子洗碗机发起"我不想洗碗"的社会化媒体传播战役,从找到消费者的痛点开始,激活每个人隐而不发的"饭后不想洗碗"的情结。通过微博、微信、线下三大平台鼓励消费者用各种方式表达"我不想洗碗"的情绪,形成病毒式传播,迅速提高了西门子洗碗机的知名度,并借此开拓全新的洗碗机消费市场。

(4)App应用程序。由于智能手机和平板电脑的普及,在上面运行的App应用程序成为一种新型品牌传播手段,比如星巴克推出了一款App闹钟,用户在设定的起床时间闹钟响起后,只需按提示点击起床按钮,就可得到一颗星,如果能在一小时内走进任一星巴克店,就能买到一杯打折的咖啡,该App让消费者在早上睁开眼睛的那刻就与星巴克发生关联,同时还兼具促销功能。

(5)服务。顾客服务质量是构成品牌附加值的重要方面。比如常用的顾客咨询热线,其接待时间的长短、服务态度、处理问题的效率都会影响到人们对品牌的认知。此外,服务人员的形象也会被顾客用来作为判断品牌品质的重要佐证。

（6）店内陈列与售点广告。在货架上有个好位置，自然对品牌有利。看到摆在中央的品牌，人们自然会产生一种对它的信赖感。而放在角落的品牌，总会给人一种没有自信的形象。

（7）包装。从视觉形象上看，包装代表着品牌概念。化妆品的包装往往具有一种梦幻般的感觉，可口可乐的瓶子则给人以充满青春活力的印象。有调查发现，只需改变面包的包装纸，就可以使面包显得更新鲜。

在传播学中，受众也是极为重要的因素，它是信息传递的目的地。从品牌的内涵和价值来看，品牌本身就是一个以受众为中心的概念，因此要使品牌传播奏效，必须遵循"受众（接受者）导向"的原则。

受众认知的过程是这样的：当清醒时，从周围的声光、感觉、活动、印象中接收的讯息经注意力的过滤，只有有限的一部分进入下一步的"转化分类"系统；这部分讯息被加以简化和分类后，被放进一种我们称之为"概念"（concept）的理解形式中，然后再经进一步分类和储存信息，建构类别（categories）。每一简单的类别或概念中都储有了大量的相关信息（声音，颜色，质感，心理联想，信念，态度，等等）；这使得受众接受并处理记忆大量讯息成为可能。当这些类别及概念建立后，在受众面临新的经验或是重新考虑已存储的经验时，便会运用已有的概念、类别来进行辨识、回忆、联想、假设、推论。

受众的认知规律要求有效的传播所传递的信息必须具有以下特质：

（1）包含能轻易转化成概念，并能被分类的影像、声音或经验；

（2）能清楚地被辨认并分类；

（3）和人们已有的分类系统相吻合。

成功的品牌传播需要在品牌与受众接触的任何点线面（brand contact）上设想周到，而且有效控制所有营销传播层面的元素，对所要传播的信息加以整理和分类，从而使品牌信息条理化且充分反映品牌的核心精神与价值，并让丰富的品牌信息为受众所接受，不断丰富品牌内涵，强化品牌知名度、忠诚度。例如，当人们想到咖啡，便会想到麦氏咖啡，想到"好东西要与朋友分享"等麦氏咖啡的文化……这便是品牌传播以合乎受众知觉规律的方式进行传播所追求的深入人心的效果。

此外，也有学者把受众对品牌的接受分为认知、情感和行为三个阶段。认知阶段是指接收方对于品牌的知晓或感知，这个阶段包括对品牌存在的感知，对其属性、特色或优势的知晓、了解或理解；情感阶段指受众的感觉或者是对于特定品牌的喜好程度，这一阶段包括较强程度的喜好（如渴望、偏好或者确信）；行动阶段指对品牌采取的行动：试用、购买、使用或者摒弃。反应层次的每一个阶段都是一个必须实现的因变量，并且可以作为传播过程的一个具体目标，传播者由此知道受众处于反应层次的哪一个位置，将要面临什么样的传播问题：比如是提高品牌的知名度，还是增加对产品的认知度，或是增强品牌的忠诚度等。

尽管在过去的20年中，营销学、社会心理学、传播学的许多研究都对这种"认知—情感—行为"的反应顺序提出了质疑，并且出现了一些其他的反应层次模型，比如Michael Ray提出的"标准学习模型（学习—感受—行为）""失调／归因模型（行为—感受—学习）"和"低度涉入模型（学习—行为—感受）"。但是，无论哪一种反应层次模型都将研究的重点放在受众接受信息的态度和处理信息的方式上，通过研究得出了如下企业品牌传播应遵循的法则。

2. 品牌传播应遵循的法则

（1）简单法则。在当今传播过度的社会里，受众对于信息表现出一种"最小努力法则"和"适度满足法则"，也就是说只是浅尝辄止地接受信息，并且总是把信息收集局限在必须知道的最小范围内。换句话说，就是人们痛恨复杂，喜欢简单。在传播内容上也是越简单越有效。比如可口可乐的"真正的快乐"、农夫山泉"有点甜"等广告口号，虽简单至极却深入人心。

（2）个性法则。在受众逃避复杂、浅尝辄止的心理下，"与众不同"就是他们作出选择的依据。在产品信息过于丰富的今天，受众大脑处理和储存信息的能力相当有限，想法容易失去焦点。因此，要让受众对某个品牌印象深刻，就必须让品牌讯息具有个性，做到新颖独特、与众不同。比如雪碧的"我就是我，晶晶亮"、耐克的"Just do it"等广告口号个性飞扬，魅力十足。

（3）熟悉法则。受众内心只接受与其以前的知识与经验相吻合的信息，这就是所谓的"匹配法则"。所谓受众信息处理的"累积"模式是指，新信息并不能取代旧信息，而是和原有的概念结合。如果传播者与接受者具有共同的"经验域"，那么，传播很可能成功。而让传播更为有效的办法，就是尽量去扩大传授双方彼此共享的"经验域"。

因此，作为传播者不仅在开始要以受众的知识、经验背景作为组织信息的依据，更是要经常不断地收集受众经由购买、市场调查或其他方式反馈给企业的信息。

（4）期待法则。在信息超载的环境中，受众会按个人的经验、喜好、兴趣甚至情绪来选择接受哪些信息，记得哪些信息，人们偏爱接受期望中的或与自己期望相一致的信息。舒尔兹认为，创意面临的最大挑战是：驱逐那些枯燥、夸大、卖弄却言之无物的言词,代之以符合受众期望的、真正有意义的、能够帮助受众解决问题,并且能改善他们生活的信息。这才是品牌与受众建立良好关系的不二法门。

(5) 一致法则。越来越多的证据显示,受众对购买决策信息的搜寻几乎都"适可而止",决策的依据往往是他们自以为重要、真实、正确无误的认知而不是具体的、理性的思考或是斤斤计较后的结果。他们不会花精力去思考和他们已知相冲突的信息,这就要求企业传递的品牌信息必须清晰一致,在各种媒体上的符号、象征、图片、声音等传播形式都要传达同质的意义。只有这样,才易于受众对信息的处理储存(辨认、分类、理解),从而获得"累积"的效果。

(6) 人际法则。日本电通公司的调查发现,在 20 世纪五六十年代,十位消费者只有一种声音,到七八十年代,十位消费者有十种声音,而到 90 年代,一位消费者就有十种声音。消费者行为正向着个性化和多样化发展,生活成为一个剧场,人们存在着一种想要借助于演出而体验另一种生活的愿望。因此,美国西北大学舒尔茨教授指出,企业不能再将注意力投注于全体受众,而要投注于受众之间的差异上,即在建立受众资料库的基础上,进行人际传播,实行个别化营销,使个别受众完全而持续地满意。以资料库为基础的人际传播,能够为品牌带来其他方式所不能提供的利益。正如管理大师彼得·德鲁克在回答什么是他心目中最完善的广告时所说:"那样会使受众说,这个广告是针对我而且只为我而制作的。如果受众认为一个品牌是针对自己只为自己而做的,他与品牌的关系便牢不可破。"

(7) 整合法则。20 世纪 90 年代以来,整合式的营销沟通成为一种趋势。其基本主张是要将所有各种沟通工具,如商标、广告、直接推广活动(DM)、活动营销(EM)、企业形象(CI)等一一综合起来,使目标受众处在多元化目标一致的信息包围之中,所谓"多种工具,一个声音",从而对品牌和公司有更好的识别和接受。这种整合式营销沟通包括不同工具的整合、不同空间的整合、不同利害关系者的整合以及不同时间的整合(在与受众建立关系的各个不同时期、不同阶段,传播的信息应该协调一致)。最后达到四个层次(汤姆·邓肯):统一形象,一致声音,好听众和世界级公民(最高境界)。

三、市场营销学

市场营销学是研究市场营销活动及其规律性的应用科学,它于 20 世纪初诞生在美国,导致这门学科产生的一个关键因素是市场出现的由卖方向买方的变化,由于产品供大于求,企业就必须考虑如何把产品卖出去,同时还要抓住消费者潜在的需求,开发出有市场销路的产品,这些都是市场营销学所研究的问题。

市场环境总是在不断发生变化的,而市场营销学理论的纵深发展过程,就是对消费者不断关注的过程,由此导致一个根本性、标志性的转变,就是从 4Ps 转向 4Cs。

密西根大学教授杰罗姆·麦卡锡 1960 年提出 4Ps 理论,就是产品(product)、价格(price)、通路(place)、促销(promotion)。4Ps 理论流行近半个世纪,得到了最广泛的传播,但到 90 年代,随着消费者个性化日益突出,加之媒体分化,信息过载,传统 4Ps 渐被 4Cs 所取代,它们是消费者(consumer)、成本(cost)、方便(convenience)和沟通(communication)。4Cs 营销理论的确立奠定了"以消费者为导向"的品牌传播理论基础,也宣告了"消费者导向"时代的到来。

品牌与消费者的关系,是一个从无到有、从疏远到亲密的过程,品牌传播就是要牢牢地抓住消费者,以消费者为导向,通过一体化传播,引导他们经历对品牌毫无印象→开始注意→产生兴趣→唤起欲望→采取行动→重复购买六个依次推进的阶段,最后成为品牌的忠诚消费者。品牌的忠诚消费者不仅可以节省企业的营销成本,实施持续购买,还可以为企业塑造良好口碑,介绍更多消费者。所以,建立与强化品牌与消费者的关系,培养忠诚消费者是品牌传播的目的所在,也是提高品牌价值的关键所在。

第三节　品牌传播的发展与研究

一、西方品牌传播的发展与研究

1. 西方品牌传播的发展

西方品牌传播的发展大致以 20 世纪 80 年代为界,19 世纪末至 20 世纪 80 年代为品牌传播的初始和成长阶段,20 世纪 80 年代之后品牌传播开始走向成熟。

在第一阶段,即品牌传播的初始和成长阶段,随着市场竞争的加剧,品牌的重要性已经逐渐被企业所认识,但是此时企业经营的重心并未完全转移到品牌上来,只有少数具有远见卓识的企业如可口可乐、柯达等开始对品牌进行大范围推广,使得这些品牌在其所处行业中脱颖而出,成长为知名品牌。

第一阶段又可以 20 世纪 50 年代为界,在此之后品牌的传播开始系统化,不再是简单的宣传品牌名称及标志,而是往深层次如品牌形象等发展。像万宝路、麦当劳等品牌的宣传开始突出品牌内涵,为其他品牌树立了典范。另外,50 年代之后,由于电视等新的大众媒介的出现,使得品牌传播的广度和深度也得到了提高,而随着市场逐渐走向一体化,品牌传播也走向了国际化,这一时期,日本的众多品牌开始崛起。

CI 的推广对这一时期品牌传播的发展也起到了重要的作用,它使得品牌传播变得规范化和系统化。

美国是世界上最早全面推广 CI 的国家,IBM 在 1955 年率先导入 CI 战略,成功地建立起高科技的"蓝色巨人"品牌形象,得到了全社会的公认。IBM 的一位顾客在谈到为什么选择 IBM 电脑时说:"很多其他牌子的电脑比 IBM 先进,而且软件也好用,IBM 的价格比别人高出 25%,但是 IBM 更值得信赖,因此它成了购买时的最佳选择。"

IBM 公司的成功激起了许多美国公司导入 CI 战略的热情,CI 逐渐成为企业竞争的有力武器。比如,1969 年,美国美孚石油公司正式导入 CI 战略,在世界各地的公司加油站一举旧貌换新颜,而美孚的主要竞争对手壳牌石油公司也不甘落后,随即宣布导入 CI 战略,公司在各地的加油站一夜之间亮出了以贝壳为标准形象图形的识别标志。

整体上来看,美国式的 CI 战略更注重视觉形象,使得品牌名称和标志的传播保持了一致性,但是它缺乏对品牌个性的重视,因此在品牌传播的层次上还不够深入,而日本特色的 CI 弥补了这一不足之处。

日本在 70 年代紧跟美国潮流之后,创造性地发展出具有日本特色的 CI 理论。70 年代初,日本经济不景气但是技术却高度发展,各企业制造的商品存在同质化现象,为此,企业开始动脑筋为其商品赋予强烈个性,以区别于同类产品。同时,企业界也迫切感到,企业不仅销售物质商品,整体企业形象也应被当作一种商品来推销,其目的是使社会不断地感受到企业的存在及其精神,以期创造出独特的企业品格,于是日本设计界发展出将企业个性化的 CI,与美国视觉型 CI 相比可称之为文化型的 CI。

日本特色的 CI 以企业文化特性为繁衍生长点,其做法往往不像美国 CI 专业公司那样停留于标志、标准字等相关设计系统上，而是深入企业经营的价值观深处。日本型的 CI 对企业来说近乎是一场革命，是对企业从外观形象到经营行为直至企业价值观、理念的全方位的变革。

面对日本企业在国际市场上取得的巨大成功，美国企业界也注意到企业文化在经营中的重要地位。美国设计界开始注意怎样把 CI 与企业文化特性结合起来，美国的《财富》杂志在每年评比最佳企业形象的十大公司时，也把企业文化的相关内容列入评选标准。这样就促使西方品牌传播在整体上深入精神层面。

进入 20 世纪 80 年代后，企业经营的重心开始转向品牌。1988 年，著名杂志《经济学人》以"讲求品牌之年度"为封面主标题，反映了企业界对品牌的重视。文章指出："由于意识到品牌名称居然能成为有价资产，使得 1988 年成为品牌年。1988 年出现了两件大型并购案：菲利普·莫里斯收购克莱福和雀巢公司收购英国糖果公司 Rowntree。这两宗并购的收购价分别是所收购公司账面价值的四倍和五倍。为什么名字的价值会如此之大呢？因为它们能为收购者带来更高的利润。"正是由于认识到品牌无形资产的价值，使得企业无不对其感兴趣，把它视为进入全球市场的"门票"。

由于企业对品牌的重视，使得西方品牌传播的实践也日益丰富。随着信息技术的发展，品牌传播手段变得多样化，90 年代学术界根据实践的变化提出了整合营销传播的思想，一些具有先见之明的企业如 IBM 在实践运用中获得了极大成功，之后其他企业也开始对品牌传播活动进行整合，整合品牌传播目前已成为西方企业界的共识，这标志着西方品牌传播的发展走向了成熟。

2. 西方品牌传播的研究

广告权威大卫·奥格威最早指出每个广告都必须对品牌形象这个复杂的象征有所贡献。企业要把广告看成是为建立品牌声誉所作的长期投资。奥格威观点的可贵之处在于它超越了当时所盛行的广告只是促销产品的观念，指出企业的宣传应以品牌为中心，广告只是品牌传播的一种手段。

施威普斯（Schweppes）柠檬水的品牌传播实践可以称得上是奥格威上述观点的经典范例。奥格威通过赋予其业主自己的形象来建立该品牌的形象。奥格威创作的第一幅广告首先显示公司特派员华特海德去大西洋彼岸当美国分部负责人的情景。图案采用华特海德下飞机的大照片：他戴着礼帽，穿着西式大衣，扎着领带，留着大胡子，手里拎着公文箱和长柄伞——一个典型的英国绅士的打扮。华特海德先生的目光中透着诚实、严谨和自信，还有其背后的贵宾级专机与红色地毯，都烘托出广告主的形象。照片下的标题是：施威普斯的人来到此地，让人感到这是来自英国的正宗威士忌。同样的形象也出现在生产厂实地,他在严格检查此地所煮的每一滴施威普斯柠檬水是否符合本地厂所独具的口味。其后的 18 个春秋,华特海德始终是施威普斯广告画面的主角。广告效果的累积使该品牌在人们心中树立起较好的形象,获得了成功。

继品牌形象论之后,美国精信广告公司(GREY)提出了"品牌性格哲学"的理论,形成了另一种后起的、充满生命力的新策略流派——品牌个性论。该理论认为品牌传播不只是传播形象,更要传达品牌个性。其基本要点是:

(1)品牌在与消费者的沟通中,就标志、形象和个性来说,个性是品牌传播最高的层面。品牌个性比品牌形象更深入一层,形象只是造成认同,个性可以形成崇拜。

(2)为了实现更好的传播效果,应该将品牌人格化,即思考"如果这个品牌是个人,它应该是什么样子"(找出其价值观、行为等特征)。

(3)塑造品牌个性应使之独具一格、令人心动,关键是用什么核心图案或主题文案来表现品牌的特定个性。要选择能代表品牌个性的象征物。比如 IBM 以大象为象征物等。

学者艾·里斯和杰·特劳特于 20 世纪 70 年代提出了定位理论,他们认为,"定位是在我们传播信息过多的社会中,认真处理怎样使他人听到信息等种种问题之主要思考部分。"艾·里斯和杰·特劳特对定位下的定义是:"定位并不是要你对产品做什么事……定位是你对未来的潜在顾客心智所下的功夫……也就是把产品定位在你未来潜在顾客的心中。"

由此看出,艾·里斯和杰·特劳特把定位当作是一种纯粹的传播策略,通过传播来占据目标受众头脑中的空间。定位的基本原则并不是塑造新奇的东西,而是去操纵人类心中原本的想法,目的是在顾客心目中占据有利的地位,以在市场上赢得先机。

"定位"这个概念在具体运用中有不同的形式,如产品定位、品牌定位等。它对于品牌传播的价值在于为其指出了方向,即通过合适的定位,来占领目标受众头脑中的空间,创造差异化优势。在产品同质化现象非常普遍、信息日益过剩的情况下,只有采取像定位这样抓住要害、有的放矢的传播策略,才能做到无往不胜。

1989 年 9 月,美国权威的营销杂志《营销研究》(*Marketing Research*)发表了彼得·法古哈(Peter H. Farquhar)所写的一篇名为《经营品牌产权》(*Managing Brand Equity*)的论文。两年后,美国加州大学大卫·艾克以更完整的理论、构架和实例出版了同名专著,从此,"品牌产权"的观念引起了学术界和实业界的高度重视,它也为品牌传播指明了新的方向,即以厚积品牌资产为传播目的。

艾克对品牌产权的定义如下:"品牌资产就是一组与品牌的名字及符号相连的品牌资产与负债,它能增加或扣减某产品、服务所带给该企业或某顾客的价值。"艾克提出组成品牌产权的四大核心品牌资产是品牌忠诚、品牌知名、品质认知以及品牌联想。

品牌产权和品牌资产具有很强的操作性和市场导向。这好比把品牌比作一个银行户头,使得各种相关的无形资产都归于其下。在执行上,可以把品牌产权分为两大部分:"策略资产"和"执行资产"。前者是指品牌带给消费者的消费利益、产品方面的支持,以及品牌所具有的个性特征等。后者是指通过品牌传播如宣传口号、品牌标识等赋予品牌的"后天"特征,它需要以各种创新姿态追求推广手段的多样化和特异性,并持之以恒。

品牌产权的理论告诉企业,品牌不只是有广告效应,更是企业保住顾客、拥有市场的关键黏合剂。经营品牌就是去选择某一欲开发市场,然后努力经营这个市场,让这个市场为该品牌所占据。

奥美在继承奥格威关于"品牌形象"的伟大卓识的基础上,经过多年的实践,不断充实其内容,于1992年推出了"360度品牌管家"的概念。它意味着要把对品牌的认知贯彻到与消费者的每一个接触点上。奥美认为,只有当品牌成为全部工作的中心时,才能建立和维持强有力的品牌形象。

奥美的思想给品牌传播带来新的启发,它要求企业在与消费者的每一个接触点做好品牌传播工作,把影响品牌的变数降到最低。

1992年,美国西北大学教授舒尔茨和劳特朋提出整合营销传播理论,这是到目前为止与品牌传播研究相关的最新理论范式。

整合营销传播的核心思想是把企业一切营销和传播活动,如广告、促销、公关、新闻、直销、CI、包装、产品开发等进行一元化的整合重组,让受众从不同的信息渠道获得品牌的一致信息,以增强品牌诉求的一致性和完整性。通过对信息资源实行统一配置、统一使用,来提高资源利用率,使营销和传播活动有了更加广阔的空间,可以运用的传播方式大大增加。

整合营销传播实际上也就是品牌传播,因为传播活动进行整合的最终目的是为了累积品牌资产,传播本身只是手段,手段服从于目的。因此可以称"整合营销传播"为"整合品牌传播"。

二、中国品牌传播的发展与研究

1. 中国品牌传播的发展

中国悠久的历史曾经造就出一批享有世界声誉的传统品牌,如茅台酒、龙井茶、景德镇陶瓷、同仁堂中药材等,这些品牌有着中华民族深厚文化积淀与历史人文内涵,不仅代表着经营者的产品信誉,还包含了中国文化氛围下的商业经营管理特色与文化。一提起茅台酒便会使大家联想到浓郁酒香、窖藏多年的品质与贵州青山绿水的优美环境;同样提起同仁堂便会使人们联想起神秘的传统配方,精制扎实的用料等货真价实的声誉。传统品牌的魅力传延到今,以至于让影视圈都以它们的历史为题材演绎出了一幕幕精彩的电影与电视作品。

这些品牌的成功主要依靠的是人际传播,经过上百年的传播历程才成为家喻户晓的著名品牌。

但是这些传统品牌集中于传统的行业,更多地代表了历史,中国真正具有现代意义的品牌大发展是在 20 世纪改革开放之后才开始的。

改革开放之后的这 20 多年时间,中国以浓缩的形式走过了西方上百年来品牌发展所走的道路。对此,著名品牌专家余明阳教授有一个精辟的概括,即市场竞争从当初的"杂牌对杂牌"到后来的"名牌对杂牌",到现在则变成了"名牌对名牌"。

随着中国企业品牌意识的增强,中国品牌的传播也在不断地摸索中前进,一些具有先见之明的企业在较早的时候就开始对自己的品牌进行大规模推广。

比如,曾经风靡全国乃至世界的"健力宝"公司,抓住中国乒乓球队向社会征集专用饮料赞助的机会,使健力宝抢先成为中国乒乓球队的专用饮料,于是健力宝跟随着中国乒乓球队征战世界,扬名海外,被国外媒体誉为"东方魔水"。而后借势发展壮大起来的健力宝公司又多次为中国运动队举办庆功会,嘉奖获奖运动员,一系列的赞助活动使健力宝的声誉如日中天,成为我国乃至亚洲的著名饮料品牌。

20 世纪 80 年代末,CI 被引入中国,这对中国品牌传播的规范化和系统化产生了重要影响。广东"太阳神"的成功对其他品牌产生了极强的示范作用,随后 CI 由南而北席卷全中国,一大批导入 CI 的品牌以崭新的形象出现在世人面前,引得万人瞩目。

不过,CI 毕竟是西方文化的产物,在我国还是一门新兴学科,无论是从认识还是操作角度来看,都还显得不够成熟,同时一些企业对它的认识也比较模糊,使得 CI 的执行不到位,因而此时的 CI 热潮就难免进入一些误区。但总体来看,CI 的普及给品牌传播带来的正面影响是不容否定的。

中国品牌的传播有一个比较有意思的现象,那就是许多品牌主要依靠中央电视台来出名,这一点固然是由中国的特殊国情所决定,但某些品牌在利用这一媒介时却出现了一些非理性的行为。比如 20 世纪 90 年代中期对"标王"的争夺就明显反映出中国企业在品牌传播方面的短视和无知,这种"暴发户"式的心态理所当然地导致品牌在市场上的惨败。此外,单纯地使用央视这一传播媒介难免会让品牌的成长变得"营养不良"。即使知名度上去了,若美誉度、相应的服务体系等跟不上,这样的品牌也只会是一个空壳,很难经得起市场的考验。

中国品牌的传播还有一大误区,即许多企业对广告有着一种近乎本能的崇拜。不可否认,在市场发育早期,打广告的确会给品牌传播带来良好的效果,但是随着中国消费者的成熟以及市场竞争的加剧,"广告万能"的神话必然会破灭。以至于现在有人说:80 年代只要花钱做广告,就会有回报,90 年代花足够的钱就有回报,而 2001 年以来花再多的钱也未必有回报。

不过随着中国企业对品牌传播认识的加深,许多企业已经逐渐走出了上述误区,开始理性地规划品牌的传播活动,有些品牌提出要做"百年老字号",这表明企业的心态已经趋向成熟。

90 年代后期整合营销传播理论的引入也对中国品牌传播的发展产生了较大影响。在不长的时间里,整合营销传播就成为企业界的热门话题。不过同 CI 当初的引入相似,中国企业在认识和操作上都还需要一段时间的积累才能消化吸收这一理论,才能把它同中国的实际真正结合起来。

从总体上看,目前中国品牌传播的发展与西方相比差距还是相当大的,中国的民族品牌唯有认真向洋品牌学习,苦练内功,才有可能逐渐缩小差距,在未来更加激烈的市场竞争中实现自身的崛起。

最后简单介绍一下港台地区品牌传播的发展。

香港和台湾地区由于受经济制度及地域等因素的影响,其品牌传播的起步比大陆要早。在 20 世纪 70 年代左右,这两个地区的制造业开始崛起,逐渐成为国际市场上重要的工业服务中心。一些具有远见的企业家如曾宪梓等开始致力于打造自己的品牌,摆脱其产品昔日在市场上的低档货形象。

曾宪梓把品牌改名为"金利来",这一吉祥如意的名字赢得了香港人的青睐,他还抓住当时访港的中国乒乓球队电视直播比赛的机会,对这一重大活动进行赞助。这在当时是不多见的,结果使得该品牌一举成名。

随着品牌传播实践的成熟,到了 80 年代,港台地区已经出现一批著名品牌,如金利来、佐丹奴、统一等。有些品牌已经不满足于本地市场取得的成功,开始向国际市场进军,比如宏碁品牌在 80 年代末开始远征美国市场,取得了极大的成功,在美国计算机消费类电子市场上位居第二。之后宏碁又拓展其他市场,其营销网络覆盖了 100 多个国家和地区,成为世界著名品牌。

从 20 世纪 90 年代初到现在,由于港台地区市场狭小,许多品牌开始把阵地转移到中国内地。通过品牌传播的积累,这些移师大陆的港台品牌有些已经是家喻户晓,比如康师傅、统一、金利来等。

整体上来看,由于港台市场经济发育得比较成熟,这两个地区品牌传播的发展走在了大陆前面,其丰富的实践经验值得大陆同行学习和吸收。

2. 中国品牌传播的研究

中国学者对于品牌传播的大规模研究是在 20 世纪 90 年代之后,尽管 80 年代也有学者在论文或著作中侧面涉及这一主题,但只是对西方相关理论的零星介绍,比较肤浅。

1993 年,新华社所属《中国名牌》杂志的创立使得品牌传播研究开始升温,先是有大量的西方相关理论著作被引进过来,之后关于该主题的本土研究也不断涌现。

从已发表的有关著作和论文来看,众多品牌传播方面的研究主要集中在概念确定、现象描述和案例分析,这对于品牌传播的实践虽然具有一定的指导意义,但是仍显宽泛,在微观领域的研究方面应有所突破。

港台学者的品牌传播研究也同样走过引进吸收西方理论的道路,尽管研究人员的规模不如大陆庞大,但其研究有着自己的特色,比如说注重实证和定量研究等,这些都值得大陆学者学习和借鉴。

第四节　关于品牌传播的两种思想

一、奥美360度品牌管家

奥美以"品牌管家"的理念享誉广告界。20世纪90年代，随着媒体环境变得更复杂，整合营销传播观念兴起等情况的出现，奥美认识到可以更有效地通过传播来建立品牌。顺应时代发展，奥美提出了"360度品牌管家"的新理念，即强调在品牌与消费者的每一个接触点上，都管理好信息传播。"360度品牌管家"的最终目的是帮助客户累积品牌资产。

这是一个完整的作业过程，确保所有关联到品牌的传播活动都能反映、建立和忠实于品牌的核心价值和精髓。奥美以这个理念作为指导，积极主动地管理品牌与消费者之间的关系。根据这一理念，所有可以运用的传播方式、每一种可能与消费者见面的媒介都被主动地、系统地、策略地整合了，它们在一致的导引中和消费者见面。这样对于品牌来说，每一次进入消费者的生活都是同样信息的累积，在不浪费有限资源、增加到达率的同时，更有完整一致的品牌印象。

奥美的创办人大卫·奥格威在20世纪中期就提出"每一则广告都是建立品牌个性长期投资的一部分"，在奥美公司的每一个办公室墙壁上都挂有一幅陈述其企业任务的标语："对最珍惜品牌的人而言，奥美是最被重视的代理商。"

这一信念一直都是奥美文化的基础。奥美深信其角色不仅仅是滋养并保护客户的品牌，更是了解品牌并提供传播策略与执行，使之发展壮大。

奥美将"360度品牌管家"之道定义为"一种创造、建立并活化各种有利润品牌的艺术"。当他们在向客户说明这一概念时，又会强调它在操作上的涵义："一项为确保所有与品牌相关的活动，都能反映品牌的核心价值与精神的全盘计划。"企业经由这样全盘性的规划，才能真正建立其品牌在消费者心目中的价值。品牌资产有六大层面：形象、声誉、产品、顾客、通路和视觉，透过360度的思考和执行，就可以从这六个层面对品牌产生正面作用。

"品牌管家"操作的第一步是"信息搜集"，通过汇集产品、消费者、竞争、环境等全方位有关于品牌的"事实"，以全面地了解品牌。这一步也许不算特别，但作为品牌基础研究工作,要求很细致,而且尽量地令事实周到入微。

接下来的两步是"品牌检验"与"品牌探测",用以透彻审视品牌,了解品牌对消费者而言的感受、意义,揭示两者之间的关系。在具体的操作中,奥美形成了专门的研究模式,完全站在消费者的角度,收集大量的不同人群(品牌忠诚者、熟悉者、反对者等)对品牌的记忆、态度、联想与期望,去感知品牌,以确认品牌对消费者来说"是什么"。

第四、第五步是奥美创新性的"品牌写真"与"品牌写真应用"。广告公司将慎重而生动地用文字描绘出"品牌与消费者之间的关系",形成品牌的"画像";接下来的广告表现及传播活动,全部以此为指引,展开品牌管理。

最后是日常的"品牌检核",每年至少执行一次,以重新审查品牌在发展过程中,是否一直吻合于品牌写真,是否有必要调整营销要素或修正写真。

可以看到,奥格威的"品牌形象"理论,仍然是奥美的专业核心,但"360度品牌管家"将其操作具体化、系统化、规范化。这确保了奥美能够以较为科学、客观的态度,全心全意地着眼于品牌与消费者之间关系的建立,而不会过多地受产品、企业及近期利益的左右。

奥美"360度品牌管家"操作的不断改进与完善,是基于其对品牌的重视与执著。这种客观的态度与科学、系统、精益求精的做法,不仅为西方成熟企业成功所必需,对普遍处于新生时期的中国品牌来说,亦有着广泛的积极意义。它能让我们在生存之余,看到更远的将来。

二、整合营销传播

整合营销传播(integrated marketing communication,简称 IMC)的理论是20 世纪 80 年代在美国发展起来的。90 年代以来,它受到营销广告界的高度重视,内涵不断丰富,特别是在融入了品牌的内容之后更加令人瞩目。1992 年,全球第一部 IMC 专著《整合营销传播》在美国问世,作者是在广告界极负盛名的美国西北大学教授舒尔茨和劳特朋。这本书的问世,标志着整合营销传播理论正式成为一种崭新的营销传播理论。目前,跨国公司都正在着手 IMC 的规划与实践,如微软、柯达、IBM、德州仪器等,这些业界巨头的加入更加促进了整合营销传播理论的发展。

根据美国广告协会的定义:"整合营销传播是一种市场营销传播计划理念,即在计划中对不同的传播形式,如广告、公共关系等的战略地位作出估计,对分散的信息加以整合,将各种形式结合起来,达到明确的、一致的及最大限度的传播。"

整合营销传播的理论基础是 20 世纪后期发展起来的 4C 理论,4C 理论从对企业经营者的研究转向对消费者的关注,实现了从"由内而外"到"由外而内"的历史性转变,是对传统 4P 理论的扬弃。

IMC 的核心思想是将企业传播活动一元化,将统一的传播信息传达给消费者。所以,整合营销传播也被称为"speak with one voice"(用同一声音去说),即营销传播的一元化策略。而营销传播中的"用同一声音去说",则意味着以"品牌"为核心,因为整合营销传播只是手段,而非目的,手段必须服从于目的,传播活动进行整合的最终目的是为了建立起品牌与消费者长期密切的关系。

此外,也只有品牌才能统帅营销传播的诸多内容,如企业自身的情况以及消费者对品牌的认可等,都可直接或间接地被品牌所涵盖。因此,我们完全可以说"整合营销传播"就是关于"品牌传播"的一种理论,该理论空前突出了品牌因素的重要性。

美国的营销学者乔治·贝尔齐曾分析过整合营销传播兴盛的原因,他认为:"根本原因是厂商们认识到了战略性地整合多种传播机构的价值";"反映了厂商们对环境变化的适应,尤以尊重消费者、科技和媒体为前提";以及"公司营销方式的改变"。这些原因不仅导致了营销与传播的联姻,更导致了营销与传播方式的整合,其整合的核心或旗帜自然便归于品牌。

整合营销传播是现代商业的一种制胜之道。常有企业家感叹为什么自己投入了大量的广告费,可品牌的形象在消费者心目中仍是模糊的。为什么中国的品牌"成名也速,败名也忽"。一个品牌往往独领风骚没几年便销声匿迹,无法长久地维持自己的品牌优势。针对这类困惑,整合营销传播所要树立的正是品牌的"长治久安"。

中国内地已进入品牌的战国时代,日常用品的品牌已逾五千多个,可谓群雄并起。如何使自己的品牌异军突起是一个必须科学对待的问题。一个美国人一天中所要接触的广告多达 270 个,而中国消费者也日益受到大量广告的包围。整合营销传播要借助各种传播和营销手段,传播同一种品牌形象,使品牌脱颖而出。

整合营销传播的核心和出发点是受众,企业树品牌的一切工作都要围绕着受众进行,企业必须借助信息社会的一切手段知晓什么样的受众在使用自己的产品,建立完整的资料库(用户档案),从而建立起与受众之间的牢固关系,使品牌忠诚成为可能。而在运用各种传播手段时,必须传播一致的品牌形象。

如果你是汽车生产厂家,所追求的就应该是不管顾客什么时候买车在哪里买车,都要买你的牌子的汽车;如果你是一位汽车销售商,你的目的是无论顾客买什么牌子的汽车,都要到你这里来买。这便是整合营销传播所要达到的境界。

整合营销传播把企业一切的营销和传播活动,如广告、促销、公关、新闻、直销、CI、包装、产品开发进行一元化的整合重组,让受众从不同的信息渠道获得对某一品牌的一致信息,以增强品牌诉求的一致性和完整性。这种对信息资源实行统一配置、统一使用的做法,可以提高资源利用率。这使得一切营销活动和传播活动有了更加广阔的空间,可以运用的传播方式也大大增加了。这一新理论对中国企业十分有借鉴意义。

整合营销传播在 80 年代中期开始提出时,研究者们当时都普遍认为根据研究角度、使用立场的不同,IMC 定义也应不同。1996 年,美西北大学赞助的第三届 IMC 年会上提出的关于 IMC 定义涉及五个方面,简述如下:

(1) IMC 是一个对现有顾客和潜在顾客发展和实施各种形式的说服性沟通计划的长期过程。

(2) 顾客决定沟通方式。

(3) 所有与顾客的接触点必须具有引人注目的沟通影响力。

(4) 技术使与顾客的相互作用越来越成为可能。

(5) 需要测试营销沟通结果的新办法。

1989 年后,全美广告业协会(AAAA)促进了 IMC 的研究、发展,他们的定义如下:

"IMC 是一个营销传播计划概念,它注重以下综合计划的增加值,即通过评价广告、直接邮寄、人员推销和公共关系等传播手段的战略作用,以提供明确、一致和最有效的传播影响力。"

很多学者引用他们的见解。但是作为这一定义的实例,4A 列举了属于市场组合之一的促销组合(promotion mix)中的例子,因而有可能被认为是着重于促销的狭义的 IMC 定义。实际上其定义包含着概括性意义,概括起来如下:

(1) 使用了多种多样的传播手段(条件 A)。

(2) 对这些手段的整合(条件 B),只有同时满足条件 A 和条件 B,才能形成 IMC。

(3) 是对多种传播手段的战略作用进行比较分析的战略决策(strategic decision making)。

（4）营销传播计划（marketing communication planning）概念。

然而这个定义容易被理解成是从传播者角度观察接受者的单向式传播。定义不仅应对广告主和广告公司有价值，而且对消费者也应有价值。IMC 理论的发源地——美国西北大学的研究组把 IMC 定义成：

"IMC 把品牌等与企业的所有接触点作为信息传达渠道，以直接影响消费者的购买行为为目标，是从消费者出发，运用所有手段进行有力的传播的过程。"

这一研究组的先驱者舒尔茨（Don E. Schultz）教授还对此作了如下补充说明：

"IMC 不是以一种表情、一种声音，而是以更多的要素构成的概念。IMC 是以潜在顾客和现在顾客为对象、开发并实行说服性传播的多种形态的过程。IMC 的目的是直接影响听众的传播形态，IMC 考虑消费者与企业接触的所有要素（如品牌）。IMC 甚至使用以往不被看作是传播形态、但消费者认为是传播形态的要素。概括地讲，IMC 是为开发出经过一定时间可测定的、有效果的、有效率的、相互作用的传播程序而设计的。"

事实上，这些概念还不充分，不能说哪个更为确切。以上概念根据整合传播中心的不同，其 IMC 定义也不同。根据研究者、实践者观察角度的不同，IMC 形态也不同。

1. 从广告主的角度看 IMC

以广告、推销、公共关系等多种手段传播一贯的信息，以便提高品牌形象。

2. 从媒体机构上看 IMC

大型的媒体公司在 20 世纪 80 年代吞并了别的媒体机构成为庞大的跨媒体集团。所以不是个别的媒体实施运动，而是以多种媒体组成一个系统，给广告主提供更好的服务。

3. 从广告公司的角度看 IMC

不仅是广告，而且灵活运用必要的推销、公共关系、包装等诸多传播方法，把它们整合起来，给广告主提供服务。

4. 从企业研究者或经营战略研究者的角度看 IMC

使用资料库，以争取更多的消费者。从消费者立场出发进行企业活动，并构筑传播方式，以容易接受的方法提供消费者必要的信息。关注消费者的购买行为，实施能够促进与顾客良好关系的传播活动。

企业采用 IMC 以后能得到的初步效果是如下几点：

（1）整合感：许多企业把 IMC 当作战术运用。因为 IMC 可以让广告、促销、直销、公共关系等所有的传播程序具有整合感。这种价值体现让利害关系者更容易理解信息。开发 IMC 的目的正在于此。

（2）传播效果的最大化：某些企业认为 IMC 就是合理运用营销或营销传播费用的方法。这些企业相信适当地减少或整合几种传播程序的话，企业的组织成员、业务活动和组织能力都会有改善。虽然整合后发生这种效果的情况很多，但 IMC 的价值绝不只是减少费用。

（3）交易费用（transaction cost）的减少：令人惊奇的是，IMC 的最大效果是减少生产或流通中的交易费用。其中对于利害关系者的交易费用的减少是很重要的效果。通过完善的 IMC 活动，我们了解到交易费用的减少其实是"自我控制"的收效。在目前市场竞争激烈、强烈要求减少成本的市场状况下，对于企业来讲，IMC 最大的贡献就是减少了这种交易费用。以往大部分减少交易费用的方法有两种：

第一，通过规模效益（scale merit）或经验曲线（experience curve）的制造成本减少方法等，如今用 TQM（total quality management）等多种用语表示。

第二，为了达到供应商和零售商的双方目的，用减少流通费用等减少交易费用的方法来开发、构筑后勤系统（logistical system）。掌握特定系列商品的优惠专卖店（category killer）的兴起就说明了后勤系统的有效性。

许多企业发现，为了减少交易费用而在"生产和流通"领域减少费用的方法不会有持续的效果。比如，即使提高了生产效率，但竞争对手很快会模仿，并且在流通和物流方面进行改良，从而又超过了你。所以减少交易费用的最合理的方法是过程的整合，因而使所有的利害关系当事者都可以减少交易费用。

（4）目标导向观念的实现：简单地说，整合就是通过市场使与利害关系者的沟通"更好、更有效率"。这意味着包括广告等所有营销活动和传播活动的尽可能遵循"目标导向"的观念。

这是从"覆盖范围（coverage）"向传播的转换。当销售者和消费者能够互相理解时，可以说营销传播完全整合了。如果信息变得更加准确、商品变得更加高性能化和个性化的话，那么消费者寻找、购买商品的费用和接受服务的费用会大幅度地减少。最重要的是满足顾客的同时，营销费用也减少。比起用各促销组合争取新顾客，或反复进行争取一次性顾客的活动，对已有满足感的现有顾客展开市场活动更有效率。今后营销传播会更加需要这样的基准。

营销学者巴伦特认为，整合营销传播有两个明显的特性：一是战术连续性，二是战略导向性。

　　"战术连续性"是指所有通过不同营销传播工具,在不同媒体传播的信息都应彼此关联呼应。战术连续性强调在一个营销传播战术中所有包括物理和心理的要素都应保持一贯性。"物理连续性"是指在所有营销传播中的创意要素要有一贯性。比如,在一个营销传播战术中可以使用相同的口号、标签说明,以及在所有广告和其他形式的营销传播中表现相同的行业特性等。"心理连续性"是指对该机构和品牌的一贯态度,它是消费者对公司的"声音"与"性格"的知觉,这可通过贯穿所有广告和其他形式的营销传播的一贯主题、形象或语调等来达成。

　　整合营销传播的第二个特性是"战略导向性",它设计、完成战略性的公司目标。许多营销传播及广告专家虽然制作出超凡的创意广告作品,能够深深感动受众,甚至获得广告或传播大奖,但是未必有助于完成本机构的战略目标。例如,销售量、市场份额以及利润目标等。能够促使一个营销传播战术整合的,就是其战略焦点。信息必须通过有效设计以达成特殊的战略目标,而媒体则必须通过有利于战略目标的考虑来对其进行选择。

　　正确认识"整合"的内涵非常重要。我们可从以下两个层面清晰把握它的脉络:

（一）横向的整合

也可称之为水平整合或空间发展上的整合,它分为以下四个方面:

1. 媒体信息的整合

　　就媒体而言,不管信息来自什么媒体,它都只是媒体信息,消费者并不加以区分。语言 、文字、图片、声光等媒体决定的传播形式,都在向消费者传达某种符号意义。媒体信息的整合,实质是对传播符号形式的"意义管理"。

2. 营销传播工具的整合

　　广告、促销、直效营销、公共关系等借助相应的媒体与渠道向消费者传达信息,但不管信息说什么,它都代表某品牌、公司或营销组织,消费者都以同样的方式加以处理。营销工具的整合,实质也是对信息形式的"意义管理"。

3. 接触管理（contact management）

　　D. E. 舒尔茨把"接触"定义为:"凡是能够将品牌、产品类别和任何与市场相关的信息等信息,传播给消费者或潜在消费者的过程与经验。""接触"包含了媒体、营销传播工具与其他可能与消费者接触的形式。

　　李奥贝纳广告公司执行的一项专有研究表明,消费者拥有102种类似"广告"的不同媒体——从电视到购物袋以及组织发起的活动事件等等。舒尔茨认为，每个接触点都应是传播工具。接触管理就是要强化可控的正面传播，减缓不可控的或不利于产品或服务的负面传播，从而使接触信息（contact message）有助于建立或强化对品牌的感觉、态度与行为。

4. 对各类目标受众的信息传达整合

不同的目标受众，接触不同的媒体，也就需要采用不同传播工具，一个公司/品牌的目标受众，有其目标市场的主要群体与次要群体；有扮演不同角色（倡议者、影响者、决定者、购买者、使用者）的人们；也包括产品的批发商、中间商、零售商；还有其他对产品营销有影响的团体、组织、公众，比如政府、行业组织、原材料供应商等。

舒尔茨主张用"忠诚度"把消费者区分成本品牌的忠诚者，其他品牌的忠诚者以及游离群体，以突出 IMC 用行为信息作业效果测量的价值方向。每一类目标受众都有各自的购买诱因，所以公司需要对他们使用不同的策略，提供这些不同区隔的小团体以个别的利益点。这才是真正的整合策略。

IMC 的横向整合，使得传统的广告程序发生了改变。传统的广告程序是营销目标——选择目标——消费者——文案策略——创意执行——媒体定位。倡导 IMC 的 DDB 公司的最高执行长官凯茨·瑞恩哈特（Keith Reinhard）对之作了重新修正，提出了新的广告程序：营销目标——选择目标——消费者——媒体定位——传播策略——创意执行。

从中看出，一个广告活动可以用媒体概念来主导创意概念，或者首先把确定广告、公共关系、促销、直效营销等的角色分配作为营销方案，然后再进入广告企划阶段。这样，从程序上有利于 IMC 的横向整合执行。

（二）IMC 的纵向整合

也可称之为垂直整合或时间发展上的整合。IMC 的纵向整合，是在不同传播阶段，运用各种形式的传播手段，产生协调一致、渐进加强的信息，完成所设定的传播目标。这一过程可分为以下两个方面：

1. 营销活动不同过程中的整合

成功的品牌实际上是从选择原材料，到为顾客提供最后服务的一个商业体系。消费者乐于购买的是这样一个完整的体系，而不仅仅是零售商货架上陈列的东西，我们把传播策略发展概括为以下四个环节，它们都在显现符号意义并与消费者沟通。这就需要整合，以保持相同的概念、外表与特性。

1）营销策略

营销策略主要包括市场细分和定位。市场细分,就是要让消费者感到营销者对他的"特别关注";定位是为了适应消费者心目中的特定位置而设计的产品与营销组合的行为,我们可从许多销售标语中看出营销策略的沟通意图。例如,金利来——男人的世界(性别细分与定位);雅芳——世界淡妆之王(使用场合细分与定位)等等。

2)营销组合

让我们从一些例子中看看 4P 是如何传达符号意义的:

(1)产品设计:某割草机制造商将其割草机设计得嘈杂一些,因为消费者认为嘈杂的割草机更具威力。

(2)定价:人们难以正确评价产品质量时,常把价格高低作为质量优劣的尺度。

(3)配销:Windows95 在台湾上市时,以 7-eleven 连锁店为通路,象征其通俗、流行、贴近大众生活的品牌特性。

(4)促销:某知名冷冻食品因削价销售频繁,而丧失了其高贵的形象。

另外,还有包装(packing)等。如某高级啤酒将瓶装改为铝罐装,却因此损害了其原有的高贵形象。

3)品牌识别

名称、标志、基本色是品牌识别的三大要素。它们是形成品牌形象与资产的中心要素。

(1)名称:肯德基炸鸡(Kentucky Fried Chicken)为了规避今天人们对油炸的负面印象,把名称改为 KFC。

(2)标志:德国运动器材 Puma 标志,以美洲狮为图案,表达勇猛、速度与力量的品牌内涵。

(3)基本色:IBM 拥有商业机器的深蓝色,能引起轻松、安静的心境体验。

4)品牌传播

在品牌传播阶段,就是要把广告及与之配合的其他传播工具通盘运作。这已在横向整合中阐述。

从以上论述可以看出,从营销策略制定一开始,就要注意与消费者沟通的"品牌意义管理"。IMC 针对品牌与消费者接触的各个层面,进行持续性的投资与强化,坚持品牌的一贯形象与个性,这正是成功品牌管理的要求。IMC 的纵向整合指导我们从时间发展意义上管理品牌资产的中心要素(产品、名称、商标、主张、广告风格等)以及延伸要素(各种传播工具以及品牌与消费者的接触点)。

这样,无论在何种场合与时机,当消费者看到(听到)这些品牌资产时,都会唤起心目中对品牌形象与个性的感知与记忆。

2. 与消费者关系发展过程中的整合

传播目标或传播效果的层次,如果换用消费者与品牌之间的关系来描述的话,就是品牌忠诚阶梯(brand loyalty ladder)的概念。一般而言,越往高处,人数越少,传播的任务越重。营销传播的努力就是推动消费者向品牌忠诚者演化,这是所有厂商的重要目标。IMC 的纵向整合就是要在品牌忠诚阶梯的不同阶段,确定与消费者所需信息相一致的传播目标。让我们试用一个简单的改良后的 AIDAR 模式加以说明。

(1)消费者——引起注意:在这一阶段,要让消费者意识到品牌的存在。强烈的品牌个性与清楚的定位,是让品牌脱颖而出的关键。相应地,高品质的形象广告、强势的公关活动,以及同伴和产品使用者的影响,都是让消费者形成品牌正面态度与行为倾向的重要手段。

(2)有意顾客——引发兴趣:有意顾客会想要吸收更多的信息,以考虑是否将品牌作为选择的对象,不过他们仍是被动地接受。比较详细的产品广告、公关活动、媒体报道、新闻式广告以及直效营销等,都是本阶段恰当的传播工具。

(3)潜在顾客——刺激欲望:他们开始主动寻求有关信息,以便作出品牌之间的比较,同伴、团体以及其他意见领袖的口语传播,产品手册、DM 和销售人员提供的信息,都会起到关键的效果。

(4)顾客——付诸行动,转变为实际顾客:他们的信息可能来自实际的使用经验,也可能来自传播。这一阶段,广告和公关的目的在于再次提供保证,因此仍然重要。促销活动也不可或缺。如果已有明确的顾客资料,通过人员销售与数据库营销效果会更好。

(5)品牌拥护者——再次购买:这一阶段的传播目标在于维持品牌与消费者的坚定关系,提供的信息用来减低购买后可能产生的认知不协调。调性一致、持续出现的广告和公关活动是这一时期的传播重点。另外,口碑、售后服务、直效营销也扮演着决定性的角色。所有的营销活动和传播信息,都应该用来刺激消费者重复购买,并鼓励他们向别人推荐,毕竟 IMC 的目的是建立强势品牌。

【案例】 中国最神秘品牌的崛起

在中国市场上,希音(SHEIN)的品牌知名度并不高,但在国外却有着巨大的影响力,2022 年 3 月底,根据外媒 PYMNTS 公布的购物应用排名显示,中国新兴跨境电商企业希音旗下"SHEIN"已赶超亚马逊成为全球下载量最高的购物 App,亚马逊和沃尔玛分列第二和第三。希音不但应用程序下载量最高,实际销量也同样在美国市场实现登顶。据《金融时报》2021 年 12 月报道,希音"已经超过 H&M 和 ZARA,成为美国市场销售额最大的快时尚零售商"。有市场消息称,中国跨境电商巨头希音在最近一轮融资中的估值达 1 000 亿美元,很多人可能对 1 000 亿美元的估值没有概念,它比全球服装业巨头 H&M 加 ZARA 两个品牌估值总和还要大。

希音成立于 2008 年,早期业务模式主要是从国内服装批发市场采购婚纱、礼服等商品,通过第三方电商平台销往欧美等地区。2012 年,希音放弃婚纱、礼服出口业务,转型时尚女装自主设计、加工和出口业务,并采用独立站(不依附第三方电商平台、具有独立域名和经营自主权的品牌官方商城)模式运营,其首个独立站在美国上线。随后两年间,希音在德国、法国、俄罗斯、意大利等国家的独立站陆续上线。随着市场的不断发展,品类线不断扩充,覆盖了男性、女性、儿童三大用户人群市场,其中衍生出美妆、家居、宠物等相关产品线,最终发展成为一个全品类,覆盖所有用户人群购物需求的一站式跨境电商平台。

希音之所以能快速崛起,超越老牌服装业巨头,关键因素主要是以下两个方面:

一、重塑设计流程

快时尚品牌运营的关键是快速且大量上新产品,同时控制滞销率。希音运用大数据技术预测服装流行趋势,指导设计方向,同时借助 AI 工具将设计流程流水线化,从而快速设计出成衣样稿。

1. 运用大数据预测流行趋势

跨境电商面对不同国家和地区市场,需要有针对性地调整产品设计风格。

在起步阶段,希音利用 Google 的 Trend Finder(搜索趋势发现器)以及自主开发的网页抓取、追踪系统工具,收集时装面料、颜色、图案、款式、价格走势等相关数据,分析研判海外各国的时装热销元素,预测流行趋势。

2018 年,希音曾准确预测出当年美国市场蕾丝风格以及印度市场棉织服饰的流行趋势。

随着品牌影响力扩大、用户数量增加,希音运用大数据、云计算等先进技术,对独立站和移动 App 用户的搜索浏览记录、浏览时长、加入购物车及购买情况等特征数据进行实时捕捉,分析研究不同市场消费者的偏好,用以指导研发设计。

2. 借助 AI 技术打造设计流水线

为提升设计效率,希音专门开发了智能设计辅助系统,将设计变为流水线作业。希音设计部门基于时尚趋势的大数据分析预测结果,借助智能设计辅助系统对不同时尚元素进行搭配组合,从而快速形成设计样稿。

为提升设计水准,2021 年 1 月,希音推出设计师孵化器 SHEIN-X,旨在为独立时装设计师提供与希音合作的机会。

SHEIN-X 设计师作品被希音采用后,可以获得相应佣金和一定比例的销售利润,并保留自己的创作所有权。设计师孵化器帮助希音与海内外众多新秀时装设计师建立了良好的合作关系,不断推出新款时尚服装。

希音官网数据显示,2021 年 11 月以来,希音平均每天上新 5 000 款左右服装,其中 11 月 1 日单日上新 10 610 款。

电商服装行业卖货,本质就是卖图,希音非常注重产品图片,甚至办公楼中一整层都是内容优化师,平台的风格逐渐统一,也更符合欧美的审美风格。

二、围绕社交平台,开展数字化营销

针对目标客户主要是海外年轻消费者的特征,希音主要以"社交平台+网红+推荐算法"的模式,开展数字化营销。

适应数字化时代的市场开发需要,希音调整了前端系统——营销中心的组织架构和职能,将原来涉及市场策划、开发、广告、客户和合作伙伴管理等业务的多个部门整合为合作伙伴管理、联盟合作、广告投放、营销创意四个团队。

其中,合作伙伴管理与联盟合作管理团队主要职能是海外网红、联盟伙伴的开发和维护,广告投放团队主要职能是向海外社交媒体和 SEM(搜索引擎营销)投放广告,营销创意团队主要负责市场调研和营销方案的策划设计。

1. 打造账号矩阵,实行差异化营销

希音的销售渠道主要是跨境独立网站和移动端 App,粉丝流量是营销的重心,而各大社交平台是粉丝流量的主要来源。

希音聘请专门的营销咨询机构负责社交平台账号的运营,针对粉丝数量众多、文化背景复杂、产品类型多样的特点,打造多元化、个性化账号矩阵。

希音不仅在 Instagram、Facebook、Twitter、Pinterest、TikTok 等海外头部社交平台创建账号,而且针对不同国家和地区市场、不同的服装产品类型,在主账号下创建了 80 多个子账号,形成账号矩阵,由主账号对子账号进行引流,每个子账号专门服务于特定的目标客户群体,实现对粉丝用户的差异化营销。

如在 Instagram 和 Facebook 平台,希音不仅分类创建了大码服装、童装、男装、女装等子账号,用以服务不同类型的用户,同时创建了美国、英国、法国、西班牙、意大利、中东、墨西哥、俄罗斯等不同国家和地区的子账号。这些子账号采用适应不同国家和地区文化习俗的风格和内容,实行本土化运营。

2. 采用推荐算法,实施精准营销

为了将新款服装精准推送给目标客户,希音商品展示页面采用与抖音类似的算法推荐方式,即根据用户的搜索浏览、购买记录等数据,推算用户的购买意愿、喜好并精准推荐适宜的商品。

为吸引用户持续登录 SHEIN 移动 App 和销售网站,希音设计了多种用户参与游戏和积分系统。用户经常登录 SHEIN 网站或 App、参与游戏、分享讨论,可赚取相应积分,100 积分等于 1 美元,可直接用于在希音网站或 App 的购物抵扣。

希音的创始人许仰天做 SEO 出身,对数据非常敏感,总是亲自去分析官网的流量,因此从 Day one,希音内部数据就是精准且整洁的,每条数据都经过来源分析、整理分类、分析定向,了解流量的真实来源,也能知道用户的真实喜好。创始人带着团队每天逐条分析数据背后的原因,也就不难理解为什么希音总是能抓到流量红利了,据了解,2021 年希音已经有超过 500 名数据分析师,随时跟踪不同流量来源、用户行为、用户喜好。

3. "网红+广告",导入品牌流量

网红营销梯队化。网红是网络流量的载体,希音营销中心的合作伙伴管理团队主要任务是负责网红开发和维护。2011 年，希音在 Facebook、Twitter、Instagram 等海外社交平台进行网红带货，当时的希音几乎 100％的流量都来自 KOL 的推荐，投资回报率高达 300％，这个玩法也被国内的完美日记、元气森林等品牌用过，希音赶上了网红商业化之前的流量红利，收割到了第一批种子用户。

早期希音是靠 Web2.0 红利期完成的原始积累，一个是 Pinterst 代表的网红时代，另一个是 Facebook 代表的社交时代。2010 年淘宝推出"淘女郎"计划，孵化出一批初代网红，敏锐的希音发现网红带货也能用在跨境电商，于是将目光投向了当时聚集了大批年轻女性用户的海外博客 Lookbook，找到一批价格便宜、有一定关注度、中腰部甜美系网红。

事实证明，在服装行业找网红做测评是获取流量不错的方法，那个时候，找网红的成本也比较低，成本只有几十美金，甚至只需提供免费服装就行，而后，将重点放到快速发展的 Pinterest 内容平台，凭借网红推荐获取了一大波成本低级的流量。

希音根据各大社交平台博主的粉丝量、发帖量、发帖内容以及点赞量，将博主划分为头部网红、中腰部网红、小众网红和普通用户三个等级，并针对不同级别的网红采用不同的合作方式，进行梯队化管理。

其中，头部网红负责希音品牌形象的维护与提升，与希音合作过的有 Katy Perry、Lil Nas X、Hailey Bieber、Yara Shahidi 等知名海外网红；中腰部网红负责利用自身影响力为希音提供品牌背书、介绍新款服装、宣传带货等；小众网红和普通用户则通过 UGC（用户生产内容）方式帮助希音获得更多的品牌曝光，希音也会将普通用户的优秀创意内容转发到官方平台。

除了紧跟流量营销，希音还发布了联盟渠道（Affiliate Program）计划，类似淘宝客。鼓励用户在社交平台（Ins、Youtube、TikTok）上推广 SHEIN，客户点击帖子下单，推广者就可以获得 10％～20％ 的佣金。几百万人的推广给希音带来可观、可持续的流量，效果不可忽视。

可以看到希音的流量来源中，带有明确品牌认知的"直接"和"搜索"流量，已经占到 83.52％，意味着，这些流量已经建立了品牌心智，不再需要商业推广，获取成本极低。83％ 是一个夸张的比例，是一个品牌极深的护城河。

希音获取粉丝流量的另一重要手段是向社交平台、搜索网站投放广告，并根据不同国家和地区的重大节日时点（如感恩节、圣诞节等），调整社交平台广告的发布内容和节奏。

根据 Similarweb 的统计数据，社交平台广告贡献了希音全部流量的 10％，Google 搜索网站广告贡献了全部流量的 11％。

很多人认为希音只是 ZARA 的追随者，但希音与 ZARA 的关系更像是 Amazon 与 Walmart 的关系。

1995 年成立的 Amazon 最初只被认为是"网上书店"，卖电子书也学习了很多 Walmart 模式，比如照搬了 Walmart 的物流仓储管理，挖了很多 Walmart 的人。早年 Walmart 对 Amazon 的态度，经历了"收购"or"投资"的斡旋，堪称商业经典，很多人也曾质疑过 Amazon 就是 Walmart 的网络版。不过今天谁是爸爸已经不言而喻，Amazon 市值 1.6 万亿美元，Walmart 3 900 亿美元，前者是后者的 4 倍还多。

再看希音和 ZARA，目前来看，ZARA 的定位就是一家服装企业，而希音已经不仅仅是服装企业，除了拥有数字化能力、设计能力，还有强大的算法和推荐引擎能力，拥有自带流量的 App。多年来，SHEIN 与全球各大互联网平台均深度合作，靠着技术、数据能力，已经形成对传统服装行业的降维打击，哪怕是服装行业天花板 ZARA，也跟 SHEIN 有着数量级上的差异。本质上希音是一家互联网公司，是服装产业互联网的佼佼者。

（案例来源：邓贻龙，《超越亚马逊，看希音如何打造快时尚》，晋商俱乐部网，2022—2—25；直隶按察使，《女生天堂 无冕之王希音》，商业新知网，2022—3—21）

第三章

品牌传播战略

- 品牌传播战略的意义
- 品牌传播战略基础
- 品牌传播的战略取向

第一节　品牌传播战略的意义

战略一词,原为军事用语。顾名思义,战略就是作战的谋略。《辞海》中对战略一词的定义是:"军事名词。对战争全局的筹划和智慧。它依据敌对双方的军事、政治、经济、地理等因素,照顾战争各方面,规定军事力量的准备和运用。"

随着人类社会的发展,战略一词后来被广泛地用于军事之外的领域,逐渐被赋予新的含义。将战略思想运用于品牌传播之中,就是品牌传播战略。

如前所述,在品牌接触点上可以承载品牌信息的所有载体都可以作为品牌传播工具。如何使品牌信息传播达到一致性,使消费者接收到的品牌信息清晰、稳定,从而形成强有力的品牌识别和品牌个性,是品牌传播中的一个难题。

市场中有许多传播不一致的案例,都是因为缺乏统一的品牌传播战略管理。比如,Burger King 是美国全国连锁快餐品牌,主要经营汉堡包,始创于 1954 年,比其最大的竞争对手麦当劳还早一年成立。但 Burger King 一直没有一个固定的目标,使得其品牌传播出现了紊乱。1968 年,Burger King 连锁系统瞄准"Whopper"大汉堡包和这种汉堡包的优势做广告,宣传它比麦当劳公司的汉堡包好,广告语为"汉堡包越大越好"(the bigger the Burger, the better the Burger)。1970 年,公司随着上次的创意,用了类似的广告语"您得用两只手才能摆弄得了'Whopper'大汉堡包"(It takes two hands to handle a Whopper)。1874 年,公司变换了广告所强调的重点,开始突出顾客。当年的广告语是"照您的意愿做"(Have it your way)。1977 年,公司广告又改成了"美国喜欢汉堡包,我们是美国的汉堡包"(America loves Burgers and we're America's Burger)。又过了一年后,Burger King 的广告变得更具竞争性了,它的广告语是"谁的汉堡包最好"(Who's got the best Darn Burger)。后来的 18 个月里,公司广告一直用的是"特别的汉堡包,特别的 Burger King 公司"(Make it special, make it Burger King)。不到两年以后,广告又成了"你是不是看见 Burger King 店才觉得饿了?"(Aren't you hungry for Burger King now)。还是在这段时间里,Burger King 公司又用了其他广告,说是"汉堡包大战"(battle of the Burger)。没多久,又改成了"'烤'对'炸'"(Broiling vs. Frying)。1983 年,"寻找绿色"(search for herb)广告推出后 7 个月,它的广告语又变为"这是汉堡王的城池"

(This is a Burger King town)。过了 7 个月,广告语又成了"繁忙中的好食品"(The best food for fast times)。这次,这个广告一直用了几乎一年,后来被"我们照您愿意的方法做"(We do it like you'd do it)所取代。接着就是不可思议的"非得打破常规"(Gotta break the rules),它延续了 18 个月。1992 年,一条简短的广告语"您的,马上"(Your way, right way),而在当年秋天很快就被停用。到 1999 年,广告语又变为"让您的汉堡包更值"(Get your Burger's worth)。

从其广告语来看,Burger King 的品牌宣传显得杂乱无章,没有中心,不知道什么才是传播的主题。这使得 Burger King 可能可以凭借这些广告卖掉许多的"Whooper"大汉堡包,但是它无法建立始终如一的品牌特征,而麦当劳则恰恰与之相反。品牌传播缺乏战略预见使得 Burger King 难以跨越它与麦当劳之间的形象鸿沟。

当然,也不乏传播战略性一致的案例,"绝对(absolute)"伏特加可谓品牌传播一致性的经典案例。绝对伏特加的广告策略体现了战略一致性传播的魅力:通过不同的广告始终如一地传播品牌的实质。以城市系列篇为例:

主题:绝对伏特加是绝对地令人着迷。

创意:当你沉迷于某种事物时,你看什么都像它。

执行:各种有代表性的事物及场景看起来都像绝对伏特加的酒瓶。

表现一:绝对的伦敦,英国首相府的门看起来就像绝对伏特加。

表现二:绝对的罗马,摩托车看起来也像绝对伏特加。

表现三:绝对的威尼斯,广场上的和平鸽组成绝对伏特加的瓶样。

表现四:绝对的莫斯科,红场的建筑也像绝对伏特加。

表现五:绝对的日内瓦,名表内的零件也像绝对伏特加。

表现六:绝对的凡尔赛,凡尔赛女郎的头发看起来就像瓶盖。

表现七:绝对的好莱坞,梦幻工场内拍电影的道具看起来就像伏特加的酒瓶。

……

绝对伏特加几个系列的广告获奖无数,其品牌的成长与持续一致的广告宣传是分不开的。

除了公司内部的管理层战略决策频繁更迭会使得品牌传播主题频繁转换外,品牌信息传播的不一致性,还来自以下一些因素:

(1)公司有多个不同的信息接收者或关系利益人。

(2)每一个信息接收者或关系利益人,有不同的信息需求偏好。

（3）品牌信息的接触点越来越多。

（4）交叉重叠的关系利益人（如有人既是银行的股票持有者，同时又是储户、信用卡使用者）收到多种不同的品牌信息。

（5）公司拥有多重品牌的情形日见增多。

（6）信息来源范围大而复杂，公司优势处于内外夹攻的境地。

因此，为了维持品牌信息传播的一致性，厚积品牌资产，就需要设定品牌传播战略。品牌传播战略的设定是品牌传播的前提条件和首要步骤，对于品牌传播的全程运作有着重要的指导意义。

第二节　品牌传播战略基础

在品牌传播战略设定之前，需要先回答以下几个问题：

（1）为什么创建品牌？消费者能从品牌中得到什么？

（2）品牌代表怎样的价值观？

（3）品牌是如何规划产品类别的？

（4）品牌在市场上具体应实现哪些目标？

（5）品牌的法定领域是什么？

（6）品牌与竞争者的主要差异优势是什么？

（7）哪些产品最能体现品牌的价值和目标？

（8）品牌传播使用怎样的特色语言符号体系，表达怎样的一种风格？

（9）品牌的对象是谁？品牌传播要设计怎样的消费者形象？

（10）哪些媒体（传播工具）能优化品牌形象？

对以上问题的回答，构成了品牌传播的战略基础框架。

要实施品牌传播的战略，就有必要为其设定一个概念和操作模型。我们根据品牌专家大卫·艾克提出的品牌识别模型和整合行销传播专家汤姆·邓肯提出的整合传播模型可以设定如下品牌传播战略模型（见图3-1）。

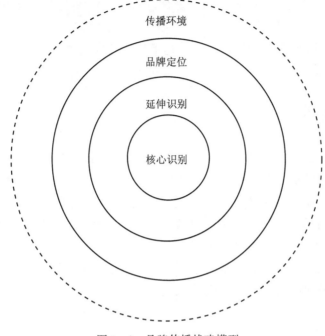

图 3-1　品牌传播战略模型

一、核心识别

在这个模型当中,最核心的部分就是品牌的核心识别,它是品牌的根基所在。所谓核心识别,指的是一个品牌永恒的精髓、本性,代表了品牌的使命和价值主张。核心识别规定了品牌传播最基本的特性和姿态,规定了品牌延续发展和品牌沟通的原则性信息。它回答诸如:品牌的精神是什么,其背后有哪些基本的信仰和价值观,拥有这个品牌的企业相较其他同类品牌有何核心差异优势,有怎样的经营理念等问题。以麦当劳为例,它的核心识别是:

· "Q"(Quality)——代表质量。麦当劳推行严格的品质管理,它拥有成套设备以保证作业系统化、产品标准化出售的汉堡包出炉后不得超过 10 分钟,炸薯条超过 7 分钟即舍弃不卖。

· "S"(Service)——代表服务,它包括店铺建筑的舒适感,营业时间的设定和服务态度等,让顾客身心得到放松。从客人选定食品到送到客人手上不超过 1 分钟。

· "C"(Cleaness)——代表清洁,它一直作为员工的行为规范。如在麦当劳的员工行为规范中有一条"与其背靠休息,不如起身打扫",确保用餐地点的清洁卫生。

·"V"(Value)——代表价值,传达了麦当劳"提供物超所值的高品质物品给顾客"的理念。

二、延伸识别

品牌的核心识别是一个内涵很小、外延较大的概念,往往无法让品牌的识别充分发挥应有的功能。例如,判断哪些传播计划行之有效、哪些计划可能产生负面影响等。光靠品牌的核心识别是不够的,所以有必要借助品牌的延伸识别去丰富品牌的内涵,让识别表达得更完整,为核心识别增添色彩,让品牌理念和价值更为清晰,提高核心识别的能见度。

延伸识别包括了许多品牌营销计划和品牌表现的细节要素,让经营者有更多可供发挥的题材,有助于把品牌发展的方向具体化。仍以麦当劳为例,其延伸识别包括:

·方便:麦当劳是最快、最方便的餐厅,因为它总是坐落于人们居住、工作或聚会的场所的附近。而且,麦当劳强调省时的高效率服务,连售卖的食品也都具有"容易吃完"的特色。

·产品范围:快餐、汉堡、儿童娱乐场所。

·附属品牌:巨无霸汉堡、鸡蛋满福堡、快乐儿童餐、超值套餐等。

·品牌性格:家庭导向、纯正美式风格、真材实料、轻松愉快的用餐气氛。

·相关机构:麦当劳儿童慈善机构(RMHC)、麦当劳叔叔之家。

·公共关系:麦当劳儿童慈善机构致力于儿童慈善事业,受人尊敬、喜爱。

·企业标识:金黄色 M 形状的拱门。

·企业象征物:麦当劳叔叔、各种麦当劳玩具。

品牌的延伸识别,为传播执行提供了许多可能性,加上其他的细节和表现要素,使创意表现丰富而多样。在大众媒体及其他品牌接触点上,都可见这些要素。

品牌识别为品牌的一致性提供了框架。通过品牌识别,能建立品牌定位的限度,规范表达的方式和保持它的个性和经久性。

三、品牌定位

定位的概念是由美国著名营销专家 A.里斯和 J.特劳特于 20 世纪 70 年代早期提出来的,之后被广泛应用于营销领域,成为营销和传播领域流行最为广泛的术语之一。其主要思想就是"要在消费者心中占据一个有利的位置"。

品牌定位是品牌识别的一部分,但不是全部。作为品牌识别的一部分,定位具有较高的稳定性,它规定着一定时期内品牌传播的主题;但定位又是面向传播的概念,它必须能够随着时代的变化而与时俱进。但无论怎么变化,定位都必须依托品牌的核心识别,即不脱离品牌的基本价值、精神。

说定位是一个面向传播的概念,是指定位是品牌传播的基础,它规定着品牌传播的方向,也是连接品牌核心价值和传播工具的纽带。企业通过定位反映其价值观和预示品牌发展的前景,又同时规定着品牌传播的主题、着力点。品牌定位必须依赖于品牌传播工具的运用,才能实现其目的——在目标消费者心目中占据一个独特的有利的位置。品牌传播工具更植根于品牌定位,没有品牌整体形象的预先设定(定位),品牌传播难免盲从而缺乏一致性,甚至出现传播信息的自相矛盾。

因此,品牌定位在品牌传播战略架构中占据着非常重要的地位。以下我们重点探讨品牌定位的相关议题。

(一)品牌定位 STP

所谓 STP,是指品牌定位的几个必经过程。即市场细分(segmenting)、选择目标市场(targeting)和市场定位(positioning)三个英文单词的首字母的组合。市场细分、选择目标市场、市场定位是品牌定位的三个必要步骤和基础性历程。三者是纵向紧密相连的。

1. S——市场细分(segmenting)是品牌定位的根本前提

市场细分是企业选择目标市场的前期步骤。企业的能力是有限的,不可能满足所有消费者的全部需求。企业只有将总体市场划分为若干个有特定市场需求的细分市场,从中选择自己所能提供有效服务的、最有吸引力的消费群作为自己的目标市场,将自己的品牌及产品依据目标市场的特征进行科学而准确的定位,才能在满足该市场需求上区别于竞争者并实现最后的胜出。品牌定位针对的是特定的目标市场,而选择目标市场的前提是必须将市场进行区隔和细分。

市场细分能使企业发现市场机会,从而使企业设计塑造自己的独特产品和品牌个性有了客观依据,因此市场细分是品牌定位的基本前提。

"市场细分"的概念最早由温德尔·史密斯(Wendell.R.Smith)于1956年提出。这一概念的提出顺应了二战后美国众多产品由卖方市场转化为买方市场这一市场态势,是企业营销理论的突破性发展。

市场细分是根据一些标准来对市场进行区隔的,每个市场都应该有其各自不同的特点,每个细分市场中的消费者都应有一种或以上的共性,并在一定的时期内保持相对的稳定性。更重要的是,细分市场必须是品牌可以进入的区域。市场细分的方法一般有:根据地理标准细分,即按照消费者所在的地理位置以及其他地理变量(包括城市农村、地形气候、交通运输等)来细分消费者市场;根据人口标准细分,即按照人口变量(包括年龄、性别、收入、职业、教育水平、家庭规模、家庭生命周期、宗教、种族、国籍等)来细分消费者市场;根据心理标准细分,即按照消费者的生活方式、个性等心理变量来细分消费者市场;根据行为标准细分,即按照消费者购买或使用某种产品的时机、消费者所追求的利益、使用者情况、消费者对某种产品的使用率、消费者对品牌(或商店)的忠诚程度、消费者待购时机判断和消费者对产品的态度等行为变量来细分消费者市场等等。

2. T——选择目标市场(targeting)品牌定位的出发点

市场细分的目的在于有效地选择并进入目标市场。目标市场也就是企业决定要进入的那个细分市场,也就是企业拟投其所好,为之服务的那个顾客群。企业的一切市场营销行为都必须围绕目标市场展开。同样,作为企业营销活动的基础性部分的品牌定位也是依托于目标市场的选择而展开的。作为品牌定位出发点的目标市场,应该具备以下几个特征:① 有适当的规模需求和潜在需求。有需求才有消费的动力,有潜在需求才有发展的可能;② 企业的品牌产品能够满足这种需求。如不能满足,则需要继续细分市场或转向其他市场;③ 品牌在该市场上能够长期立足。品牌在该市场上应该具有竞争优势,不是全面的至少也应该有某一方面的长处。否则无法掌握市场主动权,品牌定位也就无从谈起,也就失去了根基。

品牌在选择进入目标市场之前,应该综合考量企业的资源条件、产品的同质性、产品所处生命周期阶段以及竞争对手的营销、传播策略等。

3. P——市场定位(positioning)(品牌定位)

这一步骤进入品牌定位的实质性阶段。企业一旦决定进入某个细分市场,就要着手考虑如何与竞争品牌进行区分,在市场中塑造目标消费群认同的品牌的整体、差异化形象。定位就是这种差异化的基础。品牌定位是市场定位的核心和集中表现。因为品牌是整合企业所有资源的最主要的驱动力,是企业进行市场竞争的出发点和归宿。在很大意义上说,市场定位就是品牌定位。

如何进行定位? 定位就是要在品牌的与生俱来的性质中找出一个与众不同的主张,这个主张必须与众不同,必须对目标消费群有强大吸引力。可以通过回答以下几个问题来找出这个主张:品牌识别中哪些元素应该成为定位的元素? 哪些部分可以引起消费者的共鸣,同时将该品牌与竞争者区分? 谁是主要的目标对象? 谁是次要的目标对象? 什么是传播的目标? 目前的形象需要被放大、强化、开发,还是应该被缓和或者消除? 什么是优势点? 一个品牌形象力等同或几乎等同最好的点会是哪些?

这一主张必须具备以下特质,才可能是有效的定位,才可能驱动品牌传播。

对消费者而言,定位必须是能切身感受到的,如果不能让消费者认知评定品质的标准,定位便失去意义。

定位一定要以产品或品牌的真正优点为基础。如果信息与实际情况不一致,消费者不但不会再购买,甚至会怀疑。

定位一定要能凸显品牌的竞争优势。千万不要跟随竞争对手提出相同的定位。

定位要清楚、明白,如果太过复杂,消费者不会轻易被说服。

这就要求在进行定位之前,应对市场状况做透彻的洞察和分析。如对竞争品牌的个性、定位与形象力的分析,对目标消费群需求偏好的理解等。只有对市场的总体情况有了深刻的了解和把握之后,才能够有根据地判断品牌的定位是否能与竞争品牌相区隔,消费者是否能认同这一定位。因为品牌定位不是企业一厢情愿的事情,它是在消费者心目中的印象。定位准确、成功与否,决定权在于消费者,市场才是最终的判官。

(二) 品牌定位的支点

定位,犹如品牌传播的杠杆。有了这根杠杆,就能举重若轻地使品牌识别和价值主张脉络清晰地展现。关键之处,在于为定位这根杠杆寻找最合适的支点。

纵观市场风云,定位的方式即品牌定位的支点可以归纳有以下几种:

USP 定位:USP 是广告诉求的方式,也可作为品牌长期坚持的定位。这实际是从品牌的产品性能、效果出发寻找这种定位主张的支点。如 P&G 的飘柔"护理头发",海飞丝"去头屑",潘婷"滋养头发"。

　　使用者定位：从使用者角度出发确立品牌的定位，给予使用者一种关怀，使其对品牌产生归属感。如"金利来，男人的世界"；弗吉尼亚"苗条"香烟是"女人抽的香烟"。

　　使用形态定位：如库尔斯啤酒"夏天喝的啤酒"；米勒啤酒"米勒好时光（周末）"。

　　比附定位：如果你的品牌无法找到与竞争品牌相区分的特殊优势，而且你与市场上领导品牌实力相差悬殊，最好不要硬碰硬，应该退而求其次。依附于老大的形象往往会使你的品牌收益颇多。经典案例如"我们是老二，我们更努力"的艾维斯租车行。

　　反类别定位：当品牌产品所属品类已广泛为消费者所接受，且成为消费者生活的一部分时，你仍然以相同的品类形象出现，你的品牌光辉无疑会被无情淹没。这时，最明智的方法就是喊出一种不同的声音，这往往能非常有效地刺激消费者的听觉中枢。如七喜的"非可乐"。

　　价格定位：人们生活已日益丰富，对有些商品品牌可能不会太在乎其价格。但有时价格可表明使用者身份，可成为地位的代表。例如，水井坊是"中国最贵的酒"。长期坚持，价格也可凸显差异性。如沃尔玛始终如一传播"天天平价"的定位对于其品牌形象的塑造大有裨益。

四、品牌传播工具

　　如前所述，品牌定位规定着品牌传播的方向与主题、着力点（见图3-2）。然而品牌定位必须依赖于品牌传播工具的运用才能实现其目的。广告、公共关系、促销、人员推销等等都可以作为承载品牌信息的传播工具。通过这些工具/方法，将品牌的定位准确地传达到目标消费者心目中，使其产生对这些信息的综合反映，从而形成品牌的最终形象。

　　品牌传播工具的运用是属于策略性的部分，属于操作层面，也是可见度最高的部分。定位犹如设定了一个范围，在这个范围之内，品牌传播可以任意组合，自由发挥，尽其所能地表达品牌的"中心思想"。

　　在本书的"品牌市场周期"的传播工具策略运用部分，我们会根据品牌不同的市场成长时期，结合这些传播工具各自的优势所在，对它们做有所侧重的介绍。应该注明的是，我们是"有侧重"的介绍，而并不是说某个周期没有介绍的工具就无法运转。

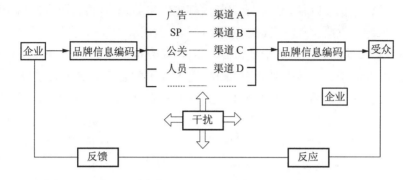

图 3-2　品牌传播模型

第三节　品牌传播的战略取向

以上设定了品牌传播的战略基础模型,它们规定着品牌传播具体执行过程中所应遵循的一些原则。然而这些只是品牌传播的战略基础,我们还需要设定品牌传播的战略维度。品牌传播战略可以有以下几个方面的取向:

一、集聚品牌传播战略

集聚战略是著名产业竞争战略专家迈克尔·波特提出的三种基本战略中的一种。迈克尔·波特在其经典著作《竞争战略》中提出了三种产业竞争的基本战略,即总成本领先战略、标歧立异战略、目标集聚战略。将集聚战略嫁接到品牌传播战略中,就是集聚品牌传播战略。该战略是指企业设定一个单一品牌,将企业所有的资源都归属到这个品牌之下,并整合运用传播工具围绕这一品牌进行传播的战略。

例如菲利普公司生产经营的所有产品(包括音响、电视、灯管、显示器等)都以"PHILIPS"为品牌;海尔集团生产经营电冰箱、空调、洗衣机、电视机等全部产品都冠以"海尔"(Haier)品牌标识;佳能公司生产的照相机、传真机、复印机等所有产品都统一使用"Canon"品牌;雀巢公司将其生产的所有产品包括咖啡、奶粉、巧克力等都统一使用了"Nestle"品牌等。这种集聚的品牌战略是企业品牌延伸的结果，即企业以某一产品或服务为载体创出品牌后，再将既有的品牌延伸到开发、生产或收购、兼并的其他产品上。

这种集聚的品牌战略对于品牌传播而言，具有很多益处：

首先，有助于整合企业的优势资源，优化资源配置。品牌的创造非一日之功，企业要把一个普通产品培植为有一定优势的品牌，必须花费相当多的费用，耗费巨大的力量。实行集聚品牌传播战略，企业将所有的资源和力量用在一个品牌上，精心呵护，有助于品牌的健康成长。投资专家巴菲特有一句名言："把鸡蛋都放在一个篮子里面，然后两只眼睛紧紧盯住它。"

其次，集聚品牌传播有助于节省品牌设计、传播的费用，从而能降低成本，增强竞争力。在信息嘈杂的传播环境之中，要将品牌形象凸现出来，需要大量的传播费用。集聚品牌传播只设定一个着力点，使企业可以将"好钢"用在"刀刃上"。

再次，集聚品牌传播战略有利于新产品的推出。企业在利用自身已经树立起来的品牌形象介绍新产品时，容易赢得消费者的好感，"晕轮效应"和消费者对该品牌的先入为主的良好印象会缩短新产品的成长期，较快地提高产品的市场占有率。成功的品牌是一种巨大的无形资产，这已是被广泛承认的事实。借用已经建立的成功品牌推广新产品，便是这种无形资产的一种利用形式。一个成功的品牌，往往有很好的产品品质基础，良好的联想度以及较牢固的品牌忠诚。藉由品牌的这些有利因素，可以创造更大和更强的商品品牌。

但是，任何事物都存在所谓的"阿喀琉斯之踵"。集聚品牌传播也有其明显缺点，主要表现为以下方面。

可能出现"株连效应"，破坏整体品牌形象。因为集聚品牌下包括多个产品，如果有一种产品出现了问题，就有可能毁坏整个品牌的声誉和形象。如，早年，美国的"派克"钢笔质优价贵，是身份和体面的标志，许多社会上层人物都喜欢带上一支"派克"笔。然而，1982年，派克公司新总经理上任后，把派克品牌用于售价仅三美元的低档笔，意在争夺低档笔市场份额。结果，派克公司非但没有顺利打入低档笔市场，反而丧失了一部分高档笔的市场，其市场占有率大幅下降，销售额只及竞争对手克罗斯公司的一半。

可能会模糊品牌的核心价值和定位，造成传播的紊乱，从而稀释品牌资产。若干年前，美国美能公司推出了一种洗发精和润发乳二合一的产品，取名为"蛋白21"，它很快在市场上打开了销路，并取得了13%的占有率，成为知名品牌。公司受到品牌扩展的诱惑，又接连用这一品牌推出"蛋白21"发胶、润发乳、浓缩洗发精等产品。结果事与愿违，由于品牌延伸模糊了"蛋白21"作为二合一洗发护发用品的特征,从而就淡化了消费者对它的独特偏好。结果"蛋白 21"从 13% 的市场占有率降为 2%。更有甚者,一些企业将集聚品牌应用于极易产生心理冲突的不同产品上,如我国的三九集团,以"999"胃泰起家,其品牌经营如此成功,以至于消费者把"999"胃泰作为胃药的代名词,这是品牌定位所追求的最高境界。然而,三九集团随后进行了品牌延伸。如果说,企业把"999"延伸到感冒灵,消费者尚可接受的话,那么把"999"延伸到啤酒就让消费者不知所措了。大家都知道,酒喝多了是会伤胃的,这与最初的产品"胃泰"的功效完全矛盾了。这种不当的集聚品牌传播战略给消费者带来的心理冲突归根到底是因为产品内涵或范围延伸模糊以至改变了品牌的原有定位。

企业采取集聚品牌传播战略,应该遵循以下几个基本的原则:

(1)集聚品牌下的各种产品必须要有密切相关性,即产品的基本属性都应该不脱离品牌的核心价值、定位主张。如万宝路的粗犷独立的基本元素就不适合优雅、沉稳的烟草属性。

(2)应有相同的服务系统。即不同品类的产品可以在同一渠道一并进行推广。

(3)应在技术上密切相关。如 BIC 从笔拓展到打火机和刮胡刀市场,却能保持原貌,就是因为这三种产品都采用了低价路线,使用了可抛弃塑胶品的生产技术。

(4)应有相似的使用者(即目标消费群),这样一来才能充分利用原有顾客的品牌忠诚度以推广新产品。

(5)在质量档次上相当。不遵循这一原则,就会陷入诸如"派克"的尴尬境地。

二、差异品牌传播战略

企业发展到一定时期,会受到多个高利润空间市场的诱惑,会有拓展利润基础的需要。但是如采用集聚品牌传播战略取向,沿用已有方式在另外不同的市场传播,就可能因品牌既有的核心识别和定位不适应新市场而出现实际传播效果与已有形象的不一致现象。这时,企业可能需要考虑另一种品牌传播战略取向:差异化品牌传播。

差异品牌传播战略是指企业对于各种不同的产品分别赋予不同的品牌名称和标识,并运用传播工具对这些品牌分别进行传播。

实施差异品牌传播战略最具代表性的案例就是宝洁公司(P&G)所采取的战略。宝洁公司的经营特点一是产品种类多:从香皂、牙膏、漱口水、洗发精、护发水、柔软剂,到咖啡、橙汁、烘焙油、蛋糕、土豆片,到卫生纸、卫生棉、感冒药、胃药,横跨了清洁用品、食品、纸制品、药品等行业。如此宽的市场领域,如此长的产品线,其经营却非常成功,这就归功于它的第二个特点,即一类产品多个品牌。以洗衣粉为例,他们推出的品牌就有汰渍(TIDE)、洗好(CHEER)、象牙白雪(IVORY SNOW)、波特(BOLD)、世纪(ERA)等近十个品牌。并且每个品牌都有各有鲜明的个性,都有自己的发展空间,市场不会重叠。宝洁的品牌差异化战略造就了宝洁公司经营的巨大成功。

除宝洁公司实行差异化品牌传播战略外,欧米茄(Omega)、雷达(Rado)、浪琴(Longines)、斯沃琪(Swatch)、天梭(Tissot)等名表居然也是同一家的兄弟姐妹,都是全球最具规模的制表集团 SMH 旗下的手表品牌。这些品牌性格迥异,消费者易于根据自己的身份、职业、收入、社会地位的需要做出购买选择。如欧米茄代表着一种成功人士或名人尊贵豪华的选择;而雷达表则是高科技的象征;至于斯沃琪,则以前卫和时髦为特性,成为潮流人士的首选。欧米茄精心挑选一些国际性和地区性的名人作为形象大使,举例而言,如超级名模辛迪·克劳馥、莱·麦克弗森、好莱坞国际影星皮尔斯·布鲁斯南;世界一级方程式冠军车手迈克尔·舒马赫;高尔夫杰出人物恩尼·艾斯等;在中国则选用了陈露等。1997年的彩页杂志广告均以一幅体现欧米茄大使非凡个性和时尚风采的照片,并附上广告语"欧米茄——我的选择"(Omega,My Choice)。而反观 SMH 公司的雷达表品牌传播,其卖点和推广就完全表现在高科技制表工艺和材料上。如"表面硬度仅次于钻石的蓝宝石水晶,紧贴手腕""配合晶莹光洁的表盘,高贵典雅""白色表带由高科技陶瓷材料制成,坚硬耐磨、永不褪色"等。

从以上所列举的成功个案我们可以看出,采取这种差异化的品牌传播战略,有很多益处。

通过对不同品牌的传播,树立差异化品牌个性,争取尽可能多的消费市场,拓展企业利润来源。由于企业各品牌之间存在利益上的差异,可以为有不同需求的各种消费者提供能满足其需求的功能型或心理性利益。于是企业便可尽可能多地在销售渠道上多占有货架空间,在市场上占有较高的份额。

差异化品牌传播战略取向可以达到阻滞竞争者的目的。当其他品牌提供不同的或更大的利益时,消费者很多都倾向于转换品牌。企业通过差异化的品牌传播,向消费者传达各品牌不同的利益,为消费者提供了更多的选择,增加本企业争取这些转换品牌的消费者的概率,使其不再转向其他竞争对手的品牌,从而巩固和提升自身所占的市场份额。

差异化品牌传播战略取向可以使得企业内部品牌之间相互激励,促进企业内部竞争的良性循环,从而推动企业的总体提升。企业的发展需要有良好的内部竞争机制,企业通过内部各品牌的差异化传播,形成各自不同的形象和竞争力,有利于比较不同品牌经理的业绩状况,激励各个品牌的创新和进步,各种分力汇集成促进企业整体向前发展的合力。

然而,"金无足赤",差异化品牌传播战略取向也有其薄弱之处。

与集聚品牌传播战略相反,品牌差异化传播分散了企业的传播资源,增加品牌传播的费用开支。许多品牌同时面市,需要有足够的后备资源才有可能将这些品牌各个激活。

虽然各个差异品牌之间可能会相互激励,形成良性竞争环境,但这只是最理想的状况,事实可能并非如此。企业拥有的品牌不可能个个都那么完美,在整体的品牌结构中,某个或某些品牌属于不良成分,这样不但无端耗费企业传播资源,而且可能破坏企业整体生态。对于这些市场占有率过低,个性不鲜明、形象较差的不良品牌,应随时发现并果断撤销,以免出现品牌自残的现象,而让竞争者坐收渔利。

使用差异化品牌传播战略,应该注意以下一些问题:

品牌之间应保证严格的差异性,在其识别、定位方面区隔清晰,品牌间形象不可重叠。如上述 SMH 公司的欧米茄的识别在于它是成功人士或名人尊贵豪华的选择;而雷达的核心识别在于其高科技的象征;斯沃琪则代表了时尚、前卫。再如宝洁公司中国市场上的三种洗发水品牌"飘柔""海飞丝""潘婷",其功能利益点各不相同:飘柔的功能性定位为"使头发柔顺,带给白领们自信风采";海飞丝则突出其"去头屑"的 USP 定位;而潘婷则始终坚持"含维生素原 B_5,给头发深层滋养"。分清品牌识别和定位界限是这一战略得以成功的关键所在,如此才能保证各品牌间的竞争的高效率,不至于让竞争对手有可乘之机。

三、银弹品牌传播战略取向

银弹源于雷吉斯·麦肯那(Regis Mckenna)提出的"银色子弹"的说法,即品牌下附着另外的名称和标识,作为改变或支持该品牌形象的工具。

企业对其生产或经营的各种产品在使用一个主品牌的同时,再根据各种产品的不同性能和特点设定不同的名称和标识,作为改变或支持主品牌形象的工具。如 SONY 随身听被冠以"Walkman",为 SONY 提供了创新迷你化的核心识别,类似的还有奔驰 206、福特的金牛座、苹果的麦金塔等,都为主品牌扮演了银色子弹的角色。再如美的集团生产的所有空调都叫"美的"品牌,但不同性能的空调又分别叫"冷静星""超静星""智灵星""健康星"等。

银弹品牌传播与差异化品牌传播两种战略取向有其相似之处:都是企业根据不同的产品设定不同的品牌,多个品牌同时存在,但银弹品牌传播战略与差异化品牌传播战略取向的最大差别就在于银弹品牌是附着在主品牌之下,且二者关系紧密,一般同时出现。比如"海尔 帅王子"冰箱,"三星 名品"彩电。"海尔""三星"是主品牌,同时也直接用于产品而且是产品品牌的识别重心。而差异化品牌战略中"主品牌"一般为企业品牌,且二者关系比较松散。如"卡迪拉克""雪佛兰"之于"通用"则属于差异品牌传播战略范畴,因为一般消费者对卡迪拉克认知崇尚主要是通过"卡迪拉克是美国总统座车","极尽豪华""平稳数十如安坐在家中"等信息而建立的。与之相对应,"通用"这一形象在促进人们对卡迪拉克的崇尚美誉方面所能起的作用是很有限的。

采取银弹品牌传播战略的意义如下:

(1)可凸显各产品不同的性能、特点,促进产品形象的差异化和树立个性形象。长虹为其空调产品分别取名"雨后森林""绿仙子""花仙子"等,栩栩如生地把长虹空调领先的空气净化功能表现了出来。

(2)主品牌为银弹品牌提供信誉保证和支持。主品牌可以凭借其已然建立起来的知名度和美誉度,为银弹品牌提供背书。如别克为君威背书品质保证。

(3)银弹品牌为主品牌提供有益联想,强化主品牌识别。如 NIKE 的 Force、air 功能标识为 NIKE 提供了个性和活力的个性联想。

(4)银弹品牌传播战略取向与差异品牌传播战略取向一样,有利于避免品牌扩展的"株连效应"。通过银弹品牌的传播,可以将新拓展的产品与原有的产品的差别区分开来。在一定程度上避免了不同等级产品使用相同品牌名称所可能导致的品牌识别紊乱现象。

在采取银弹品牌传播战略取向时,应注意银弹品牌与主品牌之间的关系,在品牌传播时应分清传播重点。

根据大卫·艾克的观点,依据银弹品牌的不同驱动作用,主品牌与银弹品牌之间的关系可以分为三种:单纯的描述性、有意义的驱动作用和平等的驱动作用(见表 3-1)。

表 3 - 1　银弹品牌的作用

	单纯的描述性	有意义的驱动作用	平等的驱动作用
适用情况	主品牌是主导的驱动者	主品牌是基本驱动者	主品牌和银弹品牌为共同驱动者
例子	GE 喷气发动机	DELL 的 Dimension	SONY 的 Walkman

（1）描述性的银弹品牌传播：银弹品牌名称、标识只起到区分产品差异的作用，对主品牌并不具驱动作用。

（2）主品牌驱动银弹品牌传播：主品牌是基本的驱动者。当主品牌是基本驱动者时，银弹品牌出现了另一个变体。银弹品牌在这里虽然充当了描述产品的符号，但在消费者的购买过程和使用经历中起到的作用却很小。例如，尽管 Dimension 这个银弹品牌具体说明一种产品样式，对购买也许有影响，但 DELL 的 Dimension 的客户仍相信他/她购买的是 DELL 的电脑，而不是 DELL Dimension。

（3）主品牌和银弹品牌起共同驱动作用。例如，"Walkman"只是 SONY 的一个银弹品牌，而 Walkman 带来的小型化放音机的产品革新使得许多消费者认为它是一个新的品牌，拥有了众多的忠诚者。

合理的银弹传播战略结果应该是第二者。采取银弹传播战略取向初衷是使银弹品牌依附于主品牌，起到强化支持或改变主品牌形象的目的。从这点出发，品牌传播的重点应该是主品牌，因为这才是企业永续经营的根本动因。如果不能充分利用消费者对主品牌的认知、偏好甚至忠诚的资源，那么银弹品牌传播战略的设定就相当于对一个全新品牌进行传播，根本不能达到其应有的推动效果。

四、品牌互动传播战略取向

Intel 是世界上最大的计算机芯片生产者，曾以开发、生产 8086、286、386、486 等 86 系列芯片而闻名于世。由于 86 系列未获得商标保护，竞争对手 AMD、Cyrix 等的大量生产使 Intel 公司利益大大受损。鉴于此，从 1991 年开始，Intel 公司在推出奔腾系列芯片时制定了一个鼓励计算机制造商在其产品上使用"Intel Inside"标识的促销计划，规定对购买奔腾芯片并乐于使用"Intel Inside"标识的计算机制造商给予一定比例的折扣。为了实施这项互动传播战略，Intel 公司从一开始就编制了每年 1 亿美元的预算。结果，在计划实施短短的 18 个月内,"Intel Inside"标识的曝光次数就高达 100 亿次,使电脑用户当中知道 Intel 的人由原来的 46%增加到 80%。由于芯片是计算机的核心处理器,使得几乎所有的计算机厂商(包括 IBM、DELL、Compaq、Gateway 等著名厂商)都标上了"Intel Inside"标识。Intel 公司与世界主要计算机厂商合作的结果是,标有"Intel Inside"的计算机比没有该标识的计算机更为消费者所认可与接受。

在合作经济时代,越来越多的企业为寻求共生互动的发展,纷纷缔结联盟和合作协议。这种战略上联合的思维在品牌传播领域的表现,我们称之为品牌互动传播,它是指两个或两个以上品牌从各自利益出发,寻求同一愿景,开展品牌传播的一种战略思维和方式。

企业主面对的现状是当前媒体多元化,信息过剩、产品同质化。如何掌握最大效益,最低成本的品牌传播战略,是目前广告主寻求的竞争武器。品牌互动传播战略便可作为这样的利器。

苹果公司和耐克联合推出创新的"Nike+iPod"系列产品,首次将运动与音乐结合起来,首款产品为一套让耐克运动鞋与 iPod nano 进行"对话"的无线系统。这一运动组件包括内置于鞋中的传感器和与 iPod 连接的接收器,这样,iPod 就可以存储并显示运动的时间、距离、热量消耗值和步幅等数据,使用者也可以通过耳机了解这些实时数据。同时,在 iPod 的 iTunes 网上音乐商店中,也新添加了一个 Nike 运动音乐专栏,新推出的 nikeplus.com 网站上还提供个人化服务,这些都可以帮助使用者更好地体验"Nike+iPod"带来的运动感受。

作为现代人缓解紧张节奏、调节心情的方式,运动和音乐之间存在天然的联系,同时满足这两者不仅迎合了消费者潜在的需求,还围绕消费者的生活方式建立了固有的品牌联系,只要一想到运动就会联想到耐克和 iPod。"Nike+iPod"系列产品用全新的体验方式,吸引了更多的市场关注度,也刺激了消费者的购买欲望。

(一)品牌互动传播战略的策略表现

品牌互动传播战略在品牌的许多接触点上都有存在的理由。诸多的品牌传播工具可以由两个或两个以上的品牌共同执行。

联合广告:品牌共同出现在一个电视广告或平面广告中,共同承担广告的费用。如耐克和别克汽车的联合广告。

联合促销:买一种品牌的产品可获赠另一品牌的产品,或者同时购买两种品牌产品可获得优惠。这种策略应用较为广泛。

交叉 POP：顾客可在某一个品牌的通路终端上获得另一品牌的宣传信息。

寄生战术：比如"Intel Inside"策略，依附于 PC 品牌，逐渐让人们心理上接受 Intel 就是 CPU 的工业标准的概念，PC 品牌则得到了降低广告成本的利益。

联合服务：我国几大商业银行在 ATM 柜员机上，推出联网服务，并且在 ATM 机上标示各自银行的 Logo。这样一则方便了顾客，二则也增加了各自品牌的曝光率。

联合 PR：如企业的联合记者招待会。

品牌正是在这样的联合中达到互动的目的，实现双赢的结果。

（二）品牌互动传播的利益

品牌互动传播是指品牌间市场资源的互补。各个品牌都有其特定的市场和顾客群，有其自己的通路、营销模式等。这些便是品牌独有的资源。由于参与互动传播的品牌往往不会是竞争性品牌，所以不会对本品牌在既有市场的竞争地位产生影响；或者即使是竞争性品牌，互相得到的利益也可抵消其产生的负面影响。

有这样一句名言："与别人交换一个苹果，我得到的是一个苹果；与别人交换一种思想，我将得到两种思想。"那么，交换市场资源呢？也应该可以达到"交换思想"的效果。品牌间进行互动传播也正是出于这种资源共享的目的。

（三）"牛肉在哪里？"

那么，"牛肉在哪里？"——品牌互动传播的利益点在哪里？从诸多案例之中，我们不难归纳出：

（1）可降低营销成本。对于合作品牌双方来讲，彼此可以利用对方的资金、通路、人员等既定的要素，将己方的品牌信息传达给消费者，以减少营销传播成本。

（2）扩大品牌可接触范围。品牌为了扩大其知名度或达到提示消费者的目的，需要有较大的曝光范围和较高的曝光频次。在媒体逐渐分化、信息日益嘈杂的环境中，企业纷纷为品牌寻求尽可能的展示机会。利用其他品牌已建立起来的营销传播模式进行宣传，无疑是突破传统的一种渠道。比如，碧浪洗衣粉包装上就印有向消费者推荐的几种洗衣机品牌：小天鹅、荣事达等。

（3）可提升或巩固品牌形象。一个成长期的品牌与强势品牌的互动，可使消费者对这一品牌产生与对强势品牌相近似的认同感,从而提升品牌的形象。或者两种定位相当的品牌的互动传播,则可互相得到巩固。

2008 年,可口可乐与联想借"2008 北京奥运"的大平台,在 200 多个国家展开一系列以"奥运"为契机的合作,比如在中国,双方联合发动名为"揭金盖,畅饮畅赢,欢享我的数码世界"的全国性促销活动。可口可乐是世界软饮料第一品牌,联想是中国 PC 电脑第一品牌,与可口可乐这样的国际顶尖品牌在备受关注的奥运主题上合作,对提升联想的全球知名度和品牌形象无疑大有助益。

从消费者的角度出发,品牌间通过营销方式互动传播,往往使得消费者可以以更小的成本或更小的努力获得其需求的满足。这些人性化的措施使得品牌更富亲和力,对其品牌形象的提升是大有裨益的。

(四)应注意的问题

(1)参与互动传播的品牌间价值应相当。新上市或重新定位的品牌不宜参与互动,因为它们容易被形象更稳定和强势的品牌的光辉所掩盖。

(2)参与互动传播的品牌应有各自的优势。这是品牌互动传播的基础。应该培育品牌自己的优势,如建构自身的传播通路,而不是一味依赖其他的品牌。

(3)注意品牌间的定位差异与目标取向。如合作品牌一方定位在服务高端市场,另一方是低端市场,那么二者是不宜互动传播的,二者的互动只会带来消费者对品牌形象认知的紊乱。

(4)品牌双方是否有相同的消费群?不同的消费者其需求也是有所不同的,如未成年的消费者就不太会去关心汽车广告,男性消费者也极少会去关心女性化妆品和饰物的促销。所以,尽管品牌互动传播战略有诸多优点,还是应分析消费者的有效需求再行动。

(5)竞争性品牌是否可参与互动?一般而言,参与互动传播的品牌很少是竞争性品牌,因为很少会有品牌让竞争对手介入自己的目标市场。但情况也并不是绝对的,在"以客户为中心"营销理念逐渐占据主流地位的今天,即使是竞争性的品牌,它们之间有时也会因存在一致的利益而采取营销互动。

【案例】 钟薛高如何成为网红雪糕品牌

钟薛高自 2018 年诞生便销售火爆,2020 年"双 11",开售不到一小时就售出 5 万支,当日销售额破 400 万元,跃居冰品类目销售第一名,一举战胜洋巨头哈根达斯。仅 3 年就销售了近一亿支雪糕。2021 年"6·18"期间,开场 3 分钟就超前一年全天销售额,当日就卖出 60 万支雪糕。更为夸张的是,钟薛高曾创下 1 分钟卖一万支雪糕的纪录,就连 66 元产品也在 15 小时内售罄,之后 68 元和 88 元的两款新品,依然是供不应求。

如此快速爆红,钟薛高在品牌塑造方面有何独到之处?

一、中国的高端雪糕定位

长久以来,中国雪糕市场基本以中低端为主,高端市场基本被哈根达斯和八喜等国际品牌占领,钟薛高抓住了这一机会,以国货品牌为切入,以"中国人自己的高端雪糕"为定位,从产品和价格两个层面率先落实。一方面在产品设计上,以江南青瓦的中国传统文化元素为符号,配以莫兰迪色系,从视觉上加深新国货品牌印象,一方面对外宣传真材实料,没有任何添加以及口感工艺,凸显产品的品质感。

价格层面更是凸显高端属性,平均一支 20 元,为普通雪糕的四到五倍,并辅以奢侈品惯用的限量操作手法,在让一部分人望而却步的同时,又戳中部分年轻人猎奇的社交炫耀心理,坐实高端性,也为后期的价格营销做了铺垫。

二、产品即传播,打开"用户共创"的价值之门

我们都知道,产品无疑是品牌与用户之间最紧密的接触点。无论是视觉形象或是使用体验,最深刻的连接莫过于此。

而钟薛高爆火的最根本原因,则在于自身差异化极强的产品。在"产品即传播"的思路下,钟薛高已经赢在起跑线,其基因中的营销势能占据了消费者认知的优势卡位。

为什么叫钟薛高?从品牌资产角度看,钟薛高谐音"中雪糕",紧贴国潮文化,品牌初心即打造"中国的雪糕"。

当下,新生代崛起,个性化、圈层化、多元化、本土化趋势明显,为钟薛高顺势而上提供了无形助力。当我们说起钟薛高,首先映入脑海的就是雪糕极具辨识力的瓦片形状,独特性十足同时也是"家"文化的微小承载。

体现在产品本身,钟薛高走高端路线,"重新定义雪糕",跳脱出传统国产雪糕的性价比陷阱。钟薛高要求核心产品零添加,不仅没有香精、色素、防腐剂,更不含乳化剂、稳定剂、明胶等化学物质。让每一款雪糕,都是自然食材的味道。

从优选原材料到全冷链供应链体系,从矢志研发到持续推新,匠心诚意贯穿整条价值链。比较有名的例子是 2018 年"双 11"期间,钟薛高推出售价 66 元的

"天价"雪糕"厄瓜多尔粉钻",被网友戏称为"雪糕界的爱马仕",贵在食材,其中不乏产量稀少的天然粉色 RUBY、YUZU 柠檬柚等名贵用料。结果市场反应极佳,2 万支粉钻雪糕在 15 个小时内销售一空。

当然好产品离不开用户的体验,"用户共创"也是钟薛高独特的产品传播价值点。基于对用户的深度洞察,钟薛高在产品设计、口味制造、营销传播、场景形成等方面,都留足了能与消费者们共创的互动空间。

与深谙用户共创之道的花西子相似,钟薛高的用户共创也从研发层面开始。钟薛高会经常主动邀请消费者聊天试吃,在微博、小红书等社交媒体与一些忠实消费者共创新口味产品,甚至会主动承认某些地方做的不够好,用闪送给消费者送出诚意满满的道歉礼盒。

具有代表性的是其在 2020 年 8 月推出的"话梅味"产品,从研发试味,到包装容器,再到最终命名,产品诞生的全链路都与粉丝们玩在一起,准确吸收粉丝们的意见。研发小哥哥测试了大半个月的加奶话梅雪糕终究败给了用户测评小组的盲测。产品推出后,钟薛高还打出口号"这是一款和你们共创的产品",一下就拉近了与用户的距离。在与用户共创的互动中,品牌更能接近消费者切实的需求,激发了用户的积极性与主动性。

在这场新消费实验中,除却产品层面的推敲合作,不可忽视的还有情感上的共鸣。这种深度的参与感也是钟薛高为何铁粉多多的原因。共创带来的绑定感与成就感,的确难以复制。

三、场景洞察革新

钟薛高爆火的另一个引爆点在于其从"渠道思维"向"场景思维"的过渡,定位家庭仓储式消费,让雪糕从街头回归到家庭。传统消费链路中雪糕直接去线下渠道购买,而钟薛高通过线上沟通,在线下单,雪糕送到冰箱里,变成家庭存储式日常消费。

面对冰饮产品的季节性痛点,钟薛高做了针对性的差异化处理,在家庭场景下,消暑解渴功能弱化,更多是表达情感、促进交流、舒缓情绪,价值感就会凸显出来。

为抓住"家"的概念,钟薛高有着自己的一套打法:线上有电商内容营销、社交媒体种草分享;线下则有门店吸引顾客打卡、快闪店持续曝光、电梯广告持续输出,二者形成"线上线下两张屏的双轮驱动"。与天猫举办的各类合作也是钟薛高品宣的重点。钟薛高深度参与了"双11"品质狂欢、"510"国货大赏等大促,且在冰品类目都占有极好的展示位,同时强化了钟薛高在消费者心目中的"新国货"认知。

与电梯媒介的"天作之合",无疑是钟薛高向家庭场景渗透的不二选择。本就是颜值担当的钟薛高,在新潮传媒智慧屏上的投放更是引人驻足,任哪个颜控在电梯里都忍不住拍屏晒朋友圈,好奇之下再用手机完成搜索甚至购买,完成全链路的 AISAS 过程(Attention 关注、Interest 兴趣、Search 搜索、Action 购买行动、Share 分享)。更重要的是,钟薛高敏锐地抓住了电梯媒介的场景,与新潮传媒联合共同发力归家的"最后一公里"。

最简单的媒介往往是最直接的触达,不可否认,无论我们的家庭成员生活轨迹、媒介习惯有多碎片,呈现出怎样的放射状,但最后都会汇集到离家最后十米的社区电梯里,这个角度下或许没有比梯媒更接近"家"的公共媒介了。另外,梯媒"天天能见"的渠道复利,品牌曝光之外更是帮助钟薛高实现了聚焦于家庭用户的高频触达与品牌记忆积累。存量博弈的"内卷"时代,"线上线下两张屏"的双轮驱动打法为钟薛高提供向家庭场景渗透的强劲营销势能。

四、联名与出新,不变的是变化

提起钟薛高,网红标签往往如影随形,殊不知钟薛高正在甩掉网红标签,通过联名方式不断打破品牌边界。钟薛高的联名总是出圈不断,其不止于品牌logo 的叠加,更是产品特色的交融。

自我突破首先来自功能的重新审视,不禁锢于传统冰淇淋"消暑解渴"的定位,钟薛高一直在寻找新鲜的物种碰撞和味觉的持续创新,顺应雪糕向甜品化、零食化转变的趋势。

与泸州老酒联名,推出断片雪糕;与五芳斋联合推出的"清煮箬叶雪糕";与三只松鼠搞了个大鱿鱼海鲜雪糕;与网红茶饮奈雪,推出白桃、香芋雪糕等;与娃哈哈来了波走情怀、回忆的联名……

赚足话题流量的同时,实现了消费渠道的扩大。联名手段不仅是品牌的刷脸熟,更能找到品牌喜好度相同的粉丝,跨行业实现领域拉新。

当然玩法也不止联名,钟薛高的自我迭代更加凶猛。"突破自己很难,但钟薛高不能一辈子在瓦片上打转,用户缺乏新鲜感后,就会被一脚端到泳池里,索性今天我们自己勇敢地跳进泳池里。"钟薛高创始人林盛直言。

强劲自驱力下,钟薛高并没有锁住思路。近日,钟薛高首次推出了瓦片雪糕以外的新产品。该产品名为"钟薛高的糕",是一款盒装雪糕甜点,有"杏余年"和"芝玫龙荔"两款口味。

居安思危,钟薛高推出"钟薛高的糕"目的是让钟薛高的产品线也扩张到雪糕以外的甜品领域,同时赋予产品更多的分享属性,进一步强化"家庭场景"定位。

除了"糕"之外,钟薛高还推出了"夏季限定冰",目前有杏子奶冰、杨梅奶冰、话梅肉肉冰、玫荔葡萄冰和开心果柚子冰五种,味道来自树上、藤上、田野上,清新自然。

逃离瓦片,是钟薛高成为自己的一大步。诚然,打破品牌的固有形态是很不容易的,需要足够勇气。

在 2018 年用半年时间做到网红的钟薛高,早在 2019 年就确定了"去网红化"的小目标。由上述创新看,从线上起家的钟薛高正在通过源源不断的产品迭代能力,成功摆脱了网红标签,在成为雪糕界的常青翘楚的路上越走越稳。

钟薛高的新消费品类神话仍在继续。步履不停中依然有新景色,据多家媒体报道,钟薛高已于前段时间完成了 2 亿元人民币 A 轮融资。另据中国饮食行业协会调查数据显示,2019 年全国冰淇淋市场总量达 1 380 亿元,2021 年有望超过 1 600 亿元。但中国人均消费冰淇淋仅有 2.5 公斤,远低于美国的 25.8 公斤。雪球效应的长坡之下,钟薛高的未来路亦充满看点。

总结钟薛高的爆火因素,无论是产品端的匠心诚意,还是场景化的革新洞察,抑或对品类概念的全新理解,都以合力之势谱成钟薛高的流行密码。钟薛高作为新消费浪潮中的冰饮翘楚,走出了一条从"网红"到"常青"的进阶范本。

(案例来源:社区营销研究院,卖出 1 亿支雪糕后,钟薛高从网红到常青,广告狂人网,2021—9—1)

第四章

品牌传播元素

- 品牌名称
- 品牌标志
- 品牌标识语
- 品牌包装

第一节　品牌名称

品牌是一个集合概念,主要包括品牌名称(brand name)和品牌标志(brand mark)两部分。品牌名称指品牌中可以用语言称谓的部分。

一、品牌名称的传播价值

合适的品牌名称会在品牌传播时给消费者留下深刻印象,增强品牌的市场竞争能力;品牌名称如果不当,会使消费者对其产生反感,从而远离该品牌。正如孔老夫子所说:"名不正则言不顺,言不顺则事不成。"

著名品牌"金利来",原来取名"金狮",在粤语中的发音是"尽输",香港人非常讲究吉利,面对如此忌讳的名字自然无人光顾。后来,曾宪梓先生将"Goldlion"分成两部分,前部分"Gold"译为"金",后部分"lion"音译为利来,取名"金利来"之后,情形大为改观,吉祥如意的名字为金利来带来了好运。可以说,"金利来"能够取得今天的成就,其名称的巧妙定位功不可没。

品牌名称通常指示品牌的含义。正如一句拉丁谚语所说:"名称预示着一切。"很显然,无论从主观还是客观来看,名称都是专门挑选出来传达品牌一定特征的。以"苹果"电脑为例,"苹果"是一种水果的名称,看上去似乎没什么重要含义,然而这一名称阐明了该品牌的价值观——拒绝将计算机神化。"苹果"是人与计算机关系离经叛道的先行者,人们不再崇拜或恐惧计算机,而是将它视为一种娱乐。"苹果"品牌的出现因而导致了计算机世界的一场革命。

品牌名称具有独特的传播功能:

首先,名称的传播媒介是文字和声音,能够进入人们的话语系统,覆盖日常生活的方方面面。有人甚至会把品牌名称变成祝福的话,每逢重要节日便通过手机短信息或口头把它传播给周围的人,比如祝福别人"百事可乐,万事七喜,天天娃哈哈,月月乐百氏,年年步步高"等。好的品牌名称就是这样,不但不让你躲避,还会让你乐于去传播它。

其次,名称可以把广告、包装、造型等传播元素所表达的"意味"浓缩、积淀在其中,突破时空的制约进行传播,使消费者看到或听到品牌名称就会产生一连串的联想。

此外,品牌名称可以成为对文字资源的抢占,达到垄断品牌资源的效果。当"可口可乐""飘柔"等名称被使用后,就很难找到贴切的词汇表达同样的"意味",推动消费者购买相应产品的理由被这些名称垄断了。相比之下,广告、包装和产品造型等的创作空间就相当大,从而也为竞争者留下了较大的破解空间。

二、品牌名称的分类

品牌名称根据不同的分类标准大致可划分为如下几种:

1. 能带给消费者不同利益的品牌名称

(1)指示功能。这类品牌名称能直接指示出产品的某一功能,如奔驰(汽车)、飘柔(洗发水)、波音(飞机)、捷豹(汽车)、美加净(香皂)、舒肤佳(香皂)、汰渍(洗衣粉)、固特异(轮胎)、好味思(面包)、锐步(运动鞋)等。

(2)情感性体验。该类品牌名称能带给消费者某种精神感受,如登喜路(服装)、金利来(服装)、美的(家电)、百威(啤酒)、七喜(饮料)、富豪(汽车)、吉列(刀片)、万事达(信用卡)等。

2. 来源渠道不同的品牌名称

(1)姓氏人名:以姓氏人名作为品牌名的多为传统型商品,如汽车、服装、啤酒、食品、医药等。例如福特(Ford)、百威(Budweiser)、飞利浦(Philips)、爱立信(Ericsson)、卡迪拉克(Cadillac)等,莫不如此。

以姓氏人名作为品牌名,也可以是虚拟的姓氏或人名,例如神话故事或文学作品中的人物,如孔乙己、太阳神等。

以创始人的姓氏或人名命名的品牌,给人以历史悠久的感觉,但是这类名称不具有显著的特征,且受到商标法的一定限制,因此,现在以姓氏人名来命名的品牌已经不多。

(2)地名:以地名作为品牌名称曾经是我国过去盛行的做法,在烟酒等产品中,这种以地名命名的现象非常普遍,在每个省及下属的各个地区,几乎都会拥有以自己地方命名的品牌,如哈尔滨啤酒、天津啤酒等。像这些地方品牌,除了本地以外,其他地方很少会有人消费,因为它们的名称首先就会让其他地方的人在购买时产生一定的心理障碍。

世界著名化妆品品牌"LANCOME"(兰蔻)之名便源于法国中部卢瓦卡河畔的兰可思幕城堡(LANCOSME),为发音之便,用一个典型的法国式长音符号代替了城堡名中的"S"字母。

借助闻名遐迩的名胜地、著名物品的产地、神话及小说中令人神往的地名往往可以使品牌借势成名。"香格里拉"(Shangri-La),原本只是美国作家詹姆斯·希尔顿创作的小说《失去的地平线》中一个虚构的地名,风景宜人,犹如世外桃源,后来被用作饭店的品牌名。

各国目前对于以地名作为品牌名的做法,都有不同程度的限制,根据我国《商标法》规定,县级以上行政区的地名或公众知晓的外国地名,不得作为商标,但是具有其他含义的除外。

(3) 物名:以动植物为名称的品牌可以将人们对动植物的喜好转嫁到品牌身上,如猎豹的勇猛对于越野汽车、小天鹅的美丽纯洁对于洗衣机等。

(4) 自创命名:有些品牌名是词典里没有的,它是经过创造后为品牌量身定做的新词。这些新词一方面具备了独特性,使得品牌容易识别,也比较容易注册;另一方面也具备了较强的转换性,可以包容更多的产品种类。自创命名体现了品牌命名的发展方向,这类品牌最为常见。如全聚德,整个名字并无特别意义,但拆开看单个的字,都有很好的解释,周总理曾解释为"全而无缺、聚而不散、仁德至上";著名的钟表品牌"Timex"(铁达时),是"time"(时间)和"excellent"(卓越)两个词的拼缀;例如蔚蓝远景(Azure Prospect),便是把两个词汇组合在一起,成为一个新创词。

"SONY"创业之初有一个不太吸引人的名称"东京通信工业",创办人盛田昭夫与井深大有感于 RCA 与 AT&T 等品牌名的简短有力,决定将其名称改成四五个英文字母拼成的名字。经过长期的研究,盛田与井深觉得拉丁文"SOUNDS"(表示声音之意)还不错,与公司产品性质相符合,于是将它英语化,受到盛田先生最喜欢的歌《阳光男孩》(*Sunny Boy*)影响,改成"Sonny",其中也有可爱之意。但是日文发音的"Sonny"意思是"赔钱",为了适应日本文化,索性把第二个 n 去掉,于是有了今天的"SONY"。

选用从字典里找不到的名字,被证明是先见之举。一来其他厂商绝对不会使用,二来全世界都不会有商标重复的问题。

3. 文字类型各异的品牌名称

(1) 汉字:汉字品牌名即中文品牌,这类品牌不仅是国内企业最主要的命名方式,而且也是一些国际品牌进入中国后实施本地化策略的命名方式。如惠而浦(Whirlpool)、黛安芬(Triumph)、桑塔纳(Santana)、劳斯莱斯(Rolls-Royce)、奥林巴斯(Olympus)、欧宝(Opel),等等。

（2）拼音：拼音作为品牌名是某些国内企业的独特做法，如 Haier（海尔）、CHANGHONG（长虹）等，拼音名称一般与汉字品牌名称组合使用。

（3）数字：因容易出现雷同，这类品牌名称比较少，我们常见的有 999（药业）、505（神功元气袋）等。以数字命名最成功的品牌当数 555（香烟）。

（4）其他外国文字：这是最常见的国外品牌名称，如 Intel、KODAK、DELL、Dove 等等，国内品牌进入国际市场，通常也会选择一个外文名，如 Mexin（美心）、Youngor（雅戈尔）、KELON（科龙）等。

三、品牌命名的策略

品牌命名其实就是定位过程的开始。无论是你的产品设计得多么好，如果命名这关过不去的话，品牌魅力就会削减掉一半。品牌名称不只是一个简单的记号，它能强化定位，参与市场竞争，以其隐含的形象价值使某一品牌获得持久的市场优势。

品牌命名有以下基本策略：

1. 目标市场策略

一个品牌走向市场，首先要弄清自己的目标消费者是谁，再以之为对象，通过品牌名称将这一目标对象形象化，将其形象内涵转化为一种形象价值。

如大家都非常熟悉的"太太口服液"，"太太"这一名称就直接表明了这种口服液的消费者是那些"太太"们，一改其他保健品男女老少均可服用的无目标诉求方式。由于"太太"这个词本身所包含的特殊的中国传统文化及人物关系的信息，它能对目标消费者产生较强的亲和力。

2. 产品消费感受策略

品牌所属的产品都有其特殊的功能特性，一个消费者在消费这一产品时总能产生或期待产生某种心理感受，品牌可以此为基础来进行命名。

比如当"Coca Cola"进入中国市场时就直接用"可口可乐"这一能够直接表示和诱惑消费者心理及生理感受的名称进行命名。这样，一方面向人们显示其品牌属性，启动了一个定位的过程，同时也给消费者一种诱惑、期待或承诺，具备很强的冲击力。

"舒肤佳"香皂也是如此，它把消费者在消费这种产品时期待产生的心理和生理感受作为品牌命名的起点，从而使得"舒肤佳"这一命名本身就具备明确而有力的定位。

3. 产品情感形象定位

"情感形象与价值"被许多品牌作为市场定位及诉求的重要方式,它能直接或间接地引发消费者的情感体验。

"娃哈哈"可以说是中国市场上最成功的品牌命名之一。这一命名之所以成功,除了其通俗、准确地反映了一个产品的消费对象外,更为关键的是其把一种祝愿及期盼的情感效应结合儿童的天性作为品牌命名的核心。

4. 描述性与独立随意性的选择策略

品牌名称有两种最基本的作用:识别产品以及传播信息。品牌名称如果是一个独立的字词组合,不与其他名称接近或比较,那么它发挥的识别作用就强。与之相比较而言,如果品牌名称采用了有明确含义的词汇,与其他名称的关系接近,那么它发挥的传递信息的作用就强。

它们代表了品牌命名的两种极端的策略导向:独立随意策略和描述性策略。前者的优点是名称充满个性,商标的保护力强,缺点是需要大笔的传播投资;后者的优点是名称本身可能就是一个活广告,可以节省传播开支,但缺点很明显,即商标的保护力很弱,有时可能演变为产品的通用名称,而得不到商标注册和保护。

世界著名十大香水品牌之一的"Poison",由法国克里斯汀迪奥公司推出。其中文译名是"百爱",而"Poison"这个单词的英文原意则是"毒药、毒液",让人看了大吃一惊。然而,正是这种奇特的构思,吸引了众多的"猎奇族",使"Poison"香水风靡世界。

20世纪70年代后期,吉列公司开发出一种具有革新意义的可擦性圆珠笔,当时他们称它为"Erasermate"(橡皮伙伴)。这是典型的美国式品牌命名方式,它易记、有力、直接,并且与家族中已有品牌保持了明确的联系。该品牌在美国获得了成功,但在其他一些国家所取得的成就一般。

后来公司为其取了一个新名称——"Replay"(重来),整个名称有力别致,暗示了产品的功能,获得了人们的青睐,为何"Replay"比"Erasermate"更能成功呢?这是因为"Erasermate"是一个描述性品牌名称,缺乏保护力,而"Replay"是一个随意型品牌名称,它既不抽象,无需大量的宣传投资,也不过于具有描述性,保护力远远大于原有的品牌名称。

一般来说,大公司宜采用独立随意性导向的策略,小公司宜采用描述性导向的策略。作为一种折中,联想策略介于两者之中,它既有特色、保护力(识别和显著性),又能暗示消费者适当的信息。我国的一些知名品牌如白猫、旺旺、金嗓子、健力宝、养生堂都运用了该策略。

5. 当地化与全球化的选择策略

随着全球经济一体化和跨国营销的发展，品牌命名必须考虑全球通用的策略。一个完善的品牌名称应当易于为世界上尽可能多的人发音、拼写、认知和记忆，在任何语言中都没有贬义，这样才利于品牌名称在国际市场上的传播。

在品牌命名上，首先要考虑如何使品牌名称适合当地。一种办法是为当地营销的产品取个独立的品牌名，也可以把原有的品牌名翻译成适应当地的做法。NIKE在中国翻译成"耐克"而不是"奈姬""娜基"之类，就在于它显示了一个清楚的含义：经久耐用、克敌制胜，与原意"胜利女神"不谋而合。

另一种办法是从一开始就选择一个全球通用的名称。世界著名的宏碁（Acer）电脑在 1976 年创业时的英文名称叫"Multitech"，经过十年的努力，"Multitech"刚刚在国际市场上小有名气，却被一家美国计算机厂指控宏碁侵犯该公司商标权。前功尽弃的宏碁只好另起炉灶，前后花去近 100 万美元，委派奥美进行更改品牌名称的工作。前后历时大半年时间，终于选定"Acer"这个名字。与"Multitech"相比，显然"Acer"更具有个性和商标保护力，同时深具全球的通用性。它的优点在于：蕴含意义（Ace 有优秀、杰出的含义），富有联想（源于拉丁文的 Acer 代表鲜明、活泼、敏锐、有洞察力），有助于在出版资料中排名靠前，易读易记。

品牌命名还有如下原则需予考虑：

1. 简洁明了

单纯、简洁、明快的品牌名易于形成具有冲击力的印象，名字越短，就越有可能引起公众的遐想，构成更宽广的概念外延。鹰牌洋参丸，以鹰的勇猛、矫健，暗示着健康和强身的保健作用。从日本《经济新闻》对企业名称数的一则调查材料可以看出，企业名称字数为 4 个字、5～6 个字、7 个字、8 个字以上的企业名称，其平均认知度分别为 11.3%、5.96%、4.86% 和 2.88%。可见，名称简洁有利于提高传播效率。

2. 响亮上口

品牌的名称要琅琅上口，难以发音或音韵不好的字，难写或难认的字，字形不美、含义不清和译音不佳的字，均不宜采用。柯达公司的创办人乔治·伊士曼在为自己的商标取名时，特意选用了语气较强的"K"（King 国王），想出了"KODAK"这个前后用"K"而铿锵有力的名字。它除了琅琅上口、易发音外，还使消费者联想到照相机快门那令人兴奋的"咔哒"声。

健伍"KENWOOD"是音响产品中的名牌,其原名是特丽欧"TRIO",改名的原因是"TRIO"发音节奏感不强,前面的"特丽 TR"的发音还不错,一到"O"时,念起来便头重脚轻,气势上削弱很多。现名"KENWOOD"一词中的"KEN"与英文"CAN"(能够)有谐音之妙,且发音响亮。"WOOD"(森林)有短促音的和谐感,节奏感很强,琅琅上口的发音在公众脑海中留下深刻印象,成为人们乐于称道的名牌产品。

在发音上,像"可口可乐""雪碧""芬达"等名称,读起来音韵好听,发音响亮,易读易记,同时还能反映软性饮料的生理感受。这样的品牌信息随其响亮的名称迅速传播,博得消费者的广泛认同和接纳。

3. 口语化

专家论证表明,一个新的命名要打出知名度,在市场所花的费用是相当惊人的,对那些不好发音、怪僻字眼的命名,所花费用更是庞大。像"康师傅"等品牌名称为企业省下了大量的传播费用,这类名字与其他一般品牌相比,让人有眼前一亮之感,在货架上也十分容易识别。

【品牌命名经典案例】 LUX(力士)

力士是英国联合利华公司属下的著名品牌,它之所以今天能在全球风行,除了大量利用影星做广告树立起良好的品牌形象外,其名称典雅高贵的优美含义也为它的驰名起了很大的推动作用。可以这样说,初期的力士能成功完全在于其独特的命名创意。

1899 年,利华公司向市场推出了一种新型香皂,先是采用"猴"牌(Monkey)。香皂品牌用猴子做名称,没有任何联系,显得不伦不类,且有不洁的联想。产品一进入市场就遭到失败。后来公司又采用"阳光"(Sunlight),含义稍微好一些,但仍落俗套,销路并不见好。第二年,其在利物浦的专利代理公司建议采用"LUX"作为品牌名称,"LUX"作为香皂品牌名称能令人耳目一新,立即得到公司董事会的同意。名称更换之后,销路果然开始转好,该品牌很快风靡全国,时间不长就成为驰名世界的品牌。

虽然这种香皂的品质并无多大的改进,但"LUX"这一名称给品牌带来的利益是巨大的。"LUX"是一个完美的品牌名称,它是西方国家拉丁字母品牌命名的经典之作,备受人们的推崇。它几乎能满足优秀品牌名称的所有优点。首先它只有三个字母,易读易记,简洁明了,在所有国家中发音一致,易于在全世界通行。其次它来自古典语言"LUXE",具有典雅高贵的含义。另外,它的读音和拼写令人潜意识里想到另外两个英文单词"luck"（幸运）和"luxury"（精美华贵）。无论作何解释,这个名称对品牌的优良品质起到了很好的宣传作用,它本身就是很好的广告词。因此"LUX"这一品牌名称可以说是绝佳之作。

第二节　品牌标志

品牌标志是指品牌中可以被认出、易于记忆但不能用言语称谓的部分。

一、品牌标志的传播价值

品牌标志属于视觉语言,通过图案、造型等向消费者传播关于该品牌的诸多信息。品牌标志自身能够创造品牌认同、品牌联想和消费者的品牌偏好及品牌忠诚。

以中国联通的品牌标志为例,该标志由一种回环贯通的中国传统吉祥图案"盘长"（即中国结）演变而来。迂回往复的线条象征着现代通信网络,寓意着信息社会中联通公司的通信井然有序,而又畅通发达,同时还意味着联通公司的事业无以穷尽,地久天长。

概括起来看,品牌标志的传播价值有以下几点:

(1) 品牌标志能引发品牌联想,比如麦当劳标志的"M"圆弧状的造型让人联想到汉堡的两片面包。而康师傅的胖厨师则使人想到食品,促进食欲。

(2) 品牌标志能引起消费者的兴趣,促使其对品牌产生好感。这方面比较突出的品牌标志有米老鼠、海尔兄弟等。

(3) 品牌标志是公众识别品牌的指示器。风格独特的品牌标志是帮助消费者记忆的航标。比如,当消费者看到三叉星时,马上就会想到奔驰汽车。辨别标志花费的时间越短,说明标志的独特性越强。

(4) 品牌标志能加强消费者和公众对于品牌的印象,使其将不同品牌的产品区别开来。与产品类别属性联系紧密的品牌标志,会阻碍品牌延伸和消费者的再创造。

二、品牌标志的分类

品牌标志根据不同的标准可分为不同的类别。

1. 根据标志的形态进行分类

可把其划分为表音形态、表形标志和图画标志。

（1）表音标志：就是表示语言音素及其组合的语音的视觉化符号。如大小写字母、汉字、数字等。表音标志的特点是简洁明了，歧义性低，但过于普遍，个性不突出。

（2）表形标志：即通过几何图案或形象图案来表示标志。表形标志靠形而不靠音，因此形象性强，通过适当的设计，能以简洁的线条或图形表示一定的含义，同时利用丰富的图形结构表示一定的寓意。它的缺点是不利于消费者将品牌标志和企业名称联系起来。

（3）图画标志：即直接以图画的形式来表达品牌特征的标志。这种标志画面复杂，不利于传播。

2. 根据标志的内容进行分类

可将其划分为名称性标志、解释性标志和寓意性标志。

（1）名称性标志：即品牌标志就是品牌名称，直接把品牌名称的文字用独特的字体表现出来，例如 SONY、999 等。

（2）解释性标志：即对品牌名称本身所包含的事物、动植物、图形等，用品牌名称内容本身所包含的图案来作为品牌标志。著名的例子有苹果电脑、骆驼香烟等。

（3）寓意性标志：即以图案的形式将品牌名称的含义间接地表达出来的标志。这类标志的著名例子有柯达、麦当劳等。

三、品牌标志的风格

从艺术的角度来看，20 世纪以来，标志的设计风格经历了两个演变阶段，即现代主义和后现代主义。

1. 现代主义风格

现代主义风格流行于 20 世纪初的欧洲。代表人物有毕加索、哥本等。它以圆、长方和立体等几何造型为基础，反对装饰，强调和谐统一，歌颂简洁的几何体,认为简单就是美。标志设计受该思潮的影响很大,著名的例子有 IBM、中国银行、999 等。

2. 后现代主义风格

设计风格常随着时代的变化而变化。在 20 世纪 50 年代萌芽了后现代主义,它强调的是感官愉悦、随心所欲。后现代主义风格对标志设计的影响是追求包容、模糊,反对现代主义和谐统一的原则,造成视觉上的多样性和活力,符合当代人的审美情趣,著名的例子有美的、红塔等。

四、品牌标志设计的原则及方法

品牌标志设计原则有如下几点:

1. 适应性原则

各国的商标法对什么样的商标、标志能够注册都有明确的规定。如果你选择的标志违反了有关法规,就不能在该国注册,当然也得不到该国法律的保护。

品牌标志的适应性,还包括标志要适应时代潮流。一般而言,品牌标志具有相对稳定性,这主要是为了强化整体形象,诱导消费者识别记忆。但随着时代的变迁或品牌自身的变革与发展,标志所反映的内容和风格,有可能与时代的节拍不相吻合。因此,品牌标志设计要在保持相对稳定的前提下发生相应的变化。像百事可乐等品牌的标志就曾有过几次大的变动。而国内品牌如"美的"等也于不久前推出新的品牌标志,以适应品牌国际化发展的需要。

2. 易识性原则

易识性是指品牌标志容易被人识别、记忆。标志是个有限的空间,它不可能传达出无限多的信息。要使标志设计有成效,只能在有限的空间内,传达出最能代表品牌并给人留下最深刻印象的信息。在现代社会中,人们的生活节奏加快,对于各种传播媒体传达出来的信息,或者是惊鸿一瞥,或者是走马观花式的浏览。品牌标志只有简单易识,并且具有明确而强力的表现力,才能给公众留下较为深刻的印象。

3. 美观性原则

标志设计必须符合艺术法则,充分表现其美观性。标志既是品牌象征,又是一种艺术品,因此要力求造型优美精致,以适合大众的审美心理,给人以美的吸引和享受。

4. 普适性原则

品牌标志的运用非常广泛,在企业的建筑物、产品包装、办公用品、员工徽记、广告媒体和交通车辆上都可应用。因此在设计时,应考虑标志在多种场合使用时的适应性,同时还应考虑在上述宣传媒体上制作时的便利程度。总之,无论在哪里使用都应保持始终如一的品牌形象。

品牌标志设计的方法为:

1. 文字和名称的转化

文字和名称的转化指直接运用一些字体符号或单纯的图形作为标志的组成元素。所采用的字体符号可以是品牌名称,也可以是品牌名称的缩写或代号。这种方法的优点是识别力强,简洁明了,便于口头传播,容易为消费者理解记忆。著名的例子有 IBM、SONY、999 等。据统计,目前世界上大约 80% 的品牌标志是文字商标。

2. 图形象征与寓意

以图形或图案作为品牌标志设计的元素,都是采用象征寓意的手法,进行高度艺术化的概括提炼,形成具有象征性的标志。图形标志容易被人认知、理解,特别是一些作为象征物的最普遍客体,比如月亮、星星、眼睛等。这类图形标志的商标也被普遍采用,比如苹果电脑采用的彩色苹果图案。

图形象征寓意方法可细分为两类:具体和抽象。具体的标志设计以自然形态为原型,进行概括、提炼等变化形成所需的图形。自然的人物、植物、动物等都是具体标志设计的原型。抽象的标志设计摆脱了具体自然形态的约束,提取事物本质,运用抽象的几何图形组合,传达要体现的感觉和意义。它的主要特征是"形有限而意无穷"。

第三节　品牌标识语

品牌名称和标志联合起来就构成品牌。但是,一个简单的词语和标志对品牌识别的贡献是有限的。比如,IBM 这个名称连同它的标志,不会加强公司的定位和再定位战略。标识语(也称广告语)则不同,"四海一家的解决之道"清楚地表明 IBM 在互联网兴起的时代中所承担的角色。因此,品牌标识语也成为品牌传的重要元素之一。

一、品牌标识语的传播价值

品牌标识语在品牌传播中担任重要角色。它为品牌传播提供额外的联想和信息，能树立良好口碑，起到不可估量的作用。尤其是在今天的互联网时代，相对于品牌名称和标志来说，标识语更加灵活，更易传播沟通。在许多国家，品牌标识语可以受商标法等法律的保护。

在企业的品牌传播活动中，不同的传播手段，其创意和表现是不一样的。然而，品牌标识语则以相同的形式和内容贯穿整个传播活动始终而不轻易改变。品牌标识语是作为品牌在较长时间内、在多种媒介上使用的一种特定语，用以表现品牌相对不变的基本理念，使受众保持长久的记忆和美好的印象，久而久之成为品牌另外一种含义的"商标"。如果说图案商标是品牌的符号商标的话，那么品牌标识语则是品牌的"文化商标"。

当我们接触"真诚到永远"这一品牌识别语时，很自然地会想起"海尔"，这是因为"真诚到永远"是"海尔"这一品牌通过众多传播活动所带给人们的"特有语汇"，因而两者之间产生了关联。

品牌标识语作为一种语言符号，它具有解释性功能，起到了传达品牌形象的沟通作用，弥补了符号商标在内涵沟通上的劣势。再加上品牌标识语具有一定的稳定性与整合性的特点，使得其渗透力强、影响力大、传播面宽、辐射面广，从而使得品牌达到理想的传播效果。

许多品牌识别语具有一定的文化内涵，如"没有最好，只有更好""让我们做得更好"等所表达的是一种强烈的社会责任感和不懈追求的崇高境界，而"孔府家酒，叫人想家""四十年风雨历程，中华永远在我心中"等则散发出浓郁的亲情、乡情和怀旧之情。这些品牌识别语以文化信息带出品牌信息，满足了人们深层次的需求。

此外，有些品牌识别语则是对当前社会生活的概括和提炼。现代科技的发展改变了人们的生活方式，从而也拉近了科技与人的距离，使得科技具有人性化的内涵。许多高科技品牌在其传播中抓住社会生活的这一特点，尽情地对其加以演绎，诸如"科技，以人为本""科技使您更轻松""科技动力，驾驭未来""新科技，好生活"等，带有"科技"词眼的品牌识别语可谓比比皆是，不胜枚举。

二、品牌标识语的创意

品牌标识语的创意可分为以下几类：

1. 理性特色导向

理性特色导向是抓住产品的特殊卖点进行创意，是理性诉求策略中的一部分。它多用于消费者须经过深思熟虑才会购买的产品或服务。著名的例子有"宝马轿车：驾驶乐趣，创新极限"。

2. 感性心理导向

感性心理导向是以消费者的心理需要为依据，运用感性的诉求方法进行创意，唤起受众的认同。借助亲情、友情、爱情等来传达感性诉求，著名的例子有"人头马一开，好事自然来""孔府家酒，让人想家""维维豆奶，欢乐开怀"等。

3. 语言特色导向

语言特色导向是在语言修辞技巧上下工夫，使标识语充满特色，充满识别力，达到闻其声而知其人。著名的例子有"车到山前必有路，有路必有丰田车""农夫山泉，有点甜""没有最好，只有更好"等。

4. 具有成为大众流行语的潜质

这种标识语创意难度较大，传播速度快，往往可遇不可求。著名的例子有"让我们做得更好""味道好极了""不在乎天长地久，只在乎曾经拥有"等。

品牌标识语的使命首先是与公众沟通，然后才是识别性。比较而言，沟通性的获得更依赖于品牌标识语本身的内容，即策略水平；而识别性的获得则靠创意的形式。此外，还依赖于广告媒体的强度。因此，衡量一句标识语的成功与否，除了先天创意的优劣外，还要受后天因素如传播媒体力量强弱的影响。

第四节　品牌包装

俗话说，"佛要金装，人要衣装"，品牌包装的重要性就在于它是一个品牌核心价值的有形载体，能够直接传播品牌形象及突出品牌个性。从某种意义上可以说没有包装就没有品牌。事实上，国内品牌在包装设计方面与国外品牌的巨大差距是造成其落后于欧美品牌的重要原因之一。

品牌包装就是指产品包装。毕竟品牌本身是个抽象的概念,它需要通过具体的产品来表现。市场营销权威菲利普·科特勒认为,包装是指设计并生产容器或包扎物的一系列活动。这种容器或包扎物被称为包装。品牌包装主要由商标、图案、色彩、造型、材料等要素构成。

一、品牌包装的独特价值

品牌包装本质上属于一种投资行为和广告形式,中国古代寓言故事中的"买椟还珠",就很好地反映出包装的重要性。

包装研究的先驱者当属营销心理学专家刘易斯·彻斯金,他在 20 世纪 30 年代便开始了对包装的研究。他把同一种产品放进两种包装内,一种饰有许多圆环,另一种饰有许多三角形,然后他问被测验的人们喜欢哪种产品,原因是什么。结果 80% 的人选择了装在饰有圆环形包装盒里的产品,他们认为这种盒子里的产品品质更好。

彻斯金后来写道:"询问了首批 200 名被测人后,我很难相信测试结果;但当询问了 1 900 个人后,我才不得不承认大多数人已把对包装的感受转变成了对其内容的感受。"另外,他还有一个惊人的发现:即使是在尝试了这些同样的产品之后,人们还是一边倒地喜欢饰有圆环型图案的那种包装。

彻斯金又对许多不同类型的产品重复了这一试验。他发现,包装的外观对于人们的作用十分强大,譬如说合适的外包装会让人觉得饼干的味道特别好,香皂的去污力特别强。彻斯金称这种现象叫"感受转移"。

彻斯金的一个最富有戏剧性的试验,是寄出了三种用不同色彩式样包装的腋窝除臭剂给一组被测人,并告诉他们除臭剂使用了三种配方,让他们加以判断甄别。

结果是:式样 B 除臭剂被认为是好的;式样 C 除臭剂被认为味道太冲,且效果不好;式样 A 除臭剂被认为简直是可怕的。几位被测试者使用式样 A 除臭剂甚至出现了皮肤过敏,不得不去看医生。但是,实际上这三种除臭剂是同一种产品。

营销学者沃特·斯特恩也由此指出:"消费者一般不能区分产品及其包装,许多产品就是包装——或者说许多包装就是产品。"

尽管现在的消费者已经成熟起来,但彻斯金最初定义的观念仍然起作用。营销专家斯坦·格罗斯曾经说过:"我无法问你为什么喜欢某种包装,你也不可能讲得出来。包装并不是沉默不语的,它在呐喊着——然而是在你的内心呐喊着。"业界对包装设计的认识,已从开始的物理功能性作用发展到20世纪60年代的"沉默的推销员"角色,20世纪90年代以来则深入到"品牌核心资产的物质化身"的阶段。好的品牌包装是识别品牌的一面旗帜。

菲利浦·莫里斯公司就曾在品牌包装方面取得很大成功。在瑞士的香烟市场上,有超过200个不同品牌的产品在进行激烈的竞争。关于香烟的包装,有一条不成文的规则,即红色、淡咖啡色、雪白包装分别代表高、中、低焦油含量。细盒包装为淑女而制,软包装则多为"标榜自我"的个人主义者专用。

菲利浦·莫里斯公司新推出的"星"牌卷烟则彻底打破了这些规则。该产品除保持烟草质量、标准纸盒形状和品牌名称不变外,每隔6个月就更换一种新包装,产品没有任何常见的色带或标签,而是充满了新奇幻想的包装,如美洲豹纹、荒岛等。这个新品牌一上市就取得了巨大的市场成功,成为年轻消费者收藏的新宠。每一个新系列的推出都受到了消费者的热切期待。

从近几年获美国工业设计奖的作品可以看出,结合人类现代工程美学的新产品外形设计代表了工业界发展的潮流。最引人注目的是苹果电脑公司1998年新推出的配置简单、易于上网的互联网个人电脑 iMac 系列。它对传统色调单一的电脑进行了彻底的改头换面,机身通透、色彩鲜艳的苹果 iMac 个人电脑令全球 PC 产业界耳目一新,卓越的市场业绩使沉沦已久的苹果电脑公司摆脱了经营困境,重新焕发生机与活力,同时也开创了一个全新的 PC 产品时代。

二、品牌包装的设计

品牌包装的设计可分为如下几种:

(一)包装图案的设计

包装图案中的商品图片、文字和背景的配置,必须以吸引顾客注意为中心,直接传播品牌形象。包装图案对顾客的刺激较之品牌名称更具体、更强烈、更有说服力,并往往伴有即效性的购买行为。它的设计要遵循以下一些基本原则:

(1)形式与内容要表里如一,具体鲜明,一看包装即可知晓商品本身。

(2)要充分展示商品,这主要采取两种方式:一是用形象逼真的彩色照片表现,真实地再现商品。这在食品包装中最为流行,如巧克力、糖果、食品罐头等,逼真的彩色照片将色、味、型表现得令人馋涎欲滴;二是直接展示商品本身。全透明包装、开天窗包装在食品、纺织品、轻工产品中应用得非常广泛。

（3）要有具体详尽的文字说明：在包装图案上还要有关于产品的原料、配制、功效、使用和养护等的具体说明，必要时还应配上简洁的示意图。

（4）要强调商品形象色：不只是使用透明包装或用彩色照片充分表现商品本身的固有色，而是更多地使用体现大类商品的形象色调，使消费者产生类似信号反应一样的认知反应，快速地凭色彩获悉包装物的内容。例如，万宝路烟盒上身采用暗红色，下身是纯白色，色彩搭配醒目、突出，使人联想到西部牛仔的阳刚之气。烟盒上方饰有烫金的菲利浦·莫里斯公司的标志：两匹骏马护卫着一顶金色王冠，再加上黑色的"Marlboro"商标，更使人觉得万宝路气度不凡。

（5）"石门家族"式的包装：要将其重点体现在包装的主要展销面。凡一家企业生产的或以同一品牌商标生产的商品，不管品种、规格、包装的大小、形状、包装的造型与图案设计，均采用同一格局，甚至同一个色调，给人以统一的印象，使顾客一望即知产品是哪家品牌。

（6）要注意功效设计：包装图案中的功效设计主要表现在以下方面：

① 保护性能设计：包括防潮、防霉、防蛀、防震、防漏、防碎、防挤压等。

② 方便性能设计：包括要方便商店陈列，销售；方便顾客携带、使用等。

③ 推销性能设计：即无须销售人员的介绍或示范，顾客只凭包装画面文图的"自我介绍"就可以了解商品，从而决定购买。

包装图案的设计手法，则要求以其简单的线条、生动的个性人物、搭配合理的色彩等给消费者留下深刻的印象。以苏格兰威士忌酒中的皇家礼炮21为例。该酒是经过21年精心酿制而成的，用蓝、红、绿三种颜色的宫廷御用精制瓷瓶盛装，瓶身上刻有持剑跨马的圆桌骑士形象，品牌商标图案上有两架礼炮，并配有苏格兰威士忌协会颁发的21年酒龄的鉴定证明，整个包装显得典雅、富贵。以至于有的人喝完酒后，将酒瓶细心地收藏起来。

包装图案设计禁忌也是一个值得注意的问题。不同的国家和地区有不同的风俗习惯和价值观念，因而也就有他们自己喜爱和禁忌的图案，产品的包装只有适应这些，才有可能赢得当地市场的认可。包装图案设计禁忌可分为人物、动物、植物和几何图形禁忌几种。这里不多赘述。

（二）包装色彩设计

色彩是包装最重要的工具之一。通过研究人类眼球运动对包装的反应，人们发现色彩是包装诸因素中触发眼球运动最快的因素之一。在竞争激烈的市场上,要使品牌具有明显区别于其他品牌的视觉特征,更富有诱惑消费者的魅力,刺激和引导消费,以及增强人们对品牌的记忆,都离不开对色彩的设计与运用。

色彩牵涉的学问很多,包含美学、光学、心理学和民俗学等等。心理学家近年提出许多色彩与人类心理关系的理论。他们指出每一种色彩都具有象征意义,当视觉接触到某种颜色,大脑神经便会接收色彩发放的讯号,即时产生以下一些联想:

红——血、夕阳、火、热情、危险。

橙——晚霞、秋叶、温情、积极。

黄——黄金、黄菊、注意、光明。

绿——草木、安全、和平、理想、希望。

蓝——海洋、蓝天、沉静、忧郁、理性。

紫——高贵、神秘、优雅。

白——纯洁、朴素、神圣。

黑——夜、死亡、邪恶、严肃。

但心理学家也留意到,一种颜色通常不只含有一个象征意义。正如上述的红色,既象征热情,也象征危险,所以不同的人对同一种颜色的密码,会作出截然不同的诠释。除此之外,个人的年龄、性别、职业、所处的社会文化及教育背景,都会使之对同一色彩产生不同联想。中国人对红色和黄色特别有好感,这和中华民族发源于黄土高原有一定关系。因此在不同文化体系下,色彩会被设定为含有不同特定意义的语言,所表达的意义可能完全不同。

这一色彩和心理联想的理论,对设计师来说是个重要的发现。他们在选择运用何种色彩时,需要同时考虑作品面向的是哪一个社群,以免得出反效果。比如紫色在西方宗教世界中,是一种代表尊贵的颜色,大主教身穿的教袍便采用了紫色;但在回教国家内,紫色却是一种禁忌的颜色,不能随便乱用。假如设计师不留意色彩的潜藏语言,就会传达错误的信息,对品牌产生负面影响。

亚洲的消费者对于包装的不同颜色所联想到的品质和产品与美洲人不尽相同。许多学者曾做过有关跨文化的颜色比较的深入研究。他们对中国、韩国、日本及美国消费者进行调查,有两类发现总结如下:

1. 色彩含义的感受

亚洲人往往把灰色与廉价联系起来,这恰恰与美国人相反,后者认为灰色贵重而且有高品质。亚洲人认为紫色为富贵色,美国人却认为紫色有廉价感。不过,蓝色、红色、黄色与黑色不约而同地分别与高品质、爱、幸福及力量联系在一起。而绿色一般被认为象征着纯洁,因而值得信赖。

2. 产品包装的色彩感受

被调查者也回答了一系列关于各种不同产品包装适用什么色彩的问题。结果显示,当一种产品被全球性认为应具有某一种颜色(如蔬菜应是绿色的)时,亚洲和美洲的消费者都会认为这种色彩对于这一产品的包装是适合的。与此相反,当产品没有一种全球认可的颜色时(如洗涤剂),消费者对包装的色彩就会有不同看法。有意思的是,黄色一度与香皂和洗涤剂相联系,两种产品的功效都是清洁和除杂质,这是与黄色相联系的品质。

零点调查公司也曾就包装色彩在中国做过一个大规模的调查,这项调查以入户访问方式进行,受访市民按多段随机抽样方式获得。

调查结果发现,中国城市居民喜爱的七种颜色是白色、红色、蓝色、黑色、黄色和紫色。在接受访问的1500名18~65岁北京、上海、广州、厦门、重庆市民中,14.4%的人表示说不清自己所喜爱的颜色,7.5%的人表示不喜欢任何一种颜色,北京市民目前较垂青红、黑等色,沪穗市民则对白、绿等冷色更为青睐,重庆市民居两者之间。

从年龄分组情况来看,群体越年轻对色彩越敏感,如30岁以下群体中只有15.8%的人属于当前对色彩不敏感、不确定群体,而31~49岁群体中则有20.1%,至50岁以上群体上升为31.7%。对流行色预测时,50岁以上群体中有74.9%的人属于不确定群体,31~49岁群体中有62.9%,30岁以下群体中则仅有53.7%。如以对冷中暖三色判断来看,30岁以下群体与31~49岁群体比较接近,均偏向于喜爱暖色与中色,而50岁以上的高龄群体则更喜爱冷色。

调查证明,目前城市公众对于色彩的喜爱分布相对分散平衡,以素净、自然、热烈、沉静各为其格调,而就未来预期而言,则对活泼、凝重成分寄望更高。与此同时,市场对于色彩组合方面的想象力仍嫌单一,对色彩实用价值的重视也尚不足。大中学生群体、办公室白领基本上仍是色彩的高敏感群体与流行色彩的领导者。色彩组合的多样性、色彩流行周期的短暂性及色彩偏好的职业分层化,是色彩对城市公众生活发生作用的基本特点。

日本色彩学专家大智浩,曾对包装的色彩设计做过深入的研究。他在《色彩设计基础》一书中,对包装的色彩设计提出如下八点要求:

(1) 包装色彩能否在竞争商品中有清楚的识别性。

(2) 是否很好地象征着商品内容。

(3) 色彩是否与其他设计因素和谐统一,有效地表示商品的品质与分量。

（4）是否为商品购买阶层所接受。

（5）是否有较高的明视度，并能对文字有很好的衬托作用。

（6）单个包装的效果与多个包装的叠放效果如何。

（7）色彩在不同市场，不同陈列环境是否都充满活力。

（8）商品的色彩是否不受色彩管理与印刷的限制，效果如一。

这些要求，在商品包装色彩设计的实践中无疑都是合乎实际的。随着消费需求的多样化、商品市场的细分化，对品牌包装设计的要求，也越来越严格和细致起来。为了更准确地掌握各类商品包装色彩设计的不同要求，可以将生活消费品划分为三大类别，分别提出色彩设计的具体要求：

第一类：奢侈品。如化妆品中的高档香水、香皂以及女性用服饰品等；男性用如香烟、酒类、高级糖果、巧克力、异国情调名贵特产等。这种商品特别要求独特的个性，色彩设计需要具有特殊的气氛感和高价、名贵感。例如，法国高档香水或化妆品，要有神秘的魅力，不可思议的气氛，显示出巴黎的浪漫情调。这类产品无论包装或色彩都应设计得优雅大方。再如，男人嗜好的威士忌，包装设计要有 18 世纪法国贵族生活的特殊气氛，香烟包装设计则要求有一种贵族的气质感。健牌（KENT）香烟的烟盒遍体为白色，一座白色的古城堡耸立在一片白色之中，再配以金光灿烂的"KENT"商标，会使人联想起古老的城堡里的贵族生活。骆驼牌（CAMEL）香烟盒的底色是淡黄色，暗喻广阔的沙漠。背景图案上的金字塔和棕榈树代表古老的东方，给人一种神秘的和原始的感觉。这类商品的包装都应给人一种高价名牌的感觉。国内的"茅台酒""五粮液""泸州老窖""中华烟""云烟"等极品包装，也在设计上开始向国际名牌看齐。

第二类：日常生活所需的食品。例如罐头、饼干、调味品、咖啡、红茶等。这类商品包装的色彩设计应具备两点特征：① 引起消费者的食欲；② 要刻意突出产品形象，如矿泉水包装采用天蓝色，暗示凉爽和清纯，并用全透明的塑料瓶，充分显示产品的特征。目前，国内这一类型的产品以广东的食品、饮料、矿泉水等较为成功。

第三类：大众化商品。如中低档化妆品、香皂、卫生防护用品等。这类商品定位于大众化市场，其包装色彩设计要求：① 要显示出易于亲近的气氛感；② 要表现出商品的优质感；③ 能使消费者在短时间内辨别出该品牌。

【案例】 元气森林成功背后的奥秘

元气森林，五年前几乎没人知道的一个新兴品牌，在 2019—2020 年迎来爆

发增长后,已经无所不在,人尽皆知。其成功背后的因素主要有以下几点:

一、抓住了超级卖点

超级卖点是打动顾客购买的需求点或痛点。0糖0脂0卡解决了一个大众化的痛点:怕胖。现代年轻人,尤其是女性群体、健身群体,对于热量、脂肪的摄入,都非常担心。这几乎已经成为全民性的痛点。无糖给人的感觉:喝起来没有负罪感。只有甜味,没有热量,因为它使用的是赤藓糖醇,人工代糖。

二、在合适的时机抓住了超级品类的机会

品类是土壤,品牌(产品)是庄稼,只有土壤肥沃,才能结出爆品。气泡水就是一个超级品类,因为它的受众基数足够大。气泡水主要收割了两类人群:第一类群喝可乐、雪碧、芬达等碳酸饮料的群体,这个群体基数庞大;第二类是喝水的群体。气泡水隶属于近水饮料品类,这个群体更庞大。"超级品类成就超级爆品",大池塘里养大鱼,气泡水是元气森林能做大的土壤。

战略就是在正确的阶段做正确的事,如果气泡水是正确的事,那么元气森林进入的时间就是正确的阶段。其实气泡水进入中国市场已有20年之久,近年来中国消费群体,才开始逐步有喝气泡水的消费趋势。在元气森林进入之前,气泡水品类也是在不断增长的。而且在这个时间点上,元气森林面临的竞争压力相对不大。元气森林的对手不是可口可乐,不是农夫山泉,而是像法国的巴黎水、意大利的圣培露等气泡水品牌。这些品牌的影响力都很窄,元气森林对它们完全是碾压的,是属于降维打击。

三、起了一个好名字

好名字有两个特征:第一,具象,传播成本低;第二,有品类相关性。

元气森林是一个超级好的名字,因为元气本身是一个热词,近年来元气少女、元气满满等词出现的很频繁,森林也是一个具象的词,给人清新感,所以元气森林这个名字跟气泡水淡淡的口感是很有相关性的。

四、用包装设计降低品牌传播成本

产品就是企业最大的自媒体。而饮料行业,包装与产品自成一体,也即包装是企业最大的媒体。包装设计是饮料品牌营销的战略重心和决胜点。我们都有买饮料的经历,在货架上,众多的饮料产品陈列其中。对于没有指定饮料品牌消

费习惯的用户来说,饮料的包装设计构成了消费者的选购核心要素。

从这个角度来看,包装设计的关键是创造出陈列优势,即单品陈列的发现优势和集中陈列的阵列优势。由此,让消费者在一排排密密麻麻、琳琅满目的饮料终端竞争环境当中,率先发现你,从而击败竞争对手。

那么元气森林包装设计有何独特之处?

一是,造字体,品牌名称符号化,形成独特的品牌识别。有些品牌为了好看而好看,往往在字体上下功夫,结果弄得花里胡哨,最终造成消费者无法识别,其实,这是最大的资源浪费。

元气森林直接截取两大爆品"元气水""燃茶"品牌名称中的"元""气""燃"三个字,将其进行偏日系化的符号化设计,形成了元气森林品牌自身的品牌符号。这也跟近几年年轻人群的"日韩零食"潮流息息相关。"元气"是一个日语用词,代表精神、活力。一方面,不影响识别;另一方面,也在唤醒消费群体对健康的精神共鸣。

("元、气、燃"的符号化)

二是,颜值即正义,抢占货架,具有无法忽视的视觉强制性。

到卖场去,到货架上去,是包装设计流程的第一步。因为包装设计,不仅仅是用美术思维设计这个包装,更是货架思维,用包装设计帮助产品实现自动销售。产品包装需要做到的是,制造让消费者无法忽视的视觉强制性,在众多陈列中第一眼就发现你,从而再也无法忘了你。

元气森林就是通过这样一个醒目的字体包装,在货架上获得了消费者视觉强制性的优势:打开冰柜买饮料时,让消费者想忽视都难。这就意味着元气森林在被打开货架时,已经获得了进入消费者选购名单的优先顺序。

五、互联网思维下的产品设计

从行业传统观念来看,饮料创新很难,其最大的痛点在于新产品在市场测试不易。过去的快消公司,每一个新产品都需要投放到线下验证市场,不仅成本高,周期也长,这使得传统公司的创新周期被拉长。

在高标准的基础上,快速测试、快速迭代是元气森林的核心产品研发思路,并被外界视为将互联网思维引入食品饮料行业的重要表现。

元气森林的产品主要通过线上渠道测试,不仅触达的用户更加精准,反馈的周期也被缩短,让元气森林可以在同样的时间内,以更低的成本验证产品的可行性。而这些都是品牌创始人唐彬森在游戏公司用过的办法。

元气森林每一款新饮料都要在内部经过近千次口味测试,围绕用户需求,以用户体验与反馈为衡量产品的唯一标准,相比于传统公司1至2年的研发周期,元气森林将时间压缩至3至6个月,且平均一两天就做一次饮品口味测试,根据测试结果快速调整和改良。测试的步骤与指标也被流程化与标准化,自己是否愿意喝、是否愿意推荐给家人朋友喝成为必问问题。

新品内部测试合格后,将进入外部测试流程,通常为在特定区域或特定渠道的小规模测试,产品外观设计、广告投放的素材也均包括在测试范围内。

产品会上架线上商城,根据电商渠道的销售数据确定是否进一步在线上线下多渠道铺货。通过了电商测试的商品会被投放在便利店——最接近元气森林目标消费人群的线下销售渠道,进行小范围推广测试。

此外,元气森林在2020年开始运营微信私域,通过DTC渠道低成本、高效的进行测试活动,命名为"体验官"活动。例如,元气森林会在"元气家会员店"(之前名为"元气研究所")发布新品测评活动。活跃的元气森林会员多是忠诚用户,他们便会主动申请试用,待中签后仅支付运费便可拿到商品。用户在收到商品后,在专门的试吃交流群内,元气森林的产品助理会引导大家填写问卷。根据这些"死忠粉"的测评,元气森林能够获得更直接、准确的用户反馈,以此进一步迭代产品。一系列测试合格后再全面推出新产品,不仅能保证产品的口味为大众所接受,也能够提供加大力度营销的底气。

六、渠道铺货不走寻常路

元气森林,其创始人具有超强的互联网基因,其在渠道上,又有着怎样"不走寻常路"的布局呢?区别于传统批发、传统商超,元气森林从"0"到"1"的发家旅程,率先是走完线下便利店,然后走线上、大型商超,完成扩张版图的战略意图。

2016年开始的近几年,是连锁便利店的扩张期。数据显示,便利店数量从2016年的9.4万家增加到2018年的12.2万家。新渠道的增长必然将带来新的增量市场。

元气森林很清楚市场对健康概念的关注程度和城市发展程度息息相关。且收入和教育水平又在影响用户对健康需求的决策,这也是元气森林率先选择一二线城市的连锁便利店作为市场切入口,进入诸如711、全家、盒马、便利蜂、Today便利店等互联网型的连锁便利店的原因。

元气森林的迅速崛起,不仅仅在于搭上了连锁便利店的风口,更是其与连锁便利店目标群体的高度适配。

有全家便利店数据显示,绝大多数消费者都是"85后""90后",占比高达94%;性别上来看,女性占比60%。而有意愿购买元气森林的消费者属性,一是关注健康,二是愿意为爱好付费更高价格。元气森林在全家价格为4.5~5元,高于普通饮料3~3.5元价格区间,这就锁定其目标消费者为年轻女性居多、中高收入群体居多。

而连锁便利店作为一种新型零售渠道,会主动筛选年轻人所喜爱的消费商品,在崛起过程中需要与之相配的新型品牌。于此,元气森林与便利店的"一拍即合",实际上是一种"各取所需""相互成就"。

元气森林在经过第一阶段借势连锁便利店的"新渠道红利",不仅巧妙避开与传统饮料巨头们的正面竞争,更是通过快速抢占新生代消费者,在市场上站稳了脚跟。

（案例来源:汤飞,3 年估值 40 亿 元气森林凭什么火了,搜狐网,2022—2—16;Runwise 创新咨询,元气森林:撕开帝国裂缝的互联网＋饮料公司,知乎网,2022—1—18）

第五章

品牌传播手段

- 广告
- 公共关系
- 销售传播
- 口碑传播
- 微电影
- 搜索引擎
- 社会化媒体

第一节　广　告

　　广告作为一种主要的品牌传播手段,是指品牌所有者以付费方式,委托广告经营部门通过传播媒介,以策划为主体,创意为中心,对目标受众所进行的以品牌名称、品牌标志、品牌定位、品牌个性等为主要内容的宣传活动。

　　对品牌而言,广告是最重要的传播手段之一。据资料显示,在美国排名前20位的品牌,每个品牌平均每年广告投入费用是3亿美元;排名前50位的品牌,平均每年花在广告上面的费用是1.58亿美元;而一些顶级品牌如AT&T,每年花在广告上面的费用达4亿美元。人们了解一个品牌,绝大多数信息都是通过广告获得的,广告也是提高品牌知名度、信任度、忠诚度、塑造品牌形象和个性的强有力的工具,因此,广告可以称得上是品牌传播手段的重心所在。

一、广告在品牌传播中的正负面作用

(一)广告在品牌传播中的正面作用

　　广告可以提升由品牌忠诚度、品牌知名度、品质认知度、品牌联想所构成的品牌资产。此外,广告对于品牌个性的形成也发挥着至关重要的作用。

1. 建立品牌忠诚度

　　有研究表明,成功的广告能极大地增加顾客的品牌忠诚度。广告对品牌忠诚的影响,国内外学者的研究很多,结论也基本上差不多,即广告不但能产生试用,而且会强化品牌忠诚。对成功的品牌来说,由广告引起的销售量的增加中,只有30%来自新的消费者。剩下70%的销售量是来自现有的消费者,这是由于广告使他们对品牌变得更忠诚。因此,现在比较公认的一种看法是广告的一个重要目标是巩固已经存在的消费者与品牌的关系,并使他们变得更加忠诚。对已有的品牌来说,大部分广告的目的是使已经存在的消费者更加忠诚,而不是说服别的消费者从其他品牌转移过来。

　　广告对品牌忠诚形成的作用模式如下:认知—试用—态度—强化—信任—强化—忠诚,就是说,由广告认知产生试用期望,导致试用行为。试用经验形成决定性的态度。这种态度经品牌的广告而强化,被强化的态度如果总是肯定的,就会增加重复购买或重复使用的可能性。如果继续强化,重复购买或重复使用就会转化为对品牌的信任,形成品牌忠诚。

消费心理学家认为,消费者的态度更多的是在试用之后形成的,因此广告中有一种说法是:旅游广告最热心的读者是刚从该旅游景点回来的游客。从理论上讲,广告肯定并强化了消费者使用后的感觉,增加了其对品牌的忠诚。

忠诚顾客的特点是:

(1) 经常性重复购买。

(2) 惠顾品牌提供的各种产品或服务系列。

(3) 对品牌有好的口碑。

(4) 对其他竞争者的促销活动有免疫力。

上述的每一种行为,不论是直接或间接,都会促进销售额的增长。忠诚的顾客会持续购买同一个品牌,即使是面对更好的产品、更低的价钱也会如此。

品牌忠诚使用者的价值在于:

(1) 忠诚使用者在营销成本上最低廉,而为企业赢来的利润却最丰厚:有证据表明,品牌忠诚度提高一点,就会导致该品牌利润的大幅度增长。某个品牌吸引一个新消费者的费用是保持一个已有消费者的4～6倍。也就是说,留住一个消费者的费用仅仅是吸引一个新的消费者的费用的1/4。品牌专家德泽尔在其《努力保持消费者》一书中谈到"在汽车行业中,一个终生消费者可以平均为其所忠诚的品牌带来14 000美元的收入;在应用制造业,一个终生忠诚的消费者价值超过28 000美元;地方超级市场每年可以从忠诚的消费者那里获得人均4 400美元左右的收益"。

(2) 带动、吸引新的消费者:品牌忠诚度表明每一个消费者都可以以其亲身的品牌使用经验来劝说周围的潜在消费者,成为免费广告宣传员。由于这种劝说比较容易为人们所信任,从而会创造出新的消费者群体。

(3) 使企业面对竞争有较大的弹性:既有的忠诚使用者会对品牌产生依赖感,他们重复购买、重复使用,而对别的品牌的类似产品表现出不自觉的抵抗力。这样,企业在品牌竞争中就有了更大的时间和空间上的回旋余地,可通过巩固、维持现有的忠诚使用者来回击竞争对手。

在美国,有高达七成的青少年的梦想是拥有一双耐克鞋,他们都以穿着耐克鞋而感到荣耀。耐克"离经叛道"的广告为其塑造的"体育先锋"的品牌形象,深深根植于青少年消费者的心中,使耐克成为他们的最爱。耐克广告的着眼点正是与消费者建立忠诚而持久的关系,而非单纯的交易与说服的行为。

2. 广告可以使品牌在短时间内建立较高的知名度

知名度是建立品牌的第一步,其具体价值如下:

(1) 熟悉会引发好感:人是惯性的动物,对于熟悉的事物,自然会产生好感和特殊情绪。当商品品质越来越相似时,为消费者所熟悉了解的品牌会使他们感到安心和舒适。

(2) 知名的品牌即使不能成为首选品牌,也会列入消费者购买时考虑的几个品牌之中,对品牌的销售发挥着极为重要的作用。

(3) 知名度也是一种承诺:高知名度通常给人以大品牌的印象,有品质的保证。当消费者面对其他同样的品牌时,知名度代表所有者的承诺。这种承诺包括了:

· 耗资巨大、独特精美的广告说明公司实力雄厚而且有眼光、有魄力。

· 品牌覆盖销售面广,随处有卖或可见到许多人使用,其品质应可以令人放心。

· 其售中、售后服务应该周到而令人满意,不会给购买者带来很多麻烦。

· 生产厂家即使不是国内外著名的老牌企业也是一个优秀的新兴企业。

3. 广告有助于建立正面的品质认知度

品牌品质指其所属产品的功能、特点、可信赖度、耐用度、服务水准及外观。品质认知度就是指消费者对某一品牌在品质上的整体印象。品质的认知一般完全来源于使用产品之后,这里所说的品质,并不仅仅指技术上、生产上的品质,而是更侧重于营销环境中的品质含义的体现。广告对消费者在品质认知过程中的作用如下:

(1) 使用者更多地关心他们使用过或已在使用的品牌的广告。将他们已有的关于品质认知的经验和体会与广告中对品质的表现进行对比和联系。如果两者相符,则原有的好感将会加深,消费者会更加信任这一品牌,对品牌本身和自己的判断都很满意,成为该品牌的忠诚拥护者。相反,如果使用者认为品质差而广告却宣传品质优良,消费者会认为广告是欺骗,原有的恶感进一步加深,变成极度反感和不信任。

(2) 广告诉求点通常是品牌品质上的特点,也是品牌提供给消费者的利益点,是消费者最关心、最喜爱的特点,是品牌较具竞争力的特点。

(3) 新品牌上市,人们对品质一无所知。而创意佳、定位准确的广告,通常能使消费者对品牌产生好感并愿意去购买。广告的品质在一定程度上可以反映品牌的品质。

（4）品牌延伸时，广告帮助消费者将原有的品质印象转嫁到新的产品上，这对延伸产品而言，无疑是一块打开市场的敲门砖，其所带来的好处是不言而喻的。

4. 广告为品牌联想提供了空间

说到一个品牌，人们总会有许许多多、各种各样的联想。比如一提起麦当劳，消费者可能立即联想到汉堡、麦当劳叔叔、干净、小孩子的天堂等，这些都是品牌联想。所谓品牌联想，就是指消费者（尤其是目标对象）想到某一个品牌的时候联想到的所有内容。如果这些联想又能组合出一些意义，就叫做品牌形象。品牌形象是品牌定位传播的结果。品牌定位通过广告传播之后，在消费者脑海中形成许多的品牌联想，最后就构成品牌形象。

广告对于促成品牌联想的作用具体如下：

（1）差异化以求得第一的位置：广告最主要的功能之一就是告知消费者，使消费者对品牌能立刻产生联想，而消费者所想到的特质，就是该品牌的独特卖点。广告就要利用这种独特的差异，在消费者心目中构建一片天地，并使其所宣传的品牌在其中位居第一。

（2）创造正面的态度及情感：广告的表现手法中，最常采用的就是感性诉求，利用消费者对事物的自然的、美好情感的转移而建立他们对品牌的好感。比如化妆品广告常借由美丽的画面或动听的音乐来促使消费者对品牌产生美好的联想。

5. 树立品牌个性

考察当前广告与品牌的关系，不难发现除了诸如海尔、养生堂等少数品牌在广告中体现着一贯、和谐的形象外，大多数国内企业的广告中存在着品牌个性频繁变动的缺陷。大卫·奥格威认为："市场上的广告 95% 在创作时是缺乏长远打算，仓促推出的。年复一年，始终没有为产品树立具体的形象。"大卫·奥格威指出，埃克森、可口可乐等品牌正是由于塑造协调一致的形象并能持之以恒地在广告中实施而取得成功。"最终决定品牌市场地位的是品牌个性，而不是产品间微不足道的差异"。

造成品牌个性频繁变动的原因，一方面，是由于企业主尚未清晰地意识到坚持品牌个性的重要性。另一方面，也是企业不断更换广告公司的结果。不同广告公司会提出自己对广告定位的看法和对创意的主张，从而在广告运动中始终无法确立明确的品牌形象。与此相反，很多世界著名的企业都很注重与广告公司的长期合作。如菲利普·莫里斯公司和成功地为万宝路烟草创造"万宝路牛仔"形象的李奥·贝纳广告公司已合作了38年;著名的P&G公司为各个品牌聘用的广告公司平均使用期也高达37年。正是品牌经营者在谨慎选择广告公司之后坚持长期合作,广告公司才能放心地从长远的角度来制定广告战略,从而避免了"营销近视"。

树立品牌个性的有效途径之一是在广告中塑造一种品牌文化。由于品牌文化是无形的,因此消费者很难从产品本身体会到这一内涵。而通过广告则可以将它所指向的某种生活方式或价值取向明示出来,因而是一种十分鲜明直接的途径。这样,可以让目标消费者通过认同广告中为他们设计的文化感受而迅速认同品牌。如台湾一家广告公司在为统一企业推广其奶茶时,就在广告中设计了一家"左岸咖啡馆",刻意营造出一种极其雅致的文化氛围,结果使消费者对该品牌产生了浓厚兴趣,以至于许多人纷纷向企业打听这家咖啡馆在什么地方。

一个成功的品牌不单是成功的商品,而且还意味着一种与品牌联想相吻合的积极向上的文化理念。"化妆品公司出售的并不是香水,而是某种文化、某种期待、某种联想和某种荣誉"。在广告中注入更多的文化意蕴,可以在潜移默化中培养人们对品牌的好感和忠诚。

(二)广告在品牌塑造中的负面作用

广告对于品牌塑造的正面作用是显著的,但不是绝对的。广告使用不当对于树立品牌也有负面作用。

首先,广告不是把产品变成品牌的万能良药。许多产品做了广告,在消费者心中依然只是某种产品,而不是对他们有特殊意义的品牌。

产品和品牌既有区别又有联系。产品是具体的,消费者可以触摸、感觉、看见;产品是物理属性的结合,有适用的功能满足消费者的要求。但这一切只是形成品牌基本的必要条件,还不足以构成品牌。品牌是抽象的,是消费者对产品一切感受的总和。它包括产品是否有个性、是否足以信赖、是否用起来可靠、是否对它充满信心、是否生活中非它不可,是否有共同分享的经验、是否自己的观点得到认同、是否有其存在地位和意义。每个品牌的后面都一定有产品,但不是所有产品都有资格真正成为品牌。如果这个产品无法与消费者建立起强烈而紧密的联系,它就不能成为品牌。"爱多"只有VCD一种产品,一旦VCD热过去了,VCD被DVD所替代,那么"爱多"也就不复存在了,所以它还称不上一个品牌。而"飞利浦"VCD广告却说"让我们做得更好",这明显着眼于加固消费者与品牌的关系,即使VCD产品衰退了,"飞利浦"的其他产品还会依然受到欢迎,"飞利浦"的声誉也不会有所损减,这就是品牌的力量。

其次,广告做得不好,不但不能维护形象,还会破坏品牌原有的形象。塑造品牌形象的广告最讲究持续性和连续性,这需要时间、耐心和匠心。当可口可乐改变可乐味道时,巨大的市场失误引起哗然,也造成企业的重大损失。如果改变了品牌或广告信息,就是有意地告诉消费者已经改变了他们所熟悉的那种产品,也即是在改变品牌的个性。

就以广告而言,曾经有人说过:"一个不断推出烂广告,但信息却一致的品牌,要比一个时常有好广告,但信息颠三倒四、错乱不已的广告成功概率大。"与美国的麦当劳不同,其竞争对手汉堡王每隔一年就变换一家广告公司,结果销售逐年下降。仅仅为了突出自己就过于频繁地更换策略或品牌个性,结果只会失去市场。因为消费者需要时间认可产品的新信息,任何在一夜之间改变品牌信息或固有形象的尝试,都只能令人迷惑。在毁掉以前建立品牌所取得的成果的同时,却没意识到重新建立品牌所需要的时间。随着时间的推移,销售增幅变缓,产品逐渐失去了优势,这时为了使品牌保持新鲜感与时代感,为品牌找到新的利益点,塑造新的个性与形象则是必须的。品牌的个性应该随着时代进步而不断发展,但消费者接受变化却是一个缓慢的进程,要循序渐进地引导他们接受新的品牌形象,否则便会前功尽弃。

二、广告塑造品牌的条件

广告发挥塑造品牌的作用,也需要客观条件做基础。

(1)产品本身要过硬:产品是品牌的物质基础,只有杰出的产品才可能成为杰出的品牌。当广告是为了销售比竞争品牌更优异的产品或服务而做时,它发挥的作用最大。任何成功的营销都要以卓越不凡的产品为依托。倘若消费者无法认知品牌真正的利益点,即使运用再大量的精心设计的广告也无法挽回品牌的厄运。一代广告大师伯恩巴克曾说:"为拙劣的产品做广告,只会加速它的一败涂地。"品牌持有者必须致力于高品质的追求和维护,仅想凭广告的堆砌塑造品牌是舍本逐末的做法。

成功的品牌从来就是内涵与外表的协调统一体。这就要求从产品的设计开始,管理好所有与消费者密切相关的产品要素。其中,产品质量是最重要的,它是消费者购物时考虑的最主要因素,是决定市场份额和销售成果的关键,是广告依据的基础。产品质量好,消费者自然买得高兴、用得放心,进一步印证强化了广告所宣传的产品形象。反之,失去了可靠的质量保证,不但产品的价值失去了基础,广告也成了空中楼阁,只能给消费者留下更坏的印象。

其次,要有优秀的广告。人们只要想到任何一个成功的品牌,脑海中几乎都会浮现出与该品牌相关的广告。提到"555"香烟,人们就会对它气势辉煌、极具东方色彩的贺年广告津津乐道;说起爱立信手机,其以沟通为主题,贴近现实生活的广告触动了无数人的内心。

它们的共同特点是有大创意作基础,这是一种持续呈现在广告中且与销售传播手段整合为一的创意。大卫·奥格威曾经说过:"除非你的广告源自一个大创意,否则将如夜晚航行的船只无人知晓。"真正的大创意不仅能够建立含有持久价值的品牌形象,而且还能驱使人们采取行动,而这些正是成功广告的标志。

(2)成功的广告还必须有准确的品牌定位:定位就是确定产品的个性特点。广告要力求展现产品的个性。离开品牌定位的广告,很可能会成为一个没有销售力而徒有创意的牺牲品。

(3)广告要具备"公关意识":广告的商业味太浓,会使消费者感到极大反感。"公关意识"的加盟,既是对商业味的冲淡,也是日益隔膜的人们所向往的交际方式。"公关意识"相对于广告来说,是消除厂家与消费者隔膜的润滑剂,是对市场竞争刚性的弱化。

(4)不能单一地使用广告:只重视广告,而不重视其他营销方式也是行不通的。广告作为传播手段之一,需要与其他手段结合起来才能发挥最佳效果,尤其是在整合营销传播时代,各种不同的品牌传播手段需要进行整合,以传达一致的信息。只有通过这种立体的品牌宣传方式,才能使消费者对品牌产生深刻印象。

第二节　公共关系

公关是以塑造组织形象为目标的传播活动,它与广告的不同之处有如下几点:

(1)与传播媒介的关系不同:广告都是客户付钱的,特别是西方的传播媒介,广告是其主要的经济来源,只要不违背法律,广告传播的决定权在企业。公

关活动则不同,除了部分公关广告外,大部分的传播如新闻稿等,其能否被传播,怎样被传播,最终的决定权在媒介,公关工作有求于媒介的支持,必须尽量维持好与媒介的关系。

(2)传播手法不同:广告允许采用各种离奇手法来达到其目的,公开的自我宣传是广告这一传播手段的特点。而公关绝不允许这样做,公关的传播原则是以事实为依据,用事实来说话,传播手法上尽量诚挚朴素,不自我标榜,更多地采用让第三者说话或让记者代言的形式来达到传播目的,其传播手法常是隐蔽的,让人难以直接觉察到公关目的。

著名品牌专家里斯在《公关第一,广告第二》一书中指出,广告更适合维护品牌,公关则适合塑造品牌,尤其是推出新品牌,比如苹果公司推出的 iPhone 手机就是典型代表,众多消费者熟知乔布斯的事迹,对 iPhone 系列手机如数家珍,但这些信息主要来自媒体报道,而非广告。

一、公关的价值

公关这一传播手段在品牌传播上的价值主要有以下几个方面:

1. 提高品牌的知名度

公关是提高品牌知名度的重要手段,这已经被实践所证实。早在 1984 年,北京长城饭店就借助美国总统里根的访华,争取到了其访华结束时在长城饭店举行答谢宴会的机会,使长城饭店一夜之间成为全世界瞩目的焦点,成了中国最有名的五星级饭店之一。

在 2001 年赛欧上市之前,国内 10 万元价位的轿车还属一片空白。于是,上海通用找到这个切入点,在赛欧上市之前借助新闻和公关的力量把赛欧"10 万元家庭轿车"的概念炒得妇孺皆知,使赛欧未曾与消费者谋面便已深入人心。在没有投入一分钱广告的情况下,订单就突破了 16 000 份,并且不断上升。

2000 年以来,中央电视台每年至少三次在《新闻联播》中介绍海尔,央视所有节目中介绍海尔的时间长达 7 个小时。央视在国内的影响力有口皆碑,广告可谓天价,海尔没花一分钱,却获得了不可估量的传播效应。

2. 树立良好的品牌形象

公关可通过一些公益性的社会活动,来树立品牌的良好形象,让媒体的宣传报道来增加品牌的可信度和亲和力。在这方面,壳牌公司就做得非常成功。

作为一家石油公司,壳牌一直在全球范围内积极参加各种社会公益事业。

壳牌中国分公司也秉承企业的优良传统,在积极服务于中国能源和交通等事业发展的同时,也积极投身于中国的公益事业,从而树立了良好的品牌形象和鲜明的企业特色。

中国的中小学生的自我安全保护能力很弱,因此他们的安全问题牵动着千家万户的心。1996年下半年,在上海交通大队的协助下,壳牌公司摄制了一组大型系列交通安全科教片《人、交通、规范》,在教育部指定的"中小学生安全日"来临前把这组节目的录像带捐赠给18个城市的中小学校,同时还制作出专用新闻录像带给这18个城市的电视台,配合其做好每年一度的"安全日"宣传工作。

这次活动在媒介方面取得了很大成功,所有参加新闻发布会的记者都报道了这次捐赠活动,赞扬壳牌这一有意义的捐赠活动。地方电视台对其无偿捐赠录像带的举动表示极大的欢迎和感谢,许多电视台播放了壳牌的新闻录像带,间接地为壳牌做了品牌宣传。由于壳牌的主营业务与道路交通密切相关,所以这次活动为壳牌树立了良好的品牌形象,增加了它的美誉度。

3. 保护出现问题的品牌

当出现对品牌不利的事件时,例如,当企业与公众发生冲突,或发生突发事件,使得公众舆论反应强烈的时候,如果处理不当,最直接的后果便是品牌被削弱,产品的销售受到影响。此时,应针对造成危机的不同起因(如企业行为不当、突发事件或失实报道等),动员各种力量及传媒来处理危机,协调与平衡企业与公众之间的紧张关系,使品牌免受或少受损害。

我国一些曾经辉煌的品牌垮台的原因不少都是在出现危机问题时,由于没有得到厂家高度重视,让新闻媒体无端任意炒作,结果导致品牌毁于一旦。保健品牌"三株"就是因此垮台的典型代表。

公关还可以使品牌死里逃生,从危机中走出来。例如20世纪70年代,美国克莱斯勒汽车公司业务急转直下,面临破产的危机,1978年上任的总裁艾柯卡是一位公关大师,他通过向公众及国会演讲,出自传等公关活动,力陈克莱斯勒这一品牌对美国的价值,使得投资者对它重新产生信心,让品牌重整旗鼓,起死回生。

二、常用的公关手段

公关活动常用的手段主要有以下几种:

1. 活动赞助

广告有时会良莠不齐,一些品牌的大量过度和失实的宣传使人们对传统媒体广告的信任度正在逐渐降低,对很多广告开始出现反感。据一家国际权威调查机构的数据显示:世界上约有近80%的人口对广告开始失去信任甚至产生反感,只有大约不到20%的人口还对广告存在着不同程度的信任。

与广告的单向传输、被动接受的属性相比,作为公关形式之一的赞助活动则在一定程度上成了人们生活的一部分。赞助活动经过企业的精心设计和诠释,向人们暗示着品牌与特定事物的某种联系。越来越多的企业看到一些成功品牌因赞助而取得很大发展,于是纷纷仿效,趋之若鹜。

在西方早在100多年前就有品牌运用这一策略。据说宝威尔(Bovril)品牌早在1898年就赞助了当时的诺丁汉森林足球俱乐部,而后吉列赞助篮球运动;1928年可口可乐赞助了奥运会。由于运用了高超的赞助策略,这些品牌都无一例外地成为知名品牌。

万宝路品牌曾经多次赞助欧洲一级方程式赛车,由于国际广告法规定,香烟产品不得做产品广告。因此,万宝路采用了隐蔽传播的策略,除了参赛车队的车身和运动员的服装上有万宝路的商标外,在赛道的几个方位都有万宝路策马奔腾的西部牛仔形象广告,在潜移默化中,将世界顶级车手的阳刚与万宝路的男子汉气概的品牌内涵画上了等号。久而久之,人们一看到赛车就随之联想起了万宝路品牌,当然还有它的香烟。万宝路成功地树立了它的赞助品牌。

而后,万宝路又把这一策略移植到了中国,在中国,万宝路先后冠名赞助了中央电视台《体育大世界》栏目和其中的足球专题节目,包括一些赛事的现场直播。当时的人们一打开电视,调到体育频道,往往听到的就是:欢迎光临万宝路体育大世界! 或者:这里是万宝路某某杯足球赛直播现场等。其赞助策略又成功地使中国受众将万宝路与激动人心的体育赛事和体育精神联系在一起(而且体育爱好者、球迷们还大多都是烟民),诠释了万宝路的品牌内涵,再次获得了广大受众的青睐。

曾经风靡全国乃至世界的广东"健力宝"集团公司,当初刚刚由酒类转产饮料时,机缘巧合,该公司从广东省体委获悉中国乒乓球队准备向社会征集专用饮料赞助的消息。当时健力宝的生产线都还没有安装完,而且包装用的铝罐也还没有做好。但健力宝感觉这是一个千载难逢的使健力宝扬名的好机会,如果错过了这个机会是相当可惜的,于是他们紧急从其他饮料厂买下一批罐子,然后用健力宝的配方在另外一家饮料厂高价代工赶制了一批健力宝饮料出来,经过一番努力争取,终于使健力宝抢先成为了中国乒乓球队的专用饮料,于是健力宝跟随着中国乒乓球队征战世界,扬名海外,被国外媒体誉为"东方魔水"。而后借势发展壮大起来的健力宝公司又多次为中国运动队举办庆功会,嘉奖获奖运动员,一系列的赞助活动使健力宝的声誉如日中天,成为我国乃至亚洲的著名饮料品牌。由于健力宝成功地抢占了赞助的先机,因而获得了成功。

企业在作出赞助决策时,应在明确把握自有品牌的实质、核心识别、延伸识别以及独有的价值取向的前提下,对欲赞助活动的本身进行深入了解,对被赞助对象的性质和环境进行深入了解和分析,找出可以作为品牌和被赞助对象纽带的内在关联点,进而有针对地设计赞助策略,以取得事半功倍的赞助收益。

譬如阿迪达斯热衷于赞助重要的、大型的比赛,如奥运会、欧洲足球锦标赛、世界杯足球赛等,这些策略的充分运用使得阿迪达斯将自己与最激动人心的体育盛会联系起来,向人们传达着阿迪达斯卓越表现、积极参与、振奋人心的品牌精神。

而耐克则通过赞助著名运动员来参与赛事活动,通过运动员的出色表现来诠释和宣扬耐克富有进攻型、直面挑战、生气勃勃的"酷"、强劲有力的品牌精神。耐克最早的品牌代言人有著名的长跑运动员史蒂夫以及现在的迈克尔·乔丹等。

由于活动赞助在我国兴起的时间还不长,许多企业对于明确把握自有品牌的实质、核心识别、延伸识别以及独有的价值趋向等还缺乏了解,基本上仍停留在单纯追求产品、品牌曝光率的阶段,对欲赞助活动的本身缺乏深入了解,往往花了钱效果却不甚理想。因此,我国品牌在有效选择赞助对象和寻求赞助机会方面的认知还有待提高。

2. 举办公益服务活动

现实中,一些直白的广告已被人们熟视无睹,甚至对之产生了厌恶情绪。品牌传播怎样才能达到"润物细无声"的效果呢?这就要求品牌把一部分广告预算转变为公益服务活动。许多公司会主动支持周围的社区活动,以换取他们的好感,创造良好的销售氛围。企业还可以向公益事业和慈善机构捐赠钱或物,提高品牌在公众心目中的美誉度。

开展公益活动是跨国公司经常采用的公关手法。自 1995 年在中国开业以来,安利(中国)公司参与赞助捐款的活动多达 100 多项。从赞助"朝霞工程"中有艺术天分的孩子到辽宁省的"前人植树活动";从向广州慈善医院捐款到在湖南举办"下岗女工技能培训班";从支持北京申奥义演到献爱心义务献血活动。

安利(中国)公司积极投身于妇儿德育、文化教育、环境保护、救灾扶贫、社会建设、文娱康乐等社会公益活动,深入到社会的各个层面,使自身的企业形象与声誉在活动中得到了宣传和提升。

英特尔采用无偿支持中国电脑教育的公关手法则一举两得,既提高了自身的声誉,又培养了潜在顾客。英特尔在中国支持教育工作的活动主要有以下几类:

一是英特尔的教育创新计划——教师培训计划。英特尔公司首席执行官克瑞格·贝瑞特博士有句名言:"计算机并不是什么神奇的魔法,而教师才是真正的魔术师。"2000年,英特尔公司在教育部的指导下,率先与上海市教委和北京教育学院合作,以上海师资培训中心和北京教育学院为培训机构,进行该项目在上海和北京的试点运行工作,并计划逐步推广到中国其他城市。

二是大学学术关系计划。英特尔在中国的大学学术关系计划开始于1994年,目的是加强英特尔同国内重点大学的联系,支持他们在招生、研究和市场开发方面的工作。多年来,该计划不断扩大,目前涵盖最先进的设备捐赠、奖学金、研究合作和技术交流。至今,英特尔向中国的重点大学捐赠的设备和资金总值达300多万美元;在北大、复旦、交大等重点院校中建立了21个实验室供教学和研究,资助研究项目,开展研究合作;设计了英特尔奖学金;定期在校园召开专业讲座和研讨会。

三是积极推行中小学教育计划,成功赞助中国内地青少年国际科学和工程大奖赛。1999年10月,英特尔与中国教育部共同宣布,协助开发中国基础教育网站,并与上海市教委合作开发上海市中小学教育信息网。

除此以外,英特尔还于1997年启动了全国性的儿童电脑培训项目。在本地教育机构的大力协助下,英特尔与当地计算机厂商合作,在北京、上海、广州、青岛、济南、成都等地设立了英特尔电脑小博士工作室。迄今为止,数万个儿童和家庭、2000多名教师已经在这些电脑培训中心获得了免费培训。

支持中国教育事业也是宝洁公司重要的公关活动。自1996年起,宝洁累计向希望工程投入6000万人民币,在全国28个省、市、自治区援建180所希望小学,是国内捐建希望小学最多的企业,使1000个自然村落中的10万余名儿童获得了更好的读书机会。在支持希望工程的实践中,宝洁公司开创性地提出了宝洁公益模式,即从我做起,携手合作伙伴,感召员工和消费者,共同帮助需要帮助的孩子生活、学习、成长。这一模式把宝洁公司包括员工和商业伙伴、消费者、具有共同理念的公益伙伴以及中国需要帮助的孩子紧密联系在一起。

3. 紧跟热点事件做宣传

全社会广泛关注的热点问题常常被品牌用来宣传、提升自身形象,尤其是那些涉及国家利益和荣誉的焦点事件更是被看成百年难遇的炒作题材。

中国申奥成功后,2001 年 7 月 14 日一大早,北京市几乎所有的麦当劳餐厅和各主要超市的可口可乐包装全部穿上了"喜庆装"。可口可乐金光灿烂的申奥成功特别纪念罐,以金、红两色作为喜庆欢乐的主色调,巧妙加入长城、天坛等中国和北京的代表建筑以及各种运动画面,将成功的喜庆、体育的动感、更快更高更强的奥运精神以及中国的传统文化有机地组合起来。

国外早就有这样的说法:在通常情况下投入 1 亿美元,品牌的知名度可以提高 1%;而赞助奥运,投入 1 亿美元,知名度则可以提高 3%。因此,奥运会被几乎所有企业看作是绝不能错过的"黄金营销期"。三星曾经被戏称为"廉价家电制造商",不仅在国际上属于名不见经传的三流品牌,即便在韩国本土竞争中,也逊色于对手。但是,借助成为"1988 年汉城奥运会"赞助商的契机,三星让全世界认识了自己,并借奥运赞助商的高端形象,逐步摆脱了以往产品和企业的低端形象。后来,三星一直致力于奥运赞助,并进一步成为国际奥委会的 TOP 赞助商。此后,三星实现了品牌的飞跃,从一个低端的小品牌成长为国际一线大品牌。

节日也是品牌可以利用的热点,如今中国人过的节越来越多,比如情人节、母亲节、圣诞节等,这些节日原本是西方人过的,但引入中国后,在商家的渲染下,逐渐被人们所接受。

2012 年母亲节,百度与宝洁联手发起"感谢妈妈,用爱跨越距离"的活动,为出门在外的万千游子,搭建起了一个对妈妈说出心里话的网络平台。

母亲节期间,众多网友通过"感谢妈妈"活动专区的"零距离的爱"板块,在百度地图中标注自己与妈妈的位置,感受与妈妈进行跨越时空的心灵沟通。除此以外,百度还设立了"零距离幸运"转盘抽奖,集结网友最广泛的参与热情,让网友有机会"带妈妈去伦敦看奥运";而"零距离喝彩"板块则通过实际行动跨越距离,实现与宝洁较为延续的奥运传播活动的对接;在"零距离瞬间"板块中,网友则可以进入贴吧,分享与母亲的温馨故事,一张妈妈的照片、一封爱的信件,都讲述着网友与母亲独一无二的回忆。

活动的传播效果较为理想:百度为活动专门制作的微电影,在不到两周的活动周期内(5 月 5 日—5 月 14 日)播放量达到 503 万;线上活动期间(5 月 8 日—5 月 13 日),专题页面 PV 达 803 万,新浪微博搜索"用爱跨越距离"结果条数为

53万条,总覆盖人群达到8329万;线下活动中,百度在全国23所高校举办的互动活动,影响学生人数超过50万。而宝洁的优势线下渠道,包括全国867家大型商超及1000家屈臣氏门店,影响人数超过300万人次。此外,百度还以"百度妈妈开放日"的形式在内部15000名员工中推广母亲节活动,让这次活动更加立体丰富。

从品牌传播的角度来看,我国公共关系操作中存在着一个很大的误区:在国内企业策划的公关活动中,品牌不够突出。在我们所看到的众多公关策划中,企业尤其是企业家的风采往往要盖过公众对品牌的印象。国内一些企业主很少从品牌创建这一角度来考虑将品牌作为公关活动的主角。事实上,即使是对企业或企业家的宣传,其主要目的,也还是为了支持品牌形象。因此,公关活动应让公众的注意力集中到品牌身上。如海尔在中央电视台推出动画片《海尔兄弟》,就以海尔的品牌角色为主角,将海尔这一品牌灌输给儿童。这样的公关活动无疑是具有远见卓识的。

第三节　销售传播

销售传播有着悠久的历史,成功的例子也很多。1853年,美国一家帽子店,曾做过这样的销售活动:凡购买该店生产的某品牌帽子的顾客,可免费拍摄一张戴帽子的照片,留做纪念。当时照相机还不普及,顾客对出示戴帽子的照片给亲朋好友欣赏感到自豪,因此活动一开始就吸引了大批顾客,甚至远在数十公里外的顾客也来购买,时间不久,该品牌的帽子在当地就家喻户晓。

尽管销售传播有着很长的历史,但是长期以来,它并没有被人们所重视。直到近20年,许多品牌才开始采用这种手段进行传播。

品牌销售传播的迅猛发展,是由各种原因共同作用的结果,归纳起来分为内外因两种类型。内因有:销售传播是一个有效的工具,品牌自身具备使用销售推广工具的条件等,这点已被高层企业管理人员所接受。外因是:品牌数量的增加,竞争对手频繁使用销售推广工具;一些同类产品处在类似的状态;由于经济的疲软和消费者的成熟,使其更看重购买中的优惠;广告传播效果相对下降等。

销售传播主要用来吸引品牌转换者。它在短期内能产生较好的销售反应,但很少有长久的效益和好处,尤其对于品牌形象而言,大量使用销售推广会降低品牌忠诚度,增加顾客对价格的敏感,淡化品牌的质量概念,促使企业偏重短期行为和效益。不过对小品牌来说,销售传播会带来很大好处,因为它负担不起与市场领导者相匹敌的大笔广告费,通过销售方面的刺激,可以吸引消费者使用该品牌。

常见的针对顾客的销售传播工具有:

1. 免费样品

厂商免费提供给顾客使用的产品样本,目的是为了建立顾客对品牌的信心,并期望通过试用产品样本达到销售的目的。样品可派人逐户赠送、邮寄赠送、店面分送、附在其他产品上或通过广告发布信息。

赠送样品是最有效也是最昂贵的介绍新品牌新产品的方式。比如美国浪花牌洗涤剂在刚生产出来时,知名度较低,于是该公司向美国 4/5 的家庭分送了价值 4 300 万美元的免费样品,当时派送样品还是比较新鲜的做法,此举使浪花成为全国知名品牌。近来,由于许多新品牌都使用这种方式,其影响力明显下降。

2. 折价赠券

即可抵充购买款项的赠券,或在继续购买产品时作为零售价格的折扣凭证。可以用邮寄、附在其他产品上或插在广告印刷品内等方式送出,其效果与样品相似,但是较为便宜。

据研究,优惠券必须提供 15% 以上或者相对较大的价格减让才能产生效果。比如 1985 年,美国克莱斯勒汽车公司印刷了烫金边的精美礼券邮寄给 40 万经过筛选的用户,并附加由该公司总裁署名的一封信,为感谢他们过去在该公司黑暗时期的大力支持,特赠礼券一张,凡购买 1985 年克莱斯勒任何一种汽车,均可优惠 500 美元。

3. 包退包换

即在购买后某一段时间内,顾客若感到不满意,可要求更换商品或部分退还现金。

4. 现金退回

其功能与折价券相似,作为购物价格折扣。然而不同的是必须将产品证明(如产品商标、号码)连同购物发票一同寄至产品公司(或制造商),再由该公司将现金寄还给购物者,不像折价券能够在零售店直接使用。

5. 多买多送

将产品以组合包装的方式降价促销,大多直接将优惠券贴在产品组合包装上。

6. 使用者奖励

对大量使用本企业产品的顾客,以奖金或奖励的方式鼓励其继续使用本企业产品。如美国西北航空公司,采用飞行里程累计奖励。对搭乘西北航空公司飞行超过 2 万英里以上者免费赠送美国国内来回机票。

7. 赠品

当购买某特定产品时以极低价格销售或免费赠送产品来鼓励购买另一种产品。有随货赠奖或邮寄赠奖两种方式。方法有:随袋赠送小玩具;赠送可用于包装的用具;通过索函邮寄赠奖。

8. 抽奖或竞赛活动

提供给使用者一些活动,使其有机会可免费获得一些奖品、奖金、旅游机会等。饮料界常举办开瓶大赠奖,在瓶盖或拉环下印有奖品或奖金数,可向厂商直接兑换。

9. 使用示范

即利用示范者在现场分送样品并做如何应用的示范表演,该方法常用于化妆品、服装、小电器等的销售。

随着市场竞争的发展和顾客心理的变化,传统的大抽奖、买一送一、无效退款等手段已很难引起顾客的热情和兴趣,且其负面影响也不可低估,因而现在的销售推广思路有了一些新的变化,许多品牌已经认识到:以塑造品牌形象为主的销售推广,才能真正起到既促进销售、又提升品牌的作用。

比如为了庆祝情人节,可口可乐公司推出了一款高级隐形自动售货机,并把它安装在路旁,这款自动售货机的不寻常之处在于,只有情侣经过时,它才在原本看似空无一物的路边现形,并播放一段浪漫的广告。另外该自动售货机还会询问每对情侣的姓名,并将他们的名字印在瓶身上,打造出真正独一无二的情侣饮料。

此外,基于印度和巴基斯坦关系紧张的背景,可口可乐公司制造了两台拥有 3D 触摸屏技术的自动售货机,一台安装在巴基斯坦拉合尔市,另一台在印度新德里。两个国家的人们通过内置在售货机中的摄像头与 Skype 技术,可以互相看见对方,只要双方齐心协力完成触摸屏上的图案:笑脸、心形等,双方会各自获得一听可口可乐。此时两个国家的人民放下仇恨,很开心地享受"握手言和"的欢乐。

新媒体的出现为品牌的销售传播提供了更多选择,比如风靡日本的 iButterfly App 应用程序利用 GPS 和 AR 技术将收集优惠券的习惯变成有趣的游戏,通过它可以在日本各地区找到千奇百怪的虚拟蝴蝶,一只虚拟蝴蝶可以代表一个或多个优惠券,消费者还可以通过蓝牙与朋友分享抓到的蝴蝶,更有趣的是日本各地的虚拟蝴蝶根据地方特色会有不同的颜色花样,该应用程序为餐饮及旅游等行业的销售传播提供了独特的平台。

由此可以看出,销售传播如果运用得当,与树立品牌形象相结合,则能避免其给品牌带来的负面影响,达到一箭双雕的效果。

第四节　口碑传播

口碑传播是形成品牌美誉度的重要途径,在品牌传播的手段中,口碑传播最容易为消费者接受。据研究显示,消费者对其他使用者所介绍的品牌品质等方面信息的相信程度,是广告宣传的 18 倍。

在人际传播、大众传播的时代,口碑产生于人与人的交流中,很难测量,也不易控制,互联网时代的到来,使口碑的传播有了更广阔的平台,对人们的影响越来越大,也越来越被企业重视。

科特勒认为口碑是由生产者以外的个人通过明示或暗示的方法,不经过第三方处理加工,传递关于某一产品、品牌、厂商、销售者,以及能够使人联想到上述对象的信息,从而导致受众获得信息、改变态度甚至影响购买行为的一种双向互动的传播行为。

汉字是象形文字,“品牌”的“品”字是由三个口组成的,这说明品牌是与口有关系的。口就是百姓的口碑,一个口生成两个口,两个口生成三个口,三个口便成了品牌。

零点调查公司的调查数据表明:口碑是一个深得消费者信任的信息渠道,比如 59% 的电脑用户或打算购买电脑的消费者会从朋友、同学那里获得产品信息,40.4% 的人最相信朋友的介绍;在空调、保健品、洗发水、住宅等产品的购买过程中,分别有 53%、49%、35% 和 32% 的消费者会通过朋友介绍获得相关产品信息;国外的调查也显示:7 000 个来自欧洲各国的消费者中有 60% 承认他们曾在家人和朋友的影响下购买新的品牌,只要觉得是好产品,有 80% 的顾客愿意推荐给朋友。

口碑传播有以下特征:

（1）传播成本低。产品或服务一旦有了好的口碑，人们会不经意地对其主动传播，比如口碑的力量让英国女作家 J.K.罗琳写的《哈利·波特》系列丛书一本比一本畅销，第 4 部《哈利·波特与火焰杯》在 2000 年 7 月上市时，首印量即达 380 万册，48 小时内便告脱销，第 5 部还没出版前已经是万众期待，2003 年 6 月 21 日全球同时首发，第一天仅在美国就销售了 75 万册，全球销售了 500 万册。可以说口碑是当今世界上最廉价的信息传播工具，对企业而言，它只需要智力支持，因此节省了大量广告费用。在信息泛滥的互联网时代，强制灌输式的品牌推广效果越来越有限，且成本更高，性价比远不如口碑传播。

（2）可信度高。广告宣传产品一般站在卖方的角度，为卖方服务，所以人们常常对其真实性有怀疑，而口碑传播大多发生在朋友、亲戚、同事、同学等关系较为密切的群体之间，他们之间已经建立了长期稳定的关系，彼此互相信任，口碑传播者与卖方没有关系，其传播的信息相对客观和中立，另外产品或服务好才会被人们广为传诵，因此，相比广告、促销、商家推荐等方式而言，口碑可信度更高。

（3）团体性。正所谓物以类聚、人以群分，各个群体有相似的消费偏好，只要影响了其中的一个或几个，信息便会以几何级数的速度传播开来，口碑传播常常发生在不经意间，比如朋友聚会时，此时传播相关信息主要是社交的需要，可以说口碑的存在是基于人们的社会需求心理之上的，所以更自然，也更易于被人们接受。

（4）针对性。口碑传播具有很强的针对性。它不像广告那样无视受众个体差异。口碑传播常常是一对一的方式，传播者和受众互相有一定的了解，日常交流往往围绕彼此喜欢的话题展开，传播者可以针对受众的具体情况，选择合适的内容和形式，从而产生良好的效果。

企业要想做好口碑传播，首先必须把产品或服务做好。口碑可以是正面的，也可以是负面的，产品不好，仅靠炒作，最后会变成负面的口碑传播。

苹果公司的产品不仅性能好，还将科技与艺术融为一体，外观比较时尚，成为消费者热议的话题，苹果公司并没有花很多广告费，就达到了风靡全球的效果。

海底捞是国内著名的餐饮品牌，其成功也来自顾客对其所提供服务的良好口碑。在海底捞等待就餐时，顾客可以免费吃水果、喝饮料，免费擦皮鞋，等待超过半小时，餐费还可以打九折，客人坐定点餐时，服务员会细心地为长发的女士递上皮筋和发夹；戴眼镜的客人则会得到擦镜布，隔 15 分钟，就会有服务员主动更换面前的热毛巾；如果带了小孩子，服务员还会帮你喂孩子吃饭，陪他们在儿童天地做游戏；贴心的服务让顾客自己都觉得"不好意思"，也让海底捞在业界声名鹊起。

台湾曾经有一部热映的电影《海角七号》，导演是新人，没有知名度，也没有多少资金，为了拍这部片，把房子都抵押出去了，贷款3 000多万。在电影拍完后，他遇到最大的困难就是如何向台湾民众推广这部新片，有位专家跟他说，新片宣传最重要的是口碑，建议他先做试映活动，之后他请了1万多人免费来看片子，这些观众看完影片后都被感动了，通过口口相传，使影片有了很高的知名度，票房非常成功，成为一部热映的电影。

口碑传播分为线下和线上，线下传播速度慢，且效果很难监控，线上传播，也就是网络口碑传播速度比较快，监控要容易一些，因此越来越被企业重视。有些企业把产品免费提供给社会化媒体用户试用，让他们把产品使用体验、感受等写成文章发表，让更多人能看到，这是网络口碑传播的最初形式。

随后，国内互联网上出现了几个网络口碑传播的平台：一是电子商务网站自我服务式的口碑板块，主要发布有过网上交易的消费者的口碑信息，以给新买家购物指导，如淘宝网。二是专注提供日常生活类口碑信息与相应服务的网站，如大众点评网。三是通过社区网站或网站的社区，聚合网友提供某类或几类商品的口碑信息以服务于用户，如蚂蚁社区网。此外，还有致力于口碑信息搜索的网站，像品商网，除了自身分类聚合消费者的口碑信息外，还提供商评垂直搜索功能，以方便用户快速准确地获取网上的各类口碑信息。

企业应充分运用可以诱发网络口碑传播的工具，把品牌信息传播的效果做到最大化，以雀巢公司为例，其推出的笨NANA产品在网上产生了极为轰动的效应。产品上市五个月前，雀巢就与奥美互动合作。从最初产品在香港上市，到引进内地各大城市，雀巢通过微博上的趣味话题引导人们对于笨NANA的讨论，先在心中种下期待的"种子"，并把它打造成一款贴有"时尚""趣味"标签的产品，进而刺激消费，使网友成为笨NANA的"代言人"，主动传播相关话题，让网上晒笨NANA成为时尚，之后雀巢与腾讯合作，搭建与产品风格和定位极为匹配的"笨NANA岛"活动网站，为笨NANA定制了多款flash游戏，将笨NANA巧妙地植入其中，并且很好地与游戏情节结合。

在整个活动中，雀巢制定了细致的推广计划，对消费者的口碑传播进行引导和推动，使广大用户成为产品代言人，品牌塑造达到理想的效果。

口碑传播不只是把好的口碑传播出去，也要管理坏口碑。俗话说，好事不出门，坏事传千里。品牌在遇到危机事件时，如处理不当，会使消费者对之产生消极印象,并把这种感受传播给周围的人。这样各种传播方式相加,就足以使一个经营多年的品牌垮掉。

在这方面,三株就是一个典型的例子。当年曾"斗败矿泉壶"的山西省榆次市知名消费维权者韩成刚,在《山西日报》上发表了有关三株活菌问题的文章,被三株公司告上法庭,纷争中三株员工很不冷静,怒砸韩家门窗,在社会上造成极坏的影响。更不幸的是,危机四伏的三株又遇上了来自湖南常德的重击,当"三株口服液喝死一老汉"的事件被报道后,由于是人命关天的大事,消费者纷纷奔走相告,人们对三株产生了厌恶和恐惧心理,经过这一致命打击后,吴炳新苦心经营多年的三株品牌就此轰然倒下。

由此可见,品牌必须慎重对待口碑传播这一重要途径,企业应及时收集消费者的各种口碑信息,处理好消费者的投诉,找到产品或服务的不足之处,对其加以改进,从而使口碑越来越好。

第五节　微电影

微电影是一个中国化的词语,国外并没有这样的说法,而是将其统称为短片,由于兴起时间短,国内目前对微电影没有公认的定义。

本书讨论的微电影是指有完整的策划和故事情节,内容有品牌植入,在网络和新媒体平台播放的商业化的视频短片,片长在 30 秒至 50 分钟之间。

业界普遍认为国内的微电影始于 2010 年通用汽车公司携手吴彦祖,用好莱坞大片拍摄手法为凯迪拉克轿车制作的 90 秒微电影《一触即发》,它具有完整的故事情节,并巧妙地融合了对凯迪拉克轿车性能的说明,成功地抓住了观众的注意力,该微电影一经播出,就在广告界引起强烈反响,并被广大网友在网上疯狂转发。

继《一触即发》之后,凯迪拉克又携手莫文蔚打造了第二部微电影《66 号公路》,为追寻自由、实现梦想,莫文蔚开启美国 66 号公路的自由之旅,其间她邂逅一位年轻摄影师,与之共驾凯迪拉克完成旅程。这部微电影充满了人文情怀,将凯迪拉克"忠于自由"的品牌理念传达给消费者,引发了观众内心强烈的共鸣。

《一触即发》引发了国内微电影狂潮,微电影开始蓬勃生长,众多品牌纷纷运用微电影开展品牌传播活动。尽管微电影国内并没有公认的定义,但其特征各

界是有共识的,大致说来,微电影具有以下特征:

(1)微时长。微电影比传统电影时间短,片长在 30 秒至 50 分钟之间,与传统广告相比较而言,传统电视广告只有 5 秒至 15 秒,由于广告时间短,品牌与消费者之间的关系比较浅。而微电影比传统广告时间长,能表现一段情节完整、有起有落的故事。像《一触即发》在 90 秒的时长里,完整地讲了一个故事,既有高潮又有结尾,并且让观众有了一种看大片的刺激感,使品牌与消费者之间建立起更加深厚的关系,从而加强了消费者对品牌的认同。

(2)微投资。由于微电影的规模小,生产周期短,因此投资也少。《一触即发》这样能带给观众看好莱坞大片感觉的微电影,其制作成本不过几万元,相比商业电影以"亿"为单位的成本而言,算是很小的投资。与电视广告动辄数十万元乃至上百万元的投资相比,低投入的微电影对追求成本控制的企业而言,显然具有更大的吸引力。

(3)微平台。微电影产生的背景决定了其不需要再走传统传播路径,微博和微信等社会化媒体兴起之后,微电影的传播变得多元化和立体化,传播效率也更高,尤其通过用户转发和评论,会形成多轮病毒式扩散效应,表现出很强的长尾性。此外,在媒体多样化的今天,人们的关注习惯明显碎片化了,一项研究数据表明,中国的媒体用户通过移动终端和电脑看视频的时间已多于电视,这种环境显然更利于微电影的传播。企业还可以通过研究用户的习惯和偏好,选择在特定区域和特定人群中对微电影进行重点推广,从而提升传播的精准程度。

(4)故事性和互动性强。微电影虽然时间有限,并且还要传达品牌信息,在这些前提下,它仍然试图讲述曲折精彩、吸引眼球、令人回味无穷的故事。另外,由于新媒体的互动性,受众也能参与前期的剧本创作、中期的宣传预热以及后期的话题讨论等,使微电影产生病毒式传播的效应。

由于以上特征,微电影被越来越多的品牌采用,它可以为品牌以量身定制的方式讲故事,把产品功能和品牌理念与故事情节巧妙地结合,以轻松幽默的方式与观众进行情感交流,使观众形成对该品牌的认同。

微电影的制作有以下几个步骤。

首先,微电影在生产前,企业首先要明确为什么做微电影?其传播的核心信息是什么?希望带给消费者怎样的感受和体验?

微电影不是纯粹的广告,其吸引消费者的地方在于讲述的故事,因此内容是第一位的,内容一方面是指品牌理念和产品信息,另一方面指如何围绕这些信息向消费者讲述有趣、生动或者感人的故事,在创作中要紧贴消费者,不管是笑点还是泪点,故事直达内心才能引发讨论和二次传播。

以《老男孩》为代表的《11度青春》系列微电影,自 2010 年 6 月以来,共推出 10 部,它们唤醒了"70 后"和"80 后"人群的青春记忆,引发了强烈的情感共鸣,也用真诚的沟通方式将雪佛兰的品牌理念传达了出来,仅在优酷网上便拥有超过7 000万次点击量。

2012 年情人节前夕,伊利推出微电影《不说话的女孩》:"当男孩看到心动的女孩始终不言不语,男孩也不再说话,只用文字或手语与女孩交流。就这样 3 分钟的微电影几乎都在无对白的画面中进行,直到最后的 30 秒,男孩对女孩表白的那一刻,观众才惊奇地发现女孩原来会说话,而她一直不开口的原因竟然是因为含了伊利牛奶片,好吃的滋味让她不忍说话。"陡然一转的剧情让观者不禁一笑,而将产品放在最后十几秒才出现的处理方式很是讨巧,没有生硬的植入痕迹,却让大家深深地记住了产品,没有直白的广告语,却将"真爱滋味,不需言语"的情感诉求委婉地表达出来。这部微电影上线第一周点击率就超过 500 万,在优酷网、土豆网及腾讯网总浏览量已超过 3 亿次,如此惊人的数据让我们看到了剧情的强大力量。

不过内容尽管重要,制作同样不可或缺。好的内容需要专业的制作才能达到最佳的效果,现在越来越多的品牌开始重视微电影的制作环节,有很多微电影已经拍出大片的感觉,比如凯迪拉克的《一触即发》,等等。

其次是传播。在这个"酒香也怕巷子深"的年代,内容再好的微电影,如果不主动传播,也很难广泛流传开来。所以微电影制作完成后,企业必须预留出一定的预算放在传播上面。

微电影的传播主要通过互联网。首先是在各大视频网站进行推广,引起用户关注之后,他们会在社会化媒体上对微电影进行二轮和多轮传播,形成口碑。在微电影的传播过程中,可以和用户进行互动,让他们决定故事情节的走向。单纯的点击数只能说明有多少用户看过该作品,而与用户之间的互动则能反映出品牌和用户之间的联系,这才是微电影期望达到的效果。

除了互联网之外,微电影的宣传可以与传统媒体相结合。电视、影院、杂志甚至户外电子屏都可以成为推广渠道。这样的媒介组合可以覆盖更多的消费者,产生更大的社会影响力。

第六节　搜索引擎

搜索引擎就是帮助用户查找存储在计算机网络中的信息的系统,全文搜索引擎是目前广泛应用的主流搜索引擎,以 Google 和百度为代表。它们从互联网提取各个网站的信息(以网页文字为主),建立起数据库,并能检索与用户查询条件相匹配的记录,按一定的排列顺序返回结果。1990 年,蒙特利尔大学计算机学院的师生开发出的 Archie 被认为是现代搜索引擎的"鼻祖",他们或许未曾料到这一发明会成为当今世界最为广泛的网络应用之一。

在互联网发展初期,用户很少,网上的信息也比较匮乏,人们对于信息的需求并不高。随着全球互联网的高速发展,信息迅速膨胀,网民快速增长,要想在信息的海洋中寻找到自己想要的信息变得越来越难,人们开始利用搜索引擎获取自己需要的信息,早在 2008 年,我国网页搜索请求就已达到 1 500 多亿次,搜索引擎用户 2.44 亿,均居全球首位。截至 2015 年 6 月,中国搜索引擎用户规模达 5.36 亿。

搜索引擎最为核心的功能就是连接信息和用户,除了常用的网页搜索外,搜索引擎服务商还不断拓展产品线,如百度开发了图片、MP3、视频等搜索频道以及贴吧、知道、百科等搜索社区,进一步增强了对用户的聚合力度及使用黏性。

搜索引擎高度聚合了网民,此外,通过对用户检索行为和浏览行为的数据分析,能够清晰地洞察用户在做什么、需要什么,从而使基于搜索引擎的品牌推广更加精准、有效。以百度为例,通过对手机领域相关搜索数据的整理、分类、分析和挖掘,百度可以获悉最近某一阶段网民对某一型号的手机以及手机行业的关注度,洞察消费者的意图,并挖掘出未来一段时期内网民手机消费的变化趋势。

搜索引擎的出现使人类信息传播活动发生了重大变化,消费者不再被动接受信息,他们根据自身需求,通过搜索引擎主动获取信息。比如在百度搜索框中输入"智能手机",结果显示"百度为您找到相关结果约 41 800 000 个"。在极短的时间内,通过搜索引擎可以找到用户以前需要花若干年甄别和筛选的信息。更重要的是,信息不是由企业强加给用户,而是网民主动发起这一行为,主动权掌握在网民手里。

搜索引擎的产生颠覆了人们获取信息的方式,也改变了人们的消费决策流程。从传统媒体时代的 AIDMA(注意、兴趣、欲望、记忆、行动)到今天的 AISAS(注意、兴趣、搜索、行动、分享),搜索在消费者的购买决策中占据了极为重要的环节,人们通过主动搜索深入了解品牌和产品,从而影响最终的购买决策。而基于人们的主动搜索行为,广告也应从单一的推送式(PUSH)广告向拉动式(PULL)广告演变。

基于搜索引擎的品牌传播通常分为以下几个阶段。

第一阶段是让品牌及产品的官方网站在主要的搜索引擎中获得被收录的机会,同时让网站中尽可能多的网页获得被搜索引擎收录(而不仅仅是网站首页),也就是增加网页的搜索引擎可见性,这是搜索引擎营销的基础。

第二阶段是在被搜索引擎收录的基础上,尽可能获得好的排名,即优化搜索结果,因为用户大多只浏览搜索结果中靠前的内容,如果关键词搜索时网站排名靠后,那么有必要利用关键词广告等形式来实现这一目标。

第三阶段是通过搜索结果点击率的增加来达到提高网站访问量的目的。从用户使用搜索引擎的实际情况来看,仅被搜索引擎收录并在搜索结果中排名靠前并不一定能提高网站访问量,更不能保证将访问者转化为顾客。

从全球范围来看,企业的网站大多通过搜索引擎被人们找到。对于企业而言,通过优化网站来提高搜索结果排名是非常漫长且技术性很强的工作,搜索引擎关键词广告能够帮助企业根据相关用户的搜索需求,有针对性地将用户导入自己的网站。具体做法有以下几点:

1. 关键词分析及平台选择

用户的每一次搜索都是有关键词的,没有关键词就没有搜索,因此品牌基于搜索引擎的推广,要从关键词分析开始,对关键词的分析离不开洞察目标消费者,只有对目标消费者有清晰的认识,相关活动才能有的放矢。

比如在欧莱雅借助戛纳电影节的搜索引擎推广活动中,将目标消费者的特点定为"爱时尚、爱娱乐、爱彩妆、爱明星",根据这样的人群定位,找出相应的搜索关键词,例如在范冰冰戛纳红地毯走秀事件的基础上,增加"范冰冰+欧莱雅"的关键词组,使搜索量有了突破性的增长。由于借助戛纳电影节,欧莱雅判断出在电影节举办的过程中,受众的搜索目标会倾向于实时信息,所以根据戛纳电影节进展不断优化、调整关键词,使其更接近网民的搜索意图。

关键词分析完成之后,根据关键词的类型和难度找到目标平台。在网站优化工作中,关键词分析是找目标页面,在搜索引擎推广中是找到恰当的平台,比如说减肥产品是用户通过百度搜索的关键词,可以通过百度的产品(百度百科、百科知道、百度文库、百度贴吧等)来让用户得到相关信息,也可以将减肥作为官方网站的核心关键词来做,使其出现在搜索结果中。

2. 平台优化及维护

选定平台之后,就要进行平台优化。针对减肥这个关键词选择了企业官网,那么就要通过网站优化来锁定这个核心关键词。如果是其他长尾词,可以通过新闻稿来优化,即把一篇相关内容的新闻稿发布到权重较高的新闻平台,实现关键词的排名。

搜索排名的位置是经常变化的,因此企业要实时监控重点关键词的排名情况,看到有掉出首页的关键词要尽快采取行动,维护老的内容上去或者做新的内容。比如 BMW 在美国的搜索引擎推广策略是让旗下所有产品名称都置于搜索结果的第一位,并在此基础上,详细研究用户查询时可能出现的关键词组合方式,将有关产品名称的各种排列组合的关键词一并购买,并使搜索结果排名也处于首位。

此外,BMW 与搜索引擎服务商合作,利用搜索引擎分 IP 显示关键词广告的功能,联合全美各城市的经销商,进行当地市场的品牌精准传播。用户输入 BMW 产品的名称后,在结果列表首位展示的是 BMW 美国的官方网站,结果列表次位展示的是当地经销商的网站。如果用户的 IP 来自西雅图,第二位结果则是西雅图的经销商网站。

BMW 的这一策略首先实现了品牌的广泛传播,BMW 的一切产品都排在搜索结果首位,在消费者心目中树立了良好的品牌形象。其次,品牌能根据用户所属地区提供有针对性的结果,达到精准传播,提升了 BMW 在各地的销售量,也节省了经销商各自为战所花的高额广告预算。

另外既然消费者掌握了获取信息的主动权,品牌基于搜索引擎的传播应给他们一个发挥主动性的平台,与其进行紧密互动,比如耐克联合百度建立"2008—2009 中国高中足球联赛"的官网,不仅有关于联赛的动态信息和耐克的新品装备展等,消费者还可参与线上测试投票、报名线下训练营等各种耐克冠名的活动,更重要的是,官网植入了"百度贴吧"和"百度知道"中以足球或耐克为主题的链接,使目标消费者可以参与相关讨论,加深对活动和品牌的认知。这种品牌推广方式不再是品牌对消费者的单向传播,而是双向沟通,其中还结合了消费者之间的互动,充分调动了消费者的积极性,有助于将其注意力转化为购买力。

品牌在搜索引擎推广的最终目标是将访问者转化为顾客。它是基于前面三个阶段目标的进一步提升,不过并非搜索引擎推广的直接效果,而是多种因素共同作用的结果。搜索引擎推广的直接效果表现为网站访问量的增加,用户从访问者转化为顾客取决于网站的信息和产品等多种因素,这一点不完全可控,但企业可以通过深入了解消费者,增加其从访问者到顾客的转化率。比如根据艾瑞咨询的调查结果,在信息搜索中,人们除了了解产品的价格、功能及对比品牌等,还有非常重要的一点是"其他用户的评价"(占43.8%)。对用户行为进行监测后又进一步发现,消费者主要通过广泛参与问答平台、社区等,了解其他人对欲购商品或服务的看法和建议,并结合垂直网站提供的报道和对比评测,最终决定是否购买。

由此可以看出网上的口碑对消费者的购买决策具有重要影响,企业在搜索引擎推广时不能只提供产品信息,还应介入到用户评价交流和产品服务问答平台的管理,必要时建立自己的官方社区网站,及时管理口碑信息。口碑管理不是简单粗暴地删除信息,而是以消费者为本,提供更加理性、全面的信息,针对不利评价,企业要客观、理性地作出回应,从而正确引导网络舆论,使更多的信息搜索者转化为顾客。

第七节　社会化媒体

社会化媒体是人们彼此之间用来分享意见、经验和观点等的工具和平台,其基本形式主要有微博客、维基、论坛、社交网络、内容社区等。社会化媒体当前已成为品牌与消费者双向交流的重要平台。

20世纪60年代,哈佛大学的社会心理学家米尔格兰姆提出六度分割理论,认为世界上任意两个人之间建立联系,最多只需要6个人,并不是说任何人与其他人之间的联系都必须通过六个层次才会产生联系,而是表达了这样一个重要的概念:任何两个素不相识的人,通过一定的方式,总能够产生必然联系或关系。社会化媒体产生的理论基础正是"六度分割",它是建立在真实的社会网络上的增值性软件和服务。

社会化媒体的英文概念最早由美国人安东尼·梅菲尔德(Antony Mayfield)提出,2007年他在《什么是社会化媒体》中将其定义为一种用户可以广泛参与的网络媒体,每个人都可以利用社交媒体制作、传播内容,与他人自由地交流、对话。社交媒体在美国以Facebook、Twitter为代表,中国目前则以微博、微信等为代表。

社会化媒体主要有以下特点：

1. 互动和参与

传统媒体的信息传播是单向的，由媒体传播给用户，日本学者中野牧在1980年出版的《现代人的信息行为》一书中，用"容器人"来描述现代人的行为特点。他认为，在大众传媒时代，尤其是以电视为主体的时代，人接受信息是被动性的，因为电视的传播方式是单向的，人就像罐状的容器一样接受信息，"容器人"的概念并非贬低受众，而是描述大众媒体单向传播的特性。

社会化媒体上用户既是传者也是受者，传播是网状的，所有人可以向所有人传播信息，每个用户都拥有了话语权，参与内容生产。品牌传播面对的不再是传统媒体时代的"容器人"，而是喜欢自我表达、热衷于信息分享的社会人。每个人都有自己的圈子，这个圈子又与朋友的圈子联系在一起，构成了以关系为纽带的社会网络，信息在其中自由流动，产生社会影响力。

在社会化媒体上，企业与消费者是平等的，都是用户，两者没有距离。社会化媒体的崛起使企业真正体验到互动的力量。在社会化媒体上，消费者可以和企业员工甚至董事长进行直接的对话，关系维护工作由此就显得格外重要，为此小米公司鼓励全员公关，所有工作人员开通微博和微信，与用户直接接触，让其加深对公司和产品的认识，努力将消费者转化为铁杆粉丝。

2. 社群化

俗话说，物以类聚，人以群分。在社会化媒体上，人们可以根据自身喜好等形成社群，并就共同感兴趣的内容进行交流，以豆瓣网为例，豆瓣提供了以"兴趣爱好"为纽带拓展人际关系的机会，关系的形成无须刻意，是伴随着内容关系的形成而自然形成的，也正是这种基于兴趣的人际关系，使其更加牢固，也更富有黏性。

豆瓣网的内容以及分类和筛选等都由成员产生和决定，用户之间有许多互动的机会。内容的产生来自网民主动提供自己读过的书、看过的电影、听过的音乐等，这些内容提供了多个基础节点，节点之间又因为网站技术系统提供的相应功能，比如条目、标签或网站推荐，开始产生各种关系，从而编织出内容的基本网络。

品牌应充分认识到社群化这一特点，在传播活动中，设法激发其作为社会人的能动性，帮助他们组织起属于自己的社群，并协助加强成员之间的联系以及社群与品牌之间的联系与归属感。

在社会化媒体时代,消费者对于品牌传播的信息的反应由之前传统媒体时代的 AIDMA(注意、兴趣、欲望、记忆、行动)模式变为今天的 AISAS(注意、兴趣、搜索、行动、分享)模式:首先广告吸引受众的关注(attention)和兴趣(interest),然后受众搜索(search)相关的品牌,有了足够了解之后,产生购买行为(action),最后分享(share)消费体验,形成口碑传播。

AISAS 模式中的 share(分享)在很大程度上是通过社会化媒体,分享的信息被搜索后,会影响其他消费者的决策,当前信息正以社会化媒体为中心进行聚合,并产生成倍的扩散传播效果,使传统单向购买决策过程转变为互动式消费体验信息搜索与分享一体化的循环过程。

由于社会化媒体的互动性,品牌传播从之前的我说你听变成了双向的信息交流,品牌所有者首先应学会倾听消费者的声音,而不是简单粗暴地强迫他们接受品牌传播的信息,要通过各种途径聆听消费者在谈论什么、关注什么、对什么感兴趣,同时,社会化媒体为企业提供了和消费者直接对话的平台,品牌要学会放下姿态参与其中,让自己的品牌更能满足消费者的需求。

社会化媒体的出现使人们的沟通方式发生了重大变化,基于社会化媒体的品牌传播观念也随之改变。社会化媒体上的品牌传播更注重 4C,即内容(content)、语境(context)、联系(connection)和社群(community)。在一个激发对话的语境中,发布具有关联性、吸引人们关注和讨论的内容(包括用户自创内容),用户通过阅读、评论和分享内容来与自己喜欢的人、产品和品牌建立联系,并进而形成围绕着品牌的网络社群。可以说语境是背景、内容是核心、联系是目的,社群是当前三者恰到好处地结合后必然产生的结果。

品牌基于社会化媒体的传播首先应明确自身的目标用户以及社会化媒体的目标人群,两者必须匹配,切忌盲目跟风,企业要深入了解目标消费者,弄清他们是谁?其媒介接触习惯是什么?通过什么渠道获取信息?通过什么平台获取和产品或服务的相关信息?获得这些信息之后,再结合产品特征找到相应的自媒体平台进行重点建设。

比如小米公司的 MIUI 是全球第一个采用互联网开发模式的手机操作系统,小米公司通过论坛和用户进行互动,MIUI 团队所有成员每天都要按照分工泡在论坛的相应版块,收集用户反馈的意见和建议,同时承担问题解答的任务。公司只要有了新功能的构思,就会将其放到论坛上与用户进行讨论。用户的意见反馈等 MIUI 团队都会浏览并回复。每周更新是 MIUI 开发最大的特色,小米固定在每周五发布最新的 MIUI,基于用户的反馈,及时作出改进。这样高频率的系统迭代,极大提高了用户参与开发的兴趣与积极性,也牢牢抓住了他们的注意力。得益于此,小米公司拥有了国内外 2 000 多万发烧友用户,为小米手机的成功奠定了较好的基础。小米公司认为论坛适合与消费者进行深度互动,微博适合对品牌进行提升,QQ 空间适合做活动,微信则适合当客户服务平台使用。

品牌自媒体平台的建设,包括微博、公众号、社区、App 等,要将企业官网进行社会化的改造,利用社会化媒体工具如社会化媒体分享按钮、粉丝讨论社区等,让信息能通过官网迅速分享,用户可直接在官网与企业和用户深度互动。

品牌的自媒体要努力调动消费者的积极性,创造让其能主动参与的话题,使消费者建立主人翁的意识,从而主动传播,分享品牌的理念和价值。

自媒体的内容是品牌与消费者沟通的核心点,当前很多企业在自媒体运营上有一个很大的误区,即认为社会化媒体传播就是在上面做广告。这个误区导致企业自媒体平台上充斥各种产品信息,让消费者惟恐避之不及,人气难免日益冷清。

无论卖产品还是服务,企业存在的价值就是为人解决问题。因此,企业自媒体主要提供的应该是实用性内容。每个企业都是各自领域的专家,知道用户有什么需要解决的,比如一个做体育用品的公司,可以提供产品保养技巧、服装选择等内容,让发烧友能从这里学到知识,之后逐渐产生信任,自媒体也就有了人气。

此外,应在实用性内容里加入情感元素,让内容更加有趣一些,这样对消费者会更有吸引力。让内容好玩有趣并不是指引入娱乐八卦、冷笑话等,而是让不怎么有趣的内容变得有趣,这个涉及怎么把内容做好的问题。不要以为实用性的内容就必须是枯燥乏味的,完全可以用诙谐幽默的方式把实用性内容做得有滋有味,让消费者轻轻松松地学到知识。

跟企业相关的内容有很多,首先要找与品牌关系最紧密的内容来做,不能眉毛胡子一把抓。另外,消费者对内容的需求是层层递进的,就像马斯洛需求层次理论一样,自媒体的内容应该先满足基本需求,接着一步步走向高级需求。简单说,就是先让别人需要你,然后再让别人喜欢你,最后变得不离不弃。

提供实用性内容是基础工作,只做好这一点是不够的,必须对内容进行优化。在发布内容之前,要进行规划,以话题或活动为单位,一个话题解决一类需求。比如小米手机青春版在微博线上首发的时候做了一个预热话题叫做"我的150 克青春"。为什么是 150 克呢? 先保密。之后是一系列的青春插画,内容大致是大学时代的经典场景,一系列海报上有男生版、女生版的各种象征青春的东西,甚至还有雷军和其他六个合伙兄弟们集体装嫩向《那些年》致敬,回宿舍拍的恶搞青春微电影,引发一拨青春大讨论之后——谜底揭晓,150 克是小米手机青春版的重量。七个主创人为自己的产品代言,产品发布当天的微博转发创下了当年最高的微博转发数,有 200 多万转发、100 万的评论。

除了话题之外,策划活动也是品牌在社会化媒体上吸引网民关注的方法,比如小米在微博上做的第一个活动是"我是手机控",让大家来炫耀自己都玩过哪些手机,瞬间就有 100 万用户参与,整个活动没花一分钱。

达美乐在 Facebook 上发起了一个由 50 万人参与制作"社交比萨"的活动。在活动的一周内,达美乐让 Facebook 网友投票决定该"社交比萨"的每一个制作细节,最终根据网友意愿制成的比萨会放到达美乐菜单中,网友还可以为这款比萨取名,如被采纳,则能赢得数千美元的奖金。达美乐的这一活动不仅能轻松实现产品创新,还能增进品牌与消费者之间的情感联系,可谓一举两得。

暑假本是青少年一年当中最轻松最适合运动的时间,然而电脑和手机越来越占据他们的生活,2013 年夏天,为了让青少年运动起来,耐克策划了主题为"出来出来"的活动,包含线上和线下两个部分:线上从 7 月 4 日起每晚 7 时,借由@JUSTDOIT 及明星名人微博发出"运动闹钟",以风趣的语言、图片和短片形式向青少年们传递运动的信息,并提供参加耐克活动的资讯,号召青少年走出家门去运动,线下知名运动员和爱好运动的明星来到青少年中间,激励他们多运动,同时耐克在北京、上海、广州组织晚间篮球、足球、跑步、女子健身等各项运动,把城市变成"运动场"。

社会化媒体为品牌和消费者进行人性化和个性化的沟通提供了平台,并在互动的过程中,将品牌信息以间接的、令人感到惬意的方式传递出去。与现实生活一样,品牌要在社会化媒体上和消费者建立良好的关系,不是一朝一夕可以做到的,需要持之以恒,有来有往,企业要有耐心,以真诚的态度认真倾听消费者的声音并及时进行回应,只有这样才能真正赢得消费者的青睐。

【案例】　可口可乐的颠覆式社会化媒体传播活动

由国内最具影响力的财经媒体之一《21 世纪经济报道》携手全球最大综合性品牌咨询集团 InterBrand 共同举办的 2013"中国最佳品牌建设案例"揭榜。可口可乐公司凭借其风靡社交网络的"可口可乐夏季包装快乐昵称瓶"营销案例荣膺 2013 年"中国最佳国际品牌建设案例",该案例也荣获中国艾菲奖全场大奖,成为经典案例。

"快乐昵称瓶"是可口可乐公司针对中国大陆年轻消费者推出的一项创新性互动营销活动。在充分研究了时下年轻人消费文化及社交特点后,可口可乐公司独具匠心地选取了 70 多个诙谐幽默、极富个性色彩的网络流行称呼,比如"有为青年""女神""纯爷们""小清新""才女"等,将其印在产品标签上,以"分享这瓶可口可乐给 XX"为号召,瞬间赋予了可口可乐以"社交"的功能,为分享增添了无穷乐趣。全新包装未卖先热,先是在互联网与社交媒体引起广泛关注,一经推出更是一路大卖,在年轻消费者群中获得了热烈反响,迅速成为年轻人彰显个性、与身边好友互赠昵称、分享快乐的新潮事物。

根据中国互联网络信息中心(CNNIC)发布的报告,中国网民数目已逼近 6 亿大关,连续 4 年位居全球第一。正如可口可乐董事长兼执行总裁穆泰康先生先前在成都财富论坛所发表的一席独到见解:"社交媒体的迅速发展使得全球消费市场正在发生着持续的、极大的转变。公司不再是对消费者进行单向沟通,而是与之进行双向互动。我们的营销活动必须主动创造消费者的表达意愿,让消费者愿意主动谈论你的产品和公司,这改变了我们的业务,改变着我们和消费者沟通的方式。"

可口可乐快乐昵称瓶正是建立品牌与消费者双向沟通的最佳例证。可口可乐大中华区汽水品类市场总监鲁秀琼女士说:"这是可口可乐中国区首次在产品标签上,直接运用消费者语言与消费者沟通的案例,这对可口可乐品牌来说是一次大胆的尝试。"

"快乐昵称瓶"营销活动不但创新地借助网络流行昵称来引发消费者关注,同时还利用社交媒体丰富的线上资源,整合线下活动,覆盖了几乎全国所有的年轻消费群体。此外,在"快乐昵称瓶"的基础上推出的个性化"昵称瓶定制"活动,再次创造了新一轮热点,消费者可以通过电商、微博、微信、手机 App 等网络平台及参与地面路演活动的方式,为自己和亲朋好友定制印有个人名字的专属昵称瓶,进一步增进了品牌与消费者的互动性,为消费者带来了独特的快乐分享体验。活动从 2013 年 5 月到 8 月底贯穿整个夏季,引发了国内网民数亿次的分享。最终这场快乐的分享盛宴为可口可乐同类包装的销量带来了 20% 的增长,超出预期制定的目标,着实成就了年度最漂亮的夏日分享季。

这个案例成功的关键在于,可口可乐根据用户特征修改了原有包装。让它更贴近用户喜好。从这一点来说,社会化媒体确实发挥了巨大的作用。因为如果没有社会化媒体的存在,单靠传统媒体无法收集到如此全面的大量的昵称。

　　此外,可口可乐首先针对意见领袖进行产品投放,符合传统广告的特点。结合明星效应,利用明星、社会名人在社会化网络上的活跃度,制造信息高点。通过分布式的信息投放,引起公众兴趣。之后更换了全新包装的昵称瓶产品大量投放市场。在大量的产品投放过程中,使用了制定的形式制造稀缺信息,引发公众对于产品的渴望,并引发二次讨论。最终促进了整个产品的销量。

　　在"昵称瓶"成功之后,2014 年夏天,可口可乐又展开了一场全新的"歌词瓶"品牌传播活动,将瓶子变成了社交工具,通过 51 句精心筛选的歌词来赋予它个性和内涵,使普通的瓶子化身情感交流的媒介,从不同层面触动消费者的内心。

　　现实中,人们常常会出于某种情况,难以直接表达某些情感。音乐是带感情的语言,一句耳熟能详的歌词,往往能联想到某个记忆或某个人,它可以代表一段心情、一种心意,"以歌传情"大致就是这个意思。

　　可口可乐正是将每一瓶"歌词瓶"化身为表情达意的载体,让消费者可以向家人、朋友、爱人、同事或同学"唱出"心声,分享情谊。这些被选择上瓶的歌词大多来自明星们脍炙人口的单曲,而且经过了精心的挑选,考虑到不同年龄、不同性别、不同性格的人群的喜好和对流行歌曲的认知区别。虽然应用场景不同,但共同点是具有正能量,积极乐观。

　　"歌词瓶"的首轮推广方式与昵称瓶相似,先针对意见领袖进行定制化产品投放,利用明星、KOL(意见领袖)在社会化网络上的活跃度和影响力,引发普通消费者的好奇心。然后,再通过社交媒体引发活跃粉丝的跟进,进而利用社交媒体的扩散作用影响到更多普通消费者。可口可乐的官方微博也开始出现跟"歌词瓶"相关的内容,比如让粉丝说出自己最喜欢的歌手的一句歌词等,这都是在为产品上市做预热。2014 年 5 月 19 日,开启了转发微博加上"＃可口可乐歌词瓶＃"标签并@一下小伙伴就有机会获得一个专属定制瓶的活动。随后一系列的热点话题传播中,例如高考、毕业季、世界杯、七夕情人节等,都能看到可口可乐"歌词瓶"的身影。

　　以大学生群体为例,正值 6 月校园毕业季之际,可口可乐通过社会化媒体倾听洞察到学生们对于毕业前夕表达情谊和保留回忆的渴望:平日里朝夕相处的同学们在临别之际,内心充满了对于即将告别校园生活的各种复杂情绪和难忘回忆,反倒难以直接表达出某些情感。而"歌词瓶"的出现,则能够充分迎合学生群体在毕业季的这一特殊阶段的情感需求。

　　因此,可口可乐携手人人网,整合线上和线下资源,针对校园开展了一系列推广活动,希望同学们可以借助"歌词瓶",在毕业时,通过一句句歌词,与同学、朋友、恋人或恩师分享心情。此时的"歌词瓶",便成了他们表情达意的珍贵载体。

这场针对毕业季的营销活动,可口可乐首先借力社交网络,选取了最贴近大学生群体的人人网作为主平台。人人网充分发挥实名社交优势,以"强关系"和"同窗情"为可口可乐在前期制造情感氛围,引爆话题关注和讨论热度;继而发起"畅享毕业季,为青春留言"的活动,邀请好友为自己毕业留言,并生成专属的电子版毕业留言册。该活动在人人网上线第一周,就有超过 22 万条的毕业留言被成功提交;乐于与同窗分享毕业情怀的人人网用户们,通过相册分享同步或邀请好友共同参与,使活动互动数量在短短七天内就超过了 60 万。

随着线上活动的开展,可口可乐选取了北上广三所城市中网络活动热度最高的三所高校,在校园内设置"实体超大留言墙"并开展现场定制"歌词瓶"的活动,在线下集中引发毕业生群体的高度关注和踊跃参与;同时可口可乐也通过赞助 100 场多城市校园毕业晚会,最大限度地接近和影响目标消费者,吸引更多新的消费群体。

如果说可口可乐"昵称瓶"是网络社交时代一种表达身份认同的形式,那么"歌词瓶"则更强调深入的情感表达和互动分享;从情感需要出发,唤起和激发情感需求,诱导心灵上的共鸣——这正是可口可乐"歌词瓶"在此次活动背后所进行的成功的消费者洞察。

基于这种情感维系的交流互动,可口可乐通过由线上到线下的"网络留言—走进校园"活动,将学生们在毕业季的情感表达这一个体行为扩大为群体行为,在校园内形成了规模效应,并投射在可口可乐这个载体上,实现由"虚"的线上情感表达到"实"的线下产品体现的一个转化和互通。与此同时,可口可乐又充分借助了现场学生的网络互动,将校园活动及"歌词瓶"的信息分享到社交媒体进行扩散,再次回归线上,借助目标受众的自发传播形成了病毒效应,实现了"线上—线下—线上"的传播闭环,掀起了新一轮 O2O 的营销热潮。

可口可乐"歌词瓶"的这场品牌传播活动,为目标消费群体提供了一个传递情谊的平台和载体,更密切了这群消费者与可口可乐品牌之间的情感联系。一瓶瓶被赋予独特意义和珍贵情感的"歌词瓶",浓缩了说不尽的情感表达,也成功连接了每一个参与其中的消费者和倡导"快乐"与"分享"精神的可口可乐品牌。

（资料来源:可口可乐快乐昵称瓶荣膺 2013 年"中国最佳国际品牌建设案例",网络广告人社区,http://iwebad.com/news/409.html;可口可乐用"歌词瓶"社交引发 O2O 热潮,中华广告网,http://www.a.com.cn/info/Creative/al/2014/0710/273101.html。）

第六章

品牌传播媒介

- 媒介的功能与特点
- 接触点管理

媒介这个词,从本身意义上是指:使双方发生关系的人或事物。但这个含义是后来引申的。最早的含义却是婚姻介绍人。《诗经·卫风·氓》:"匪我愆期,子无良媒。"后来引申为中介、导致、招引之义,再引申为居间的工具。英文的媒介(medium)大约出现于20世纪30年代,它的含义主要是指中介物、手段、工具。世界上的事物之间总是有联系的,媒介作为一种中介因素,存在于一切事物的运动过程中。1948年,美国政治学家拉斯韦尔将所有的传播行为概括为5W模式,即"谁,说了什么,通过什么渠道,对谁,取得什么效果"(见图6-1),这句话用英文表达的五个主要单词首字母的合写就是"5W"。在这个模式中,渠道因素(by which channel)是必不可少的传播构成因素之一。

图6-1 "5W"模式

品牌传播是整个社会传播体系中的一个子系统,当然离不开媒介。一切形式的品牌信息最终都必须经由特定的媒介传递出去,所有的品牌传播工具也都必须通过具体的传播媒介才能使品牌信息与消费者接触。在传统的营销传播理念中,由于广告所起的作用处于绝对性的地位,因此,传播者只偏重于对大众传播媒介的分析及其在品牌传播中的运用,而没有重视其他媒介的综合运用。随着整合营销传播思想被广泛认可,人们对传播媒介的认识也有了改变,品牌的任何与消费者沟通和接触的活动、介质都可称为品牌传播媒介。传播者对媒介的认识已不只限于传统的四种大众传播媒介,而是有了更宽广的视角和更深刻的认识。大众的、分众的、个人的、互动的各种媒介,被传播者赋予了平等的关注目光——品牌传播在于寻求系统综效,而非单一目标效果;在于对这些形形色色的媒介的综合运用,而不是偏废哪一种。

第一节　媒介的功能与特点

一、媒介的功能

在品牌传播中,要正确使用媒介,还需要对媒介的功能有较全面的了解。在

品牌传播中,媒介的功能主要表现为:

(1) 媒介能大大地加强传播者的传播能力:正如传播学者麦克卢汉所说的,媒介是人体能力的延伸。媒介可以极大地拓展品牌信息传播的距离和范围。

(2) 媒介能提供给品牌传播者新的传播语言形式:麦克卢汉媒介理论的中心命题就是"媒介即信息"。各种媒介的特点都会对传播语言形式产生影响,各类媒介都有切合自己特点的语言表达形式。媒介的使用会丰富传播者的传播语言形式。

(3) 媒介能赋予地位,影响品牌的形象:由于媒介本身的社会影响力,会使通过它而传播出去的品牌为消费者所关注、所承认,同样也可以使得这个品牌身败名裂。此外,由于媒介本身的形象问题也会影响到使用它、或通过它传播出去的品牌的社会形象。

(4) 媒介会引起品牌传播行为的变化:由于通过媒介的品牌传播(特别是大众传媒)是一种间接性的传播,它会引起人们对信息接触方式、接触深度、接触效果的变化。它也会带来传播信息反馈的滞后问题,传播的准确性难以预料,深层的传播效果降低。

二、各种媒介的特点分析

在整合传播的理念下,品牌与消费者的任何接触点都可作为品牌传播的媒介。因此,品牌传播媒介的选择和运用没有一个固定的模式,全然是依照传播的目的和需要而定。品牌传播范畴内的媒介生态也是包容万千的,要对他们做一一评述几乎是不可能的。尽管如此,仍有一些媒介是在品牌传播中较为经常使用的,且它们在品牌传播策略制定过程中的地位比较突出。我们可以将这些较主要的媒介形态罗列出来,加以分析,以便在设定品牌传播计划时能起到参考借鉴作用。

(一) 传统大众媒介

1. 印刷媒介

印刷媒介指的是以印刷作为物质基础,以平面视觉符号(文字和图像符号)作为信息载体的传播信息的工具。印刷媒介主要有:报纸、杂志、招贴、传单、书籍及其他印刷品。

1) 印刷媒介共有的特点

与其他媒介比较,印刷媒介具有以下几个方面的特点:

(1)印刷媒介是单纯的平面视觉传播媒体:视觉是较冷静的,偏向理智的信息感知方式。印刷媒介对人的理性所形成的影响最大,虽然一半受众调查资料都显示电视的影响力已超过印刷媒介,但是如果从其影响的长远效果和对人的深层理性的影响看,印刷媒介的渗透力要超过电视。

(2)印刷媒介对舆论领袖的影响最大:社会各界的经营、舆论领袖在媒介的接触上大多偏好印刷媒介,他们的知识、信息的摄入大多来自印刷媒介,思想观念的形成受印刷媒介的影响也最为深刻。

(3)从传播者的角度看,信息传播的灵活性较强:这种灵活性主要表现在对传播空间选择和对内容处理上的灵活性。如印刷媒介可以根据需要选择覆盖的空间,扩大或缩小版面。而电子媒介则较难做到这一点,所受限制也较大。在对内容繁简、深浅的处理上,印刷媒介也比电子媒介简便灵活。

(4)从接受信息的对象看,信息接受的选择性较强:受众读不读印刷品,读哪个专栏、哪篇文章,是快读还是慢读,是详读还是略读,都可以自由选择。不像电子媒介那样,只有收受与不收受两种选择。

(5)保存性强:印刷媒介可随时保存,不用花特别的工夫与特别的手段,保存的成本低廉,保存的时间也长。

(6)传播的重复性:印刷媒介易于重复使用。如一本杂志可随时翻看、多人翻看,一本书更是可供不断重复使用。

(7)印刷媒介制作工艺较简单,总成本较低。但从传播对象的单位成本看要比电子媒介高。

(8)由于出版周期和传播发行环节等的限制,其传播速度不如电子媒介快,很难做到事件发生和报道时间的同步性。

(9)印刷媒介的传播要受到受众文化水平、理解能力的限制。受众的文化程度、理解能力在很大程度上决定着其传播的效果。

2)不同印刷媒介的特点

各类印刷媒介因其在编辑方法、内容特点、表现形式、对象范围等方面的差别,而又有各自的特点。

◎ 报纸

(1)报纸是以整张的形式刊出的,在编辑方法上,是通过版面的空间组合,将各类不同的几种信息结合在一起。因此,报纸的大小题目相对集中,从编辑处理上反映出来的对各内容评价信息都可一目了然,阅读的效率高。

（2）报纸的内容一般是大众化的、综合性的，一般的新闻也多数属于告知性，即使是专题文章也较短小通俗。因此，读者范围比较广泛，宣传的适应面也较广。

（3）报纸的发行周期较短，印刷工艺上较简单，信息复制速度快捷。因此，在传播的及时性上为印刷媒介之首。所提供的宣传频率也较高，制作成本也较低。但是报纸读者的重复阅读率较低，外观及内容上都较粗糙。

（4）读报已成为日常生活的一个部分，报纸的读者多数为稳定的长期读者。多数报纸又具有区域性、地方性的特点。因此报纸对读者具有较强的影响力，对市场有较大的渗透性。

（5）由于报纸具有特殊的新闻性，从而可以在无形中增加刊载其上的相关品牌信息的可信度。

◎ 杂志

（1）杂志是以成册装订的形式刊出，以目录为引导，将各种内容分类顺序编排。因此，杂志内容分类清楚，阅读时读者一般注意力较集中，信息感受较强。

（2）杂志分类较细，内容比较专门化，针对性较强，传播的目标指向比较明确。因此，同一类杂志的受众，其特征都比较接近，更能适应于日益专门化的传播趋势的要求，但在一定程度上缺乏市场的通融性。

（3）杂志刊载的内容都有一定的深度，系统较完整。即使是消息也都是具有纪实性与资料性的报道。因此，杂志的内容价值一般都较高，读者重复阅读率也较高。但是多数专业杂志对读者的文化水平或专业知识有一定的要求。

（4）杂志发行周期较长，印刷较精良，编排设计和印刷工艺要求较高。因此，杂志时效性较差，成本也较高。

（5）它更适合于对特定受众的传播。适合于刊载带有理论性的公关专稿或广告，其劝诱力及对公众深层心理的影响力都较强，但效果的反映相对缓慢。杂志能充分发挥在彩印及图像设计上的效果，其感染力大于报纸。此外，专业型杂志在专业上的权威性或高级杂志的高贵感都能对品牌形象产生影响。

2. 电子媒介

电子媒介指的是以电波的形式来传播声音、文字、图像等符号，并须运用专门的电器设备来发送和接收信息的传播工具。电子媒介主要有广播、电视、电影、幻灯等。电子媒介在传播上是发展最快的新兴媒介，特别是电视媒介对大众传播的影响力已居首位。

1）电子媒介共有的特点

这里所说的电子媒介的特点主要是指广播和电视相对于印刷媒介的特点。

（1）电子媒介传播速度较快，覆盖面大，可重复传播。

（2）电子媒介现场感较强，较生动，对受众情感方面影响较显著。

（3）电子媒介的传播效果相对印刷媒介较少受到受众文化水平、理解能力的影响。

（4）电子媒介的单位受众成本较低廉。

（5）电子媒介所传播的信息重复使用较为困难。

（6）受众对电子媒介所传播的内容的选择性较差。传播者传播时受到的限制也较大。

2）不同电子媒介的特点

◎ 广播

（1）广播在传播上速度最快，最及时，覆盖面也最广，可重复传播。广播节目的制作最简单，而且不受时空的限制，能最广泛地接触听众。

（2）广播是一种单纯的听觉传播方式。人的听觉时偏向情感，口语和音响较为生动，感染力较强，具有亲近感和情绪性，容易打动人的感情，公众反应也快。由于是听觉传播，最少受文化程度的限制和影响，社会适应面最广。

（3）广播的接收方式最灵活方便。收听状态无独占性，可一边收听，一边从事其他活动。

（4）广播的制作成本和购买广播时间的单位成本最低廉，投资较少。

（5）由于只是听觉传播，缺乏深入说理的功能，说服力较差。声音稍纵即逝，难以全面把握信息内容，重复使用较困难。此外，公众对于声音的注意力不及文字或图像。

（6）公众对信息内容的选择性差，公众无法根据自己的需要来选择节目，只能被动接受既定的节目。

（7）广播还存在着公众的收听时间不稳定，收听率难以准确估算等缺陷。

◎ 电视

（1）电视是综合视觉和听觉的传播媒介。它可以同时具有文字、声音和动感图像。因此富有现场感，较生动，最容易引起人的兴趣。它最容易感染公众、引起共鸣，影响力最大。

（2）电视信息以动感图像为最主要载体。因此，较少受观众文化程度的限制。同时也最适宜做各种示范表演。

（3）电视传播的娱乐性最强，已成为目前家庭生活中最主要的娱乐方式之一。它是最讨公众喜欢的传播工具,也是多数人最关心的、接触时间最长的传播工具。

(4)电视节目传播速度快,覆盖面大,可重复传播。

(5)电视受众的选择性小,只能按既定的时间、顺序和速度接受既定的节目。此外,接收时还要受场地、设备等条件限制。

(6)电视传播的信息在保存、重复使用方面较困难。

(7)电视节目制作成本高,购买电视时间的投资大。

(8)受众对节目中插入带有宣传性质的公关资料或广告的反感为四大媒体之首。

(二)互联网

互联网的出现在媒介生态中引发了轩然大波,它颠覆了传统媒介的许多固有属性,使得人们接收信息的方式有了质的变化,以至于它被人们认为是"大众传媒的终结者"。不过事实的发展证明,一种新生媒介的出现只是对已有媒介形态的补充,其利益和不足也同样是并存的。

1. 优势

对于品牌传播而言,互联网有着诸多的优势之处,表现在:

(1)真正的互动媒介。传统媒介是单向传播,互联网是双向传播,它增强了传播者与接收者之间的互动性。受众也不再仅仅是信息的接受者,同时也是信息的传播者。

(2)用户数量庞大。根据 ITU 的数据,2014 年全球网民数量超过 30 亿,年增长 6.6%,网民占全球人口的 42.4%。互联网是真正的全球性媒体,特征主要表现在信息传播的全球化和信息接受的全球化,它打破了传统媒体传播范围的束缚,其用户遍及全世界。

(3)及时反应。互联网的反应快速性无可比拟,仅次于人员销售,消费者需求什么产品和信息,一经提出,反馈便能立即到达传播者那里。

(4)高度针对性。互联网是一种非常个性化的媒介,由于互联网可以将信息传递给单个的消费者,企业可以将消费者单一看待,通过研究消费者的资料,制定出并向他们传播个性化的信息。

(5)复合信息。互联网实现了信息传播的图文声一体化,将文字、图像、声音、视频、音频等加以融合,充分体现了传播形态的多样性特点。它将报纸、电视、广播的传播方式融为一体,将各种终端、传输渠道、信息形态进行整合,从而保证用户随时随地上网。

2. 不足

互联网有诸多利益,当然也存在不足,主要表现在:

(1)信息干扰严重。互联网给人们带来无限传播空间的同时也不可避免地滋长了噪声,且在数量和危害上远超其他传播媒介。受众在互联网上既是信息传播者,也是接收者,话语权的自由和分散带来了信息量的无限增长,一方面极大地丰富了信息来源,另一方面又为噪声提供了源泉和素材。

由于信息传播的无序和交叉重复,使海量信息成为噪声无穷无尽的来源,这种来源可以是分散受众注意力的无用信息,也可以是无限重复造成受众疲劳的重复信息,或者是由于把关不严对品牌传播造成损害的有害信息。以网络广告为例,在同一个网页里,可能包含着其他同行业或同领域竞争对手的广告,由此出现了相互之间的竞争干扰,网站版面规划不科学也会导致广告信息被其他信息淹没。

(2)效果评估体系有待完善。由于历史短,品牌在互联网上的传播效果评估体系还不完善,这也是众多品牌坚持在传统媒介上进行投放的原因之一。以网络广告为例,由于网络广告具有互动性、个性化等传统媒介不具备的特性,目前还没有建立如电视收视率那样公认的效果评估体系,现在使用的评估方法不统一且缺乏公信力,使得网络广告的投放出现跟着感觉走的现象,成为阻碍网络广告增长的主要因素之一。

(三)直邮媒介

直邮媒介,英文为 direct mail,这里指通过邮寄网络将品牌相关信息,如广告、促销等信息有选择性地直接送到用户或消费者手中的传播形式。其类型主要包括:商品目录、商品说明书、商品价目表、明信片、展销会请帖、宣传小册子、招贴画、手抄传单等。

1. 直邮媒介在各种媒介中具有与众不同的功能

(1)针对性强:直邮有助于广告主直接与最有购物动机的消费者进行交流,电脑邮寄名录将人们按职业、地区、收入或其他特征进行分类。

(2)覆盖集中,到达广泛:人人都设有信箱,因此,广告主可以利用直邮百分之百地到达指定地区内的家庭。

(3)灵活:直邮广告的创意空间独一无二,只受广告主的才能、预算和有些法规的约束。直邮广告的制作与发行都非常快。

（4）便于控制：预先印制的直邮邮件使广告主能够控制发行量和复制质量。

（5）人性化冲击力：广告主可根据特定受众的个人需求、欲望和希望设计直邮而又不冒犯其他潜在消费者或现有顾客。

（6）隐蔽性：直邮媒介是一种隐形媒介，可以避开竞争对手的"监察"，不易受其他竞争对手的伤害。

（7）反馈快而准确：极易掌握成交情况，有利于产品计划的制定和修改。在所有广告媒介中，直邮的反应率最高，约15%的反应在第一周内出现，因此，广告主能够迅速判断广告是否成功。

（8）可证实性：直邮有利于测试收件人对产品的接受程度，以及对定价、优惠、文案、销售说明等的反应程度。

2. 使用直邮媒介的不足之处

（1）成本高：在所有主流媒介中，直邮的单位成本最高，约为一般杂志和报纸广告的14倍。

（2）投递问题：大众媒介有精确的发布时间，但邮政服务对三类邮件不保证投递时间，约有10%的直邮因收件人搬迁而无法投递。

（3）缺少内容支持：直邮必须在没有评论内容和娱乐内容的情况下抓住并保持读者的注意力。

（4）针对性问题：直邮广告是否有效取决于目标受众是否准确、名录是否正确。有些对象群因收到的邮件太多，会对直邮广告不予理会。

（5）态度不利：很多消费者把直邮广告看成垃圾，自然而然地把它们弃置一旁，而且他们还认为通过邮购的商品退货太难。

（四）户外媒介

户外媒介英文名为 Out Door Medium，是指设置在露天里没有遮盖的承载品牌相关信息的各种设施，主要包括路牌、灯箱、气球、霓虹灯等。作为地球上最古老的媒介，户外媒介得益于其"标志"的固有本性和现代平面设计与技术的结合。事实上，正是由于现代技术的出现，企业才得以在户外进行一些他们几年前连做梦都想不到的活动。

1. 户外媒介的优势

（1）便捷性：户外媒介一天24小时从不间断地负载信息，受众不能像对待录像那样快进、跳跃，也不能像对待电视那样把它关掉，或者像对待书报那样弃置一旁。

（2）到达率：按同样的金额计算，在同一城市针对同一目标受众时，与电视信息（76.5%），广播信息（72.3%），报纸信息（72.2%）相比，户外广告的到达率为86.4%。

（3）频次：在毛评点100的节目所到达的观众中，10个有9个在30天的时间内平均每人会看到29次户外媒介信息。

（4）成本：在所有主流媒介中，户外媒介的单位暴露成本最低。当然，市场的大小不同、密度不同，收费标准也不同，但毛评点体系使广告主能够对各个市场的成本进行对比。由于户外广告可以迅速地建立其毛评点，因此，对那些发布简单、短小和命令式信息的广告主来说，它不失为一种理想的媒介。

（5）位置：户外广告可以按人们活动的类型瞄准消费者，到达购物途中的顾客、上班途中的工商人士或赶赴机场的旅客，在他们作出购买决策之前对他们施加影响。

2. 户外媒介的缺陷

（1）信息短促：顾客经过户外媒介设施的时间很短，其上所承载的品牌信息必须强攻才会有效。设计和文案必须精炼，干脆，一字千钧。

（2）环境影响：户外广告受其环境的影响较大。比如，在破败的地区安置这类媒介只会削弱该品牌的形象。

（3）受众测定困难：户外媒介受众的人口统计因素难以测定，因为并非每一个经过户外设施的人都会看见上面的品牌信息。为此，有些买主很怀疑媒介卖主所提供的到达率估算数字。

（4）检测与控制较难：企业很难像检测印刷媒介和电波媒介一样逐一检查每一块户外路牌，那需要分散很多的精力。

（5）策划与成本：户外信息一般需要6～8周的印制和张贴预备期，启动费用较高，且由于其媒介效果无法准确量化，给企业购买带来一定困惑。

（6）视觉污染：有人反对户外媒介的存在，认为这是一种视觉污染。他们可能会对使用户外媒介的企业作出不利反应。

（五）售点媒介

售点媒介，通常称为POP媒介，即point of purchase medium，意思是销售点和购物场所的媒介设施。

销售现场媒介是一种综合性的媒介形式，从内容上大致可分为室内媒体和室外媒体。室内媒体主要包括在货架陈列、柜台、模特儿、卖场墙体、空间设置的媒介形式。室外媒体是指购物场所、商店、超级市场门前和周围的一切媒体形式。主要包括广告牌、霓虹灯、灯箱、电子显示屏、招贴画、商店招牌、门面装饰、橱窗等。

1. 售点媒介的特点

（1）吸引注意力：对混杂在多数商品之中的本企业产品，制造吸引顾客眼光的魅力。

（2）提高商品说明之理解程度：告知商品特性、使用方法。尤其在超级市场等从业人员不多的销售点，更可以发挥很大的威力。

（3）创造气氛：制造店堂气氛与商品吸引力。

（4）使其他媒体上的品牌信息与商品串联。无论企业花多少力气在诸多媒体上进行宣传，若不能让消费者在销售场所产生联想，则对销售的增进无任何意义。因此唤起消费者在其他渠道获得的品牌信息，建立联想相当重要。

（5）诱发消费者行动：销售现场的商品，最能诱发消费者立即采购的直接行动动机，这是除却 POP 以外其他媒介所没有的优点。

2. 售点媒介的信息设计

售点媒介有着与其他媒介不同的特点，因此在对其品牌信息设计上也需要考虑与其他媒介信息的不同之处：

（1）要考虑到销售场地的大小、商品性质，消费者的物质需求和心理需求，以求有的放矢地表现最能打动消费者的信息内容。

（2）应该造型简练，设计醒目，阅读方便，重点鲜明，有美感、有特色。售点媒介的品牌信息设计并非为节日点缀，不是越热闹越好，而应视之为构成品牌形象的一部分，其设计和陈列应从与品牌传播其他媒介渠道配合出发。

（3）室内和室外的信息设计安排需要保持平衡，不能虎头蛇尾，避免消费者由此产生心理上的不平衡。

第二节　接触点管理

在媒介资源高度集中的年代，传统媒体在信息传播中占据垄断地位，只要一则消息在全国性媒体上发布，就会在一夜之间家喻户晓，连广告也是如此，20 世纪 80 年代,容声冰箱找到香港明星汪明荃拍了一条非常简单的电视广告,在央视播出后,容声冰箱当年的销售量就从几千万增加到 2 亿多,效果可谓惊人。

在媒介数量迅猛增加的今天,这样的事情很难再有了,能够全面覆盖所有人群的媒介已不复存在,媒介碎片化是大势所趋。所谓媒介碎片化一方面指媒介数量的激增和形态的多样化,另一方面指受众拥有选择媒介的自由,其对某一媒介的忠诚度在不断下降。面对这样的趋势,粗放式的媒介策略已经失效,企业必须转换观念,找到行之有效的媒介来实施品牌传播。接触点传播的思想应运而生。

所谓接触点(contact point)就是品牌与消费者产生信息接触的地方,即传播品牌信息的载体。也有学者将接触点定义为消费者有机会面对品牌信息的情境。接触点的范围超越了媒体而扩展到所有品牌与消费者产生信息接触的点,它不局限于广播、电视、报纸、杂志、户外、互联网等媒介,还包括产品本身、销售人员、店面布置等,只要能成为传播品牌信息的载体,就可以视为接触点。接触点分为计划内和计划外两类。计划内的接触点是可控的,品牌可以通过这些接触点把经过精心选择的信息传播给消费者。计划外的接触点是不可控的,包括小道消息、外界评论、突发事件等。

20 世纪 90 年代美国著名学者舒尔茨(Don E. Schultz)提出整合营销传播的理论,主张把企业的营销与传播活动,如广告、促销、公关、包装、产品开发等进行一元化的整合,让消费者从不同的信息渠道获得一致的信息,从而使品牌诉求深入其内心。在此理论基础上,日本电通公司于 2003 年提出接触点管理模式,所谓接触点管理(contact point management)就是运用科学的手段管理消费者与品牌发生接触的点,使其发挥最大效果,简单说,就是用合适的手段,在正确的时间、地点与消费者进行有效的双向沟通。需要指出的是,这里所说的接触点是计划内可控的类型。

接触点的开发有时需要创意,比如吃方便面时,在倒上开水泡面后等待的时间,绝大多数人都无所事事。电通公司想到利用杯面的盖子作为漫画书传播的接触点,把漫画的内容编成刚好在三分钟内能看完但意犹未尽的短篇漫画,让消费者被故事吸引而去买漫画书。

以往对广告传播的效果衡量的公式是:沟通效率(C.E)=到达(reach)/购买成本(cost)。在该公式中,要提高沟通效率就必须提高到达水平,或降低购买成本。在传统广告活动中,要提高到达水平,就意味着要增加购买成本,显然这对矛盾很难调和。另外让信息传播给更多的消费者,并不意味着能改变其对品牌的认知或者影响购买决策,这才是品牌传播的主要目的所在。因此只从到达与购买成本的角度来评估沟通效果是不准确的。

在电通公司的接触点管理模式中,评估沟通效率增加了新的变量,即沟通效率(C.E)＝到达(reach)×效果(total impact)/购买成本(cost)。这意味着,在一定购买成本产生一定到达的条件下,提高效果同样可以提高沟通效率,企业不必一味追求媒体的覆盖量和压低媒体购买价格。

接触点管理的每一步都围绕如何实现最佳效果展开,评估每个接触点的传播效果,对众多接触点进行整合,以确保效果最大化。

在本书的第一章中,我们把品牌定义为公众对组织及产品认识的总和。要想让消费者加深对品牌的认知,就必须让他们从多个维度、立体地接触品牌信息,从而提高品牌传播的效率,品牌接触点管理可以帮助企业尽快达成目标。

在接触点管理中,明确目标消费者是所有工作的基础。在信息爆炸的今天,消费者有无数和品牌接触的点,企业显然无法控制所有接触点,因此寻找消费者与品牌之间的接触点,进而确认最具传播价值的接触点便成了首要工作,即筛选接触点。

一般说来,接触点主要有三类:在购买和使用中产生的接触点,比如购物场所、销售人员等;企业主动传播制造的接触点,如广告、公关活动等;消费者无意中制造的接触点,包括与熟人分享消费体验、网上对品牌的评价等。接触点的筛选必须以大量的调查数据为依据,通过研究消费者每天、每周、每月或其他周期内的消费行为、与媒体的接触等方面的信息并转换为具体的数据,这些基础工作对评估接触点的传播效果以及确认关键接触点是非常重要的。

在众多接触点中,筛选出来的关键接触点应符合三个特征:影响消费者的决策过程;能吸引潜在消费者;能让消费者重复购买。关键接触点不必满足全部三个特征,但至少符合其中一项。在具体的品牌传播活动中,筛选出的关键接触点必须与传播目标一致且在预算范围内能够实现。

2011年,电通公司在中国大陆展开调研,调查覆盖了一线至五线共18个城市,涉及耐用品和快消品。这次调研是基于 AISAS 模式:attention(注意)、interest(关注)、search(探索)、action(购买)、share(共享),来探寻不同地区的消费者在和品牌接触的各个环节中不同媒介的作用,从中找出有效接触点。

以汽车为例,在注意阶段,一二线城市电视广告比较有效,小城市则依赖直接体验。在兴趣阶段,信息与受众距离近会引发兴趣,比如电梯海报。在搜索阶段,品牌相关信息不足会引发消费者进行搜索。在该阶段,一线城市的节目赞助、商场汽车展示及二线及以下城市的广播广告,会让消费者去进一步搜索。在购买阶段,影响消费者的主要是口碑和直接体验。一线城市中口碑和车展并列第一。四线城市是车展,五线城市则是车主论坛、微博、专业网站。最后是分享阶段。一二线城市的消费者主要利用网络平台,尤其是社交媒体,一二线之外的城市注重车展和试驾这样的直接体验,消费者对病毒营销活动的参与度不高。

就化妆品而言,在 18 个城市合计的化妆品广告有效接触点,具有绝对优势的是电视广告,这不仅是在注意和关注的阶段,而且在购买和共享阶段也是如此,所以护肤产品的大众媒体广告效果较好。此外,杂志报道、口碑传播等接触点在搜索和购买阶段也十分有效。

在 AISAS 模型的各阶段,有效接触点从一线到五线城市的特征如下。

在关注阶段,护肤品的电视广告效果显著,不过五线城市更重视柜台展示。就直接体验产生认知这一点,化妆品与汽车是共通的。针对白领群体,电梯媒体引人注目。与汽车相同,接触点和消费者距离近会引发关注。

在兴趣阶段,社交媒体是一二三四线城市的有效接触点,另外对三四线城市的消费者来说,女性网站和口碑传播也能引发兴趣。

在搜索阶段,电视节目介绍、女性网站、杂志报道等能引发相关搜索,与汽车相反,此阶段信息丰富的媒体更能让消费者去搜索相关化妆品。

在购买阶段,与汽车一样,引发化妆品购买行为的主要是口碑传播和直接体验。

最后是共享阶段,引发化妆品信息共享排名靠前的媒体不仅有网络媒体,还有一线城市的公交车载媒体,二线城市的地铁媒体等。

对接触点更细致的评估要以目标消费者为中心,从时间、地点、场合、感觉四个维度来分析某个接触点的传播效果,从而选择最佳时机让品牌传播的信息与目标消费者接触。

以麦当劳促销广告为例,当目标对象是家庭时,对电视接触点而言,质量比较高的时间是周末的黄金时段。此时想像中的接触场所为消费者家中,场面是和家人在一起,情境应该是比较欢乐的,这时消费者接触麦当劳的广告,第二天就有可能带孩子来店里。如果目标对象为单身男女,对网络接触点而言,更有效的时间是晚上十点至深夜,场所应该是在家中,或者在办公室加班,场面往往是一个人,此时的情境是有点饿了,看到麦当劳的网络广告,会促使其第二天来吃午餐,甚至有可能马上去加餐。

寻找并筛选出关键接触点之后,接触点管理下一步的工作就是让每个接触点传达的信息保持一致，只有传播一致的品牌信息，才能提高品牌传播的效率，让消费者快速建立起对品牌的独特认知，比如一个品牌要塑造阳刚的品牌形象，在各大媒体的广告中都表现了这样的主题，可是到了终端，却选择了一批形象非常阴柔的促销员，那么之前的广告宣传无疑会因此大打折扣，甚至可能会功亏一篑。

菲利普·科特勒指出，消费者从不同来源得到相互矛盾的信息会导致其对品牌的认知陷入混乱。因此，企业要管理好各个关键接触点，让其传播一致的品牌主张。

以全球著名品牌星巴克为例，星巴克公司知道，其咖啡未必是最好喝的，顾客其实更在意环境的友善和舒适，因此董事长霍华德·舒尔茨说："每个员工都是品牌形象的代言人。"他提出必须让光顾星巴克的顾客都能从舒适的环境以及员工的微笑中获得良好的体验。当顾客走进星巴克时，所有的服务员都只有一个表情，那就是微笑。不管有多少顾客在排队等候，星巴克的服务员要永远带着友好、耐心的微笑，并且轻声细语地和顾客说话。无论何时，星巴克的店里都不会有高嗓门的叫喊，最大的声音就是轻柔的背景音乐。星巴克的经营者教导员工不要去惊醒那些沉浸在家与公司之外的"第三空间"中的客人，努力让顾客感觉身处充满安宁、亲切与祥和的休憩乐土。

星巴克的成功可以说来自接触点管理的成功。它能在门槛极低的咖啡店中独树一帜，成为首屈一指的国际品牌，就在于经营者明白：光靠卖咖啡是难以在市场中取胜的，因此也在店面环境、员工表情、服务态度等消费者与星巴克发生接触的关键接触点上大做文章，让其能传播星巴克独特的品牌信息，从而在激烈的市场竞争中独树一帜而立于不败之地。

在以产品为中心的时代，企业普遍认为品牌塑造是营销部门的工作，这就使其工作局限于营销领域，无法涉及产品设计以及服务跟进等环节。接触点管理时代的到来意味着企业必须以消费者为中心，管理好所有品牌与消费者的接触点，因此品牌的塑造需要所有部门的配合。

【案例】　小罐茶如何从茶行业脱颖而出

小罐茶在茶行业、快消品甚至营销界已成为一种现象级产品。2016 年 7 月，小罐茶正式上市，央视播出了一条三分钟长的茶叶广告，"小罐茶，大师作"的广告语和茶文化大师们竞相出镜，引起大量关注。2021 年起，小罐茶的年销售额已经突破 20 亿元。

和众多茶品牌相比,小罐茶是个很年轻的品牌。从杜国楹和他的团队2012年进入茶业市场调研时算起,前后不超过十年。这么短的时间内,小罐茶是如何从鱼目混杂的茶行业中脱颖而出,成为众所周知的现代派年轻茶品牌?打着"大师作"概念的小罐茶,背后的打造思路是什么?它给古老陈旧但市场量庞大的茶行业带来哪些创新启示?以下将对此进行详细解析。

众所周知,中国有几千年的茶文化。无论是从"柴米油盐酱醋茶"还是"烟酒茶",都可以佐证几千年来,中国人的生活离不开茶。

但在如此大的市场需求下,会发现中国的茶市场都是一些流传下来的品类品牌,或者产地品牌,没有统一标准化工业化的产业链,只有少数地域名茶获利,很多茶都以农产品的价格在销售,根本卖不上价。加上消费者除了特定圈子有一些品茶的基础,大多数人基本不懂茶,没有基础的品鉴能力,茶市场常常发生鱼目混珠的情况,所以更多的人只是凭借经验和习惯买一些散茶自己喝。

更甚者当代青年不太喝茶,有着各种各样的如咖啡、可乐、奶茶等替代饮品,导致了中国的茶市场有市无价,一直以来没有真正的强势茶品牌诞生。

据《中国茶叶企业发展报告》显示,截止到2017年,中国茶企有6万余家,只有87家的总资产超过1个亿,6家企业总资产超过10亿。"中国六万茶企不如一个立顿"是茶行业的真实写照。

面对如此局面,小罐茶发现只要整合茶行业资源,打通生产端、加工端以及销售端,建立统一完善的产业链,在中国上千年的茶文化底蕴加持下,足以打造一个前所未有的中国茶品牌。从而最终通过品牌的背书,实现让每个中国人都能喝上真正好茶的目的。

小罐茶品牌成功的关键在于找准了定位,即高端商务茶,同时又抓住了消费者的痛点,茶的消费者大概可以分为这几类:

第一类有喝茶习惯,但未必一定要喝茶,尤其是"80后",他们有着诸多替代选择,某种程度来说不太愿意花太多的钱在茶饮上,顶多逢年过节招待客人买点好茶。

第二类喜欢喝茶,但市面上的茶包装大罐和纸质居多,要么外出携带不方便,要么在出行过程中容易损伤茶叶。

第三类不爱喝茶,但走亲访友有可能会买茶。

以上基本上包含了绝大多数的消费者,面对这样的情况,小罐茶做了两个绝妙的动作,一个是将产品定制为小罐,分摊了好茶总价,买来自己尝尝也不心疼,招待朋友还有面子。另外一个是将小罐茶定位为高端社交礼物,形成了烟品牌有中华、黄鹤楼,酒有茅台、五粮液,茶有小罐茶的礼品格局,给了消费者购买理由。

除此之外,小罐茶在茶市场还作出了许多创新之举。

一、"一罐一泡"重新定义了喝茶方式

中国市面上并不缺好茶叶、好茶源,缺的是专业且贴心的茶商。小罐茶与同类产品最大的区别不在于它好看,在于好用,通过"一罐一泡"的设计理念,教会了人们如何冲泡茶叶,重新定义了喝茶方式。基于目标客群中的大部分人认同中国茶,但对于怎么喝却了解甚少,小罐茶独创了食品级铝材小罐,充氮包装,在确保茶叶不吸味、不受潮、不氧化、不破碎和不老化的基础上,避免了消费者对于不同的茶一泡需要抓多少量的困惑。选品筛选上,针对市场用户群体的消费需求,挑选主流品类,去尽可能满足不同人群,提高渠道售卖效能。

二、茶行业的"苹果",重新定义中国茶的消费体验

小罐茶体验店的灵感来源于雪茄文化和酒窖设计,我们把它形象化为一座现代化的"茶库":入口处透明巨幅玻璃旋转门营造了通天通地的建筑感,奢侈品标配的陈列展柜与 LED 显示屏升华了感官体验,多维度地颠覆了传统茶叶店在消费者心中的刻板印象。其中,茶吧区域的设计既有西方酒吧吧台的年轻自在,也有日本板前料理的严谨细致,采用高脚椅和木质案几让时尚与仪式感完美融合。看、听、触、嗅、尝,小罐茶 Tea Store 通过空间层次和五感体验让购买变得愉悦和享受。

三、塑造轻奢形象

小罐茶作为一个横空出世的品牌,有两个问题需要面对:一个是消费者如何相信小罐茶就是好茶? 一个是如何激发出消费者购买小罐茶的内在动机?

第一个问题小罐茶找到"小罐茶,大师作"的市场切入点,与8位非物质文化遗产传承人合作,降低品牌进入市场的阻力,提高用户接受度,让自己一开始就融入这个传统的市场。

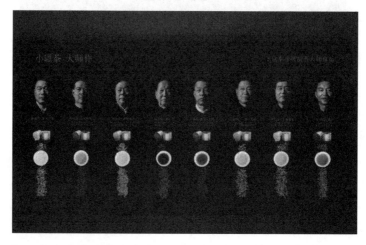

第二个问题可以简化成消费者为什么要买小罐茶? 小罐茶为消费者找了一个不可拒绝的理由——为了款待最重要的人。这个人可以是自己,也可以是客人。对自己是生活的仪式,对客人是待客的礼仪。进而引申出了小罐茶的另外一个功能属性,无论是商务公关还是走亲访友,小罐茶是高端人际交往的社交礼物。因为小罐茶的茶好，颜值高，具有可识别的价值感，不丢面子。

四、玩转多元化的新媒体平台，让更多人认识小罐茶

想要获取年轻的消费群体，多元化的新媒体是重要的平台。Tea Store 开业当天，小罐茶联合苹果体验店设计师 Tim Kobe、唐硕体验创新咨询合伙人李宏一起展开了主题为"一罐打破一贯：用苹果思维创新中国茶体验"的对话，并且在网易新闻和一直播同步进行直播，据统计该活动共有 210 万网友在线观看。除了直播，一些符合目标客群消费习惯的自媒体也是小罐茶传递品牌故事和价值的重要渠道，比如逻辑思维、吴晓波频道等。通过多元化的新媒体平台和消费者的日常生活产生链接。

作为整个茶行业革命性的品牌，现阶段来看，小罐茶无疑是成功的，它看到

了国内茶行业混乱的现状,成为第一个产品标准化、渠道规范化、体验极致化的茶品牌,让中国从茶产业大国真正有机会进军茶品牌大国和消费大国。

(案例来源:智旗品牌策划,《小罐茶一年10亿是如何做到的?》,搜狐网,2021—12—16;广告百货,《小罐茶品牌内容营销史,如何从0干到年销售20亿?》,广告狂人网,2022—5—2)

第七章

受众心理

- 受众的情感
- 受众的态度
- 受众的认知

第一节 受众的情感

俗话说"人非草木，孰能无情"。情，即情感，它是人类行为的重要基础。品牌传播中如能赋予品牌以人的情感，那必将会极大地触动受众。

情感是人们对于客观事物能否满足自己的需要而产生的态度体验，这种体验表现为某些特殊形式，如喜、怒、哀、乐等，从而形成情感。它是人们对客观事物与自己需要之间关系的反映。

古人云："攻心为上"，"感人心者，莫先乎情"。在今天物质产品极大丰富，但人情却愈发淡薄的现代社会里，情感已成为品牌传播重要的攻心武器。

可口可乐公司的领导曾说过一句耐人寻味的话："可口可乐并不是饮料，它是一位朋友。"正因为可口可乐品牌拥有这样的远见卓识，奉行了成功的情感渗透策略，才使其成为饮料界的霸主。而在世人的眼里，它也成为美国文化的象征，可口可乐的诞生被列为美国建国以来一百件大事之一。试想可口可乐推出新配方居然会导致游行示威大军，这绝非是理性所能解释的，唯有情感才有如此大的魅力。可口可乐获得的是众多美国人长期的偏爱，这种偏爱的累积非一日之功。

品牌传播利用情感的关键是以情感人，用亲情、爱情等受众所乐于接受的形式与其进行深度的情感交流。比如，柯达通过"柯达串起每一刻"的品牌传播活动，将值得回味的生活瞬间系列、令人感动的生活细节在广告中表现得淋漓尽致，使柯达品牌极具亲和力，迅速拉近了它和受众之间的距离。例如《自行车篇》就表现了男主人公拍到的女儿第一次学会骑自行车的场面，这种生活细节非常容易引起人们的情感共鸣。

一、品牌传播常用的情感

1. 亲情

亲情是人间最美好的情感之一，对于重视家庭的中国人来说更是极为珍贵。

美国贝尔公司在品牌传播中较好地利用过亲情这一元素，感动了无数人，其中的一则广告至今仍被人们奉为经典。其剧情为：一天傍晚，一对老夫妇正在进餐,这时电话铃声响起,老太太去另一间房接电话,回到餐桌后,老先生问她:"是谁来的电话?"老太太回答:"是女儿打来的。"老先生又问:"有什么事吗?"老太太说:"没有。"老先生惊讶地问:"没事?几千里地打来电话?!"老太太呜咽道:"她说她爱我们!"两位老人相对无言,激动不已,这时,旁白道出:"用电话传递你的爱吧!"人们看到这则广告,无不为其流露出的两代深情所触动,从而也把感情迁移到品牌上去。

国内品牌"雕牌"在亲情利用方面也较为成功,其中一则广告为:年轻的妈妈下岗了,为找工作而四处奔波。懂事的小女儿心疼妈妈,帮妈妈洗衣服,天真可爱的童音说出:"妈妈说,雕牌洗衣粉只要一点点就能洗好多好多的衣服,可省钱了!"门帘轻动,妈妈无果而回,正想亲吻熟睡中的爱女,看见女儿的留言——"妈妈,我能帮你干活了!"年轻妈妈的眼泪不禁随之滚落……这份母女相依为命的亲情与品牌融合,成就了一个感人至深的故事,声声童音在人们心头萦绕,拂之不去,"雕牌"形象则深入人心。

2. 爱情

同亲情一样,爱情也是品牌传播经常利用的元素。爱立信在其品牌传播中,就曾经以爱情为主题大做文章,邀请了张曼玉、刘德华、关之琳等著名演员来演绎一系列动人心弦的故事。由张曼玉、王敏德主演的系列剧尤为经典,历经时光流逝而仍让人回味无穷。

其中的"邂逅篇",场景安排在午夜的盛宴上,张曼玉轻盈地走过人群,一双深情的眼睛紧紧追随,双方的目光有了刹那间的碰撞,昔日的感情一下子重新燃起,彼此开始在人群中急切地寻找。最后在手机的无声牵引下,张曼玉推开一扇紧闭的门扉,两人心照不宣地紧紧相拥,音乐骤然响起,礼花腾空而飞。这对昔日的情人遥望灿烂而美丽的夜空,一切尽在不言中。

其后的"结婚篇"延续了连续剧的创意方式,场景安排在鸽子飞起的美国教堂。婚礼中的张曼玉在牧师的主持下就要身许他人,此时此刻,牧师的身上突然响起了手机的雀跃铃声,新郎局促不安,似乎预感到什么,张曼玉毅然接过电话,遥远的回忆刹那间涌上心头,紧接着的是狂奔而出的步伐。教堂外的王敏德轻握手机,最后时刻的执著换来了张曼玉为爱抛弃一切的洒脱。一段破裂的婚姻重又弥合。广告伴随着"What a magic moment"的主题歌,对整个过程做了完美的注释。

英国保诚人寿在品牌传播中对爱情的诠释则是另外一种感觉,在其中一则广告中,一对恩爱的夫妻执手走过七年风雨,有一晚临睡前,妻子问丈夫:"我们会不会一起死去,就像我们在同一时间结婚?"看着妻子迷蒙的目光,丈夫搂紧了妻子,含笑深情地说:"你要先去天堂好好等着我,这样,你就不会看到死去的我了……"妻子闻言,搂紧丈夫,哭了。这段绝不亚于经典爱情影片的感人对白,仿佛字字皆流淌出这对夫妻之间浓浓的爱意,本无生命力的人寿由此而生出鲜活的灵魂,为"保诚人寿"这一品牌注入了很强的生命力。

国内品牌喜之郎也紧紧抓住春心萌动的花季少男少女不放,通过赋予品牌"爱情见证"的含义来打动他们。其中有则电视广告,以"一生不变,水晶之恋"为广告语,在柔和、梦幻而又时尚的粉色空间中悬着心形的产品,配以朦胧,清纯而生动的女孩,清澈而不失俏皮的话外音,句句切合恋爱中女孩的心声,重现女孩陶醉甜蜜爱情中的情景,广告整体搭配和谐,给人以美的享受,引起少男少女们深深的共鸣。

3. 激情

激情的诱惑对于生活在灰色都市中的现代人来说几乎是无法抵挡的,它满足了存在于人们内心深处的需要和欲望。

诺基亚准确地把握住了人们内心深处对激情的渴望,以"告别平淡,拥抱激情"为主题开展了一系列品牌传播活动,其中一幅平面广告中,一对穿着休闲装的男女在滂沱大雨中旁若无人地忘情相拥、旋转飞舞,他们就像抛弃西装革履与职业套装的束缚般地抛掉了所有世俗陈规的制约,让生活的激情随他们在雨中浸湿的凌乱发丝尽情宣泄,"告别平淡,拥抱激情"的生活价值观在该广告中被阐释得淋漓尽致。

而在另一则电视广告中,两对摩登的青年男女在一片火烧云的天空下,开着象征财富和时尚的敞篷车来到蔚蓝色的海边,追逐着雪白的浪花,帅气、美丽、青春、不羁等种种令人惊艳的感受在男女主人公的身上一现再现,再加上广告一反通常的双人情侣戏,选择了分不清是一群好友还是两对恋人的四人组合作为人物形象,把爱情与友情的元素暧昧地掺杂在一起,于是在莫辩的情感诉求中,青春的激情超越一切地被放大,"以激情创造灿烂"的生活态度润物细无声地随广告潜入人们心底。

4. 最崇高的情感——爱国主义

品牌一旦融入或人为地附上民族的情感,在人们心目中就会上升为一种国家精神,甚至它可以代表或等同于国家。在这一点上,美国的"雪佛兰"就抒写下了辉煌的一例。

在 20 世纪下半叶,由于经济上受到日本的挑战,美国作为一个经济大国的地位受到很大的威胁。这种外来压力在国内引起反弹,使美国人越来越关注本国事物。雪佛兰抓住机会,突出一个与汽车性能完全无关却与这种思潮一致的主题来进行品牌传播,该主题便是:爱国主义。雪佛兰试图让美国人明白,它除了提供功能性的产品外,还提供了独特的象征性附加价值——雪佛兰代表美国。在一系列的电视、电台等品牌传播活动中,雪佛兰反复强调:雪佛兰就是美国,美国就是雪佛兰。在它的一个获克里奥大奖的电视广告中,整整一分钟的时间不停地向观众展示美国的国旗,并以慢镜头描绘美国人民工作、生活的各种感人的场面,不时地插进雪佛兰汽车的图像,从加利福尼亚到纽约,全美 30 处景致在广告中清晰可辨。雪佛兰这种与爱国主义相挂钩的手法迎合了许多美国人的心理,这些人"大美国"主义思想严重,极想重温过去的强大。雪佛兰的品牌宣传不提及任何汽车性能,而是用一句简单醒目的标语"美国,美国——雪佛兰"反复强调伟大的美国,强大的美国,勤劳、智慧和勇敢的美国人民。这些情感上的呼吁使很大一批雪佛兰汽车的购买者既买到了一辆汽车,又满足了爱国主义的心愿:为美国而骄傲,为自己是美国人而自豪。

国内的品牌如非常可乐也曾经大打爱国牌,以"中国人自己的可乐"为诉求主题,但是效果一般。倒是海尔在这方面做得较为成功,海尔作为中国品牌中的佼佼者,目前已经走向了国际化,并且在西方许多发达国家有了一定的知名度,让国人引以为骄傲,为此海尔曾经做过一系列以"海尔,中国造"为主题的宣传活动,通过展示海尔在众多国家取得的成就,让国人为海尔感到自豪。

二、品牌传播情感的手段

诉求于受众情感的品牌传播手段主要有以下几种:

1. 广告

广告通过卓越的创意、动人的形象、诱人的情调等变换多样的艺术处理手法来表达内容,能使受众产生身临其境的感受,缩短了其与品牌之间的距离,不断的情感沟通更会使受众对品牌产生一种知心朋友的感觉。

"哈药六"曾抓住全国助残宣传的契机,运用情感的渲染,在提高品牌形象方面取得了巨大的成功。广告画面上,一阵大风将因腿残而坐着轮椅的姑娘所开报摊上的报纸吹散满地,好心的路人们将报纸一份不少地替姑娘捡回,使姑娘颇为感动;为了帮助她,很多人宁肯多走路,也要去姑娘的报摊买报纸;还有路人为姑娘送来解渴的水果……姑娘为了回报好心人,在报摊边放了一个打气筒,方便路人免费打气。这种爱心互助的人间真情,注入了"哈药六"的品牌,增强了该品牌与受众之间的亲和度,更提升了"哈药六"的品牌美誉度。

2. 公关活动

像麦当劳经常推出的儿童乐园、儿童生日庆典的活动会在孩子的心目中植下了"麦当劳体贴我"的情感,这些活动成为他们难忘的记忆,长大后还会把这种对麦当劳的情感传达给下一代。

雀巢品牌在这方面也堪称典范。凡购买雀巢产品的家庭在母亲节时,都会收到一份礼物,是雀巢公司以婴儿的名义寄给母亲的一束玫瑰和一张小卡片,上面写着:"母亲节快乐!妈咪,我是多么爱您啊!虽然我还不知道怎么写字,但是我已经拜托小雀巢泰迪熊帮我寄这张卡片给您,您是全世界最美的妈咪,我简直爱死您了!我要给您一大大的 kiss!"

雀巢得到的回报是众多母亲对这份礼物备感兴奋与喜悦的感谢信,她们认为雀巢最懂得天下父母心。雀巢通过一个小小的公关活动,就赢得了诸多母亲的心,相信她们会成为雀巢的忠实顾客。

3. 促销

情感促销不仅能增加产品销量,还可以提升品牌形象。比如力波啤酒曾在上海举行过口号为"举手之劳,为孩子的美好明天"的为期两个月促销活动。活动期间,消费者发现"力波"啤酒的瓶盖内印有"力波啤酒,上海的选择"的标记,便可将其揭下并连同个人资料寄回或投入指定地点回收箱内,经上海市公证处统计后,"力波"啤酒把每个印有标记的盖折成人民币五分钱现款,捐资于"希望工程"。因此,消费者多饮多集多寄,其献出的爱心就越多,力波捐资就越多,"希望工程"的孩子们得到的帮助也越多。另外,为感谢消费者的爱心与努力,"力波"啤酒还从所有来件中抽出一部分消费者,各设一二三等奖和数量不菲的纪念奖,以资鼓励。

本次活动对力波来说投资并不多,但却为品牌带来了不菲的社会效益,赢得了众多消费者的好感。

4. 包装

"人靠衣装马靠鞍。"颇具个性化、情感化的包装会为品牌带来独特的魅力。今天,物质产品极大丰富,人们个性化需求日趋强烈,对品牌的选择将主要根据个人的好恶、审美需求、情感诉求来选择,企业的包装模式也将由"大批量定制生产"向满足个人情感诉求的"度身定做"转移。

在这方面,澳大利亚的葡萄酒品牌"哈代"有着杰出表现。该公司调查发现,澳大利亚葡萄酒消费者中的 44% 是 20～29 岁的女性,7% 是 30 岁以上的女性。于是,该公司就专为年轻女性设计了富有个性名为"淘气"的低酒精葡萄酒系列包装。这款包装由"热望""激情""酷妹""我爽"和"都要"组成,采用流线型玻璃瓶,瓶色各异,如"热望"是金黄色的,"都要"则为红色,在玻璃瓶上极为均匀细密地涂有金属涂层,使整个瓶看上去更有光泽,更为精致,摸起来更感舒服。果然此包装推出一年来,许多年轻女性就像喜爱自己的口红和香水一样喜欢它,使该品牌在这一群体中赢得了偏爱。

综观以上事例,品牌传播中融入适当的情感能够贴近受众的心,从而与其建立起牢固的关系。

第二节　受众的态度

态度是人们对某个对象所持有的评价和行为倾向。作为一种心理现象,它是人脑对客观世界的反映。人的这种反映可能是对,也可能是错。品牌传播就是要在受众心目中形成对品牌的正面积极的态度,从而在竞争中取得优势。

正如品牌专家大卫·阿诺在其名作《品牌保姆手册》一书中所说:"品牌就是一种类似成见的偏见。而正如所有的偏见一样,对于较占下风的一方总是有些不公平。"建立品牌的目的就是要形成对于对手的一种不公平。

从社会心理学的角度看,态度包括认知、情感和行为三个成分。换句话说,人们的任何一种心理倾向,如果某种程度上包括了认知、情感及行为的特点,就成为一种态度。

那么什么是受众对品牌的态度呢?当品牌面向受众传播时,品牌信息作为刺激物,或强或弱地刺激着受众的视觉、听觉等感官系统,并形成特定的信号经由中枢神经系统传达到大脑皮质,与储存在大脑记忆元区的其他信号(人们已有的经验、观点、感情和认知等)交互作用,最终对刺激物即品牌信息形成一定的观念、知识和影像等。当由品牌认知所引发的情感与受众的心理需求趋于一致时,受众对品牌的态度中就包含了行为成分。这样就形成受众对于品牌的完整的态度。

受众对品牌的认知在很大程度上取决于情感成分,如果受众对品牌信息所形成的认知与其情感不相吻合,有所抵触,品牌传播即使能吸引人注意,效果也不会理想,甚至会产生负面效应,使受众对企业的品牌或企业本身产生不好的印象。

大众媒介是品牌传播形成、强化或改变受众态度的重要途径。众所周知,大众媒介具有一个很独特的功能,即模拟现实环境。也就是说在社会组织利用各种大众媒体向公众传递信息时,会形成一种氛围,存在于公众和他所生活的现实环境之间,构成虚拟环境。社会公众在没有脱离他赖以生存的现实社会环境的同时,也生活在这种虚拟的信息环境中,公众会通过信息环境所反映出的亚文化、价值取向和行为模式来形成、强化或校正自己对人或物的态度。这样就使得大众媒介具有改变受众态度的作用。

由此,品牌传播就可以利用大众媒介的这一特点,通过它们来与目标受众持续、不间断地进行沟通,通过营造虚拟的信息环境来树立、强化或改变目标受众对品牌的态度。

除了媒介之外,其他沟通来源也会对受众态度产生影响,而对沟通来源来说,其威望和可靠性对受众态度具有很大的影响。

所谓威望是指名誉和声望。一般情况下,沟通来源的威望越大,沟通目标受众中改变自己态度的人就越多。同样的广告,在中央电视台播出就要比在一些省市级电视台播出更具说服力;同样的明星代言,由成龙主演的就要比由二三流影星担纲的更能使受众信服。中国老百姓对具有威望的人或物有着一种与生俱来的信任。因此,绝大多数受众把沟通来源的威望与可靠性合二为一,成为一个变量。

此外,品牌传播的性质和表现方式,在影响受众态度方面也起着重要作用。品牌传播的性质是指品牌传播的信息、所表达的观点或引述的论据,是单方面的还是双方面或多方面的。是不是单方面的观点或论据比双方面或多方面的更具说服力呢?这取决于受众的个人背景。

如果品牌传播所针对的受众具有较强的理解力,而且见多识广,那么他们对于某些相反的观点通常也是很有见解的,只向他们传输单方面的观点会被认为是对他们见解力的轻视和侮辱。如果受众不是特别有见识的人,或者品牌还不为受众所熟悉,那么单方面地提出观点是可取的。但在经过这么多年市场经济的洗礼后,我国的消费者已日益成熟,而且绝大多数品牌也为受众所了解。在这种情况下,品牌宣传如不改变其所传播信息的内容构成及表述方式,依然是一意孤行、自圆其说的话,将会引起受众的反感及抵触情绪。

受众的个人特征也是决定其态度是否因品牌传播而变化的重要因素。综合来看,在受众的个人特征中,自尊程度、自我估价的高低在态度改变上的影响力最强。自尊程度低的人对自己的意见评价也低,这使他们在遇到不同的意见时较自尊程度高的人更乐于放弃自己的意见,改变态度。显然影响自尊程度低的人要比影响自尊程度高的人容易些。那么如何了解和把握受众自尊程度的高低呢?虽然自尊是个体对自我价值的主观评判,但这种主观评判以一定的客观标准为依据。这些客观标准在不同地域、不同时期、不同个体上不尽相同,但总的来说与个体的受教育程度、经济收入、个人倾向和家庭背景息息相关。在中国,随着经济的发展以及经济发展对社会文化发展的促进,上述诸因素基本上都处于正向强化过程中,也就是说国人的自尊程度在普遍提高。在这种情况下,企业首先要去影响自尊程度高的人,因为品牌传播若能改变这类人的态度,一般也能改变自尊程度低的人的态度,而且前者在某些场合还可充当意见领袖的角色,进一步影响后者。

企业的品牌宣传表面看是面向所有可能的受众,但沟通的重点无疑是潜在的目标受众,因此对受众自尊程度的把握首先是对潜在目标受众自尊程度的了解和顺应。这个问题看似简单,实际操作起来却并不很容易,尤其是当潜在目标受众的自尊感等个人特征与大众有较大差别时,难度更大。对于这个问题,可以用下面的例子来说明。

有家著名的日本企业,邀请了一位女演员作为其品牌形象代言人,在全国许多报刊上大做宣传。当时由于该电视剧还在热播中,选这位女演员做宣传确实很吸引受众的注意,但问题是该品牌的目标受众是否同样对这位女演员感兴趣呢?该品牌的目标受众有两大群体:一为各个机构,二为拥有 PC 机的个体消费者。机构的态度极具理性化,这种宣传显然不可能使其改变态度;第二类潜在顾客总体上自尊程度相对较高,不会轻易因为某个特殊的沟通来源就改变自己的态度。企业采用这样的品牌代言人,不仅不能与潜在目标受众很好沟通,而且还可能使他们因企业的这种近似少男少女们的"追星"行为而轻视该品牌。产生这种后果的根本原因在于企业对品牌传播的认识依然停留在要吸引受众注意这个层次上,没有进一步认识到改变受众态度的重要性,当然也就不会深入了解受众,特别是潜在目标受众的个人特征了。

上面的事例告诉我们,品牌宣传能否顺应受众的自尊认知,直接影响到能否改变受众态度的目的。对受众自尊的迎合,是个很具体的问题,需要就事论事。不过一般情况下,自尊程度高的人对沟通来源威望的认同程度较低,他们对沟通中单方面的观点与陈述持较强的排斥心理。这些特点是需要企业认真了解和掌握的。

第三节　受众的认知

认知是人们通过感觉、知觉、联想、记忆和思维等心理活动对事物综合反映的过程。以下针对品牌传播,对这一过程中的主要心理活动进行详细阐述。

一、感觉

感觉是人脑对直接作用于感觉器官的外界事物的个别属性的反应。感觉可以分为两大类:内部感觉和外部感觉。内部感觉接受人体的刺激,反映身体的位置、运动和内脏器官的不同状态,包括肌肉运动感觉、平衡感觉和内脏感觉等。外部感觉则具有接受外部刺激、反映外界事物的属性,包括视觉、听觉、嗅觉、味觉和皮肤感觉。

这些不同的感觉,使受众在认识和评价品牌所属产品时,能够从各个方面了解产品的属性和特点。比如用眼睛可以观看产品的外表、形状、颜色,用鼻子能够闻产品的气味,用嘴能品尝味道,用手可以触摸产品的质地等。通过这些感觉活动,受众可以获得对品牌的感性认识。

感觉对于品牌传播具有重要的意义,企业需要在产品的包装以及标志等细节方面下工夫,力求在受众认识的初始阶段就给其留下深刻印象。

以苏格兰威士忌品牌为例,该品牌所属的皇家礼炮 21 系列酒是经过 21 年精心酿制而成的,用蓝、红、绿三种颜色的宫廷御用精制瓷瓶盛装,瓶身上刻有持剑跨马的圆桌骑士形象,品牌商标图案上有两架礼炮,并配有苏格兰威士忌协会颁发的 21 年酒龄的鉴定证明,整个包装典雅、富贵,使受众对该品牌产生卓越非凡的感觉。以至于有的人喝完酒后,将酒瓶细心地收藏起来。

感觉的形式有多种,对于品牌传播来说,有重要意义的是视觉、听觉这两种认知形式。传播活动事实上就是从对视觉和听觉的刺激开始的。

1. 视觉刺激

一个正常人从外界接收的信息中,80%～90%是通过视觉获取的。眼睛是我们认识外部世界的主要器官。品牌传播需要通过刺激视觉使受众产生兴奋感。

視觉包括颜色视觉、暗适应与明适应、对比和视觉后像等内容。其中颜色视觉对于品牌传播有着特殊的意义。因为颜色对人的心理情绪和行为有着十分重要的影响，它通过对视觉的刺激功能，在实践中可以传递更多的信息。据美国有关报道，在报刊广告中增加一种颜色，比黑白广告能增加 50% 的销售额，而全色广告则比黑白广告高 70% 的广告效益。鉴于颜色在实践中的重要性，目前许多心理学家纷纷对这一问题展开研究，以求通过颜色对视觉的刺激，达到更佳的效果。

在品牌传播中使用合适的颜色，能取得如下效果：

（1）吸引人们的注意力。

（2）完全真实地反映人、物和景致，从而使人产生美感。

（3）可以强调宣传内容的特定部分，从而加强视觉刺激，加深受众对宣传关键内容的记忆。

（4）在第一眼就给人良好印象，从而为品牌树立威信。

2. 听觉刺激

听觉刺激也是品牌宣传产生效果的有效途径。心理学家的研究证明，声音的三个基本物理量——频率、强度和振动形式，反映在人的主观体验领域，分别表现为音高、响度和音色三种形式。实践证明，音的高低、响度的大小和音色的优美，对使用音响的品牌宣传具有极为关键的影响。品牌宣传不仅要考虑这三种因素的选择，而且还应该注意由它们演变或相互作用形成的听觉变化。

人对声音的选择比较复杂。有的心理学家指出，男性高音与女性低音所产生的效果，比男低音和女高音的效果要差，给人的感觉也不舒服。为人所厌烦的噪声当然会对宣传具有反作用。此外，具体的品牌传播气氛和环境对声音也有严格的要求。因此，在进行宣传时，应该小心从事，选择好伴音的音色、音高和响度，有效地发挥听觉刺激的愉悦效应，避免造成过度的令人厌烦的听觉刺激。

二、知觉

知觉是在感觉的基础上形成的，它把感觉到的各种信息加以整理，从而对事物产生完整的印象。通过知觉，人们对客观事物的认识又加深了一步，由对个别属性的认识上升到对整体的认识。

知觉虽然是对当前对象的综合反映，但知觉还受过去经验的制约。人们正是依靠过去的经验和已经形成的概念，才能把当前感受到的个别属性上升为整体形象,从而把当前的认识对象确定为某一事物。比如看到红色的东西,人们能够知觉到这是红旗或者红衣服,而不会把两者混在一起。这是因为在此之前有过类似经验,产生了该方面的知觉。

知觉是综合的、带有理解性的认识活动,因此具有主观性特征。人们经常把知觉的对象与本人的自我想象、态度、偏好等混在一起,从而使知觉的结果带有很多不真实的成分。而这正好是品牌传播可以利用的地方。

以当今世界快餐行业的巨子麦当劳为例,其招牌以红色作底色,而上面麦当劳的标志"M"则是黄色。这是为什么?这是麦当劳利用人们的知觉规律,特地通过该设计来引起人们对麦当劳的注意。在每天与公共交通打交道的现代人头脑中,红色信号表示"停",黄色是"注意"之意。麦当劳就是充分认识和利用了这一点。于是,街上行人走到麦当劳店前便会不由自主地驻足自语,不知不觉中就进入了麦当劳。

在知觉具有的整体性、选择性、理解性、概括性、相对性的特点中,对品牌传播最具意义的是选择性。

知觉的选择性过程,是外部环境中的刺激与个体内部的倾向性相互作用、经信息加工而产生首尾一致的客体印象的过程。它具有主动、积极和能动的特性。研究证明,在日常生活中,人们对环境中所遇到的刺激下意识地进行着选择,不自觉地寻求一些东西,避开一些东西,忽略一些东西。人们实际知觉到的,只是其所面临的刺激的一部分,而他对刺激的选择,依赖于刺激本身的特性及个人本身的一些内在主观因素。

品牌传播对受众的刺激包括大量的变量,如产品的特性、包装设计、色彩、商标、广告等等。此类因素都会对受众的信息接收产生影响,从而影响他们的知觉选择。

研究证明,"对比"是一种最能引起受众注意和最能激发其对品牌特性发生兴趣的手段之一。对比的手法是多样的,如在黑色报纸上刊登彩色广告,在广告版中保留适当的空白等。

受众的期望也会影响他对品牌的知觉,使他对某些刺激的优点或缺点提高灵敏度,甚至对某些刺激产生一种歪曲的知觉。由于人们在过去的经验、价值、态度、信念等个性特征的基础上,形成了自己的需求体系和期望,并对自己所需的或所期待的对象具有特殊的敏感,因而,人们在其知觉选择中表现出明显的防御性,对自己感兴趣的东西尽力接纳,而对自己恐惧或感觉有威胁的刺激则尽可能地不去感知。

同时,在人们对品牌传播的各种信息进行选择时,并没有产生离散的感觉,而是把它们组合起来,作为一个整体来识别。因而,在传播活动中,应对诸如主次关系、信息联想等这样一些问题进行艺术化的处理,引导受众在接受品牌信息刺激的同时,产生一些美好联想,从而激发其对品牌的好感。

三、注意

成功的品牌信息传播,往往是首先作用于受众感觉,促进其一系列的心理活动,并最终与品牌建立起良好的关系。品牌传播对受众的心理活动的作用过程,可以概括为如下几个阶段:诉诸感觉,引起注意;赋予特色,激发兴趣;创造印象,诱导欲望;加强记忆,确立信念;反复购买,树立忠诚。而吸引受众足够的注意力,是品牌传播取得成功的基础。

1. 注意及其特征

注意是心理或意识活动对一定对象的指向和集中,它是我们所熟悉的一种心理现象,明显地表示了人的主观意识对客观事物的警觉性和选择性。注意主要由两种因素引起:一是刺激的深刻性,如外界刺激的强烈程度以及刺激物的突变等;二是主体的意向性,如根据生理需要、生活需要、主体兴趣而自觉地促使感觉器官集中于某种事物。由于引起注意的因素不同,人的意识反应特点和顺序也有所不同。

注意具有两大特点:指向性和集中性。所谓指向性,是人的心理活动所具有的选择性,即在每一瞬间把心理活动有选择地指向某一目标,而同时离开其他对象。所谓集中性,是指人的心理活动只集中于少数事物上,对其他事物视而不见,听而不闻,并以全部精力来对付被注意的某一事物,使心理活动不断地深入下去。

在品牌传播活动中,充分地利用注意的这两个特点,可以使受众专注于宣传对象,离开与品牌宣传无关的其他事物。这样,就可以使品牌传播的内容在受众的心里留下清晰、鲜明的印象。

在人的活动中,注意具有一系列的重要功能。首先是选择的功能,即选择有意义的、符合需要的和与当前活动相一致的有关刺激或影响,避开或舍弃无关的、非本质的、附加的和与之竞争的各种刺激和影响,抑制对它们的反应。其次,注意具有保持的功能,即让注意对象的印象或内容维持在意识中,一直保持到达到目的为止。具体地说,是一直将之保持到得到清晰、准确的反应为止。第三,注意具有调节和监督的功能,即控制心理活动向着一定方向或目标进行。在注意的所有这些功能中,对活动进行调节和监督,是其最重要的功能。

2. 受众的注意形式

根据产生和保持注意的有无目的和意志努力的程度不同,在心理学上把注意分为无意注意和有意注意两种形式。研究注意的这两种形式,可以使得品牌传播有的放矢,产生理想的效果。

无意注意指事先没有预定的目的,也不需作任何意志努力的注意。无意注意是一种定向反射,是由于环境中的变化所引起的有机体的一种应答性反应。当外界环境发生的变化作用于有机体时,有机体会将相应的感觉器官朝向变化的环境。借助于这种反射通常可以全面地了解刺激物的性质、意义和作用,使有机体适应新的环境变化,并确定活动的方向。

引起无意注意的原因,可分为客观刺激物的本身和人的主观状态两类。在品牌传播时,这是必须考虑的两个因素。其中,刺激物的特点包含有几项内容:刺激物的绝对强度和相对强度,同时起作用的还有各种刺激物之间的对比关系,以及刺激物的活动、变化和新异性。人的内在主观状态,则包括人对事物的兴趣、需要和态度,人的精神状态和情绪状况,以及人的知识经验等。

有意注意是一种自觉的、有预定目的的、在必要时还需要付出一定意志努力的注意。有意注意是根据人的主观需要,把精力集中在某一事物上的特有的心理现象。其特点是,主体预先有内在的要求,并注意集中在已暴露的目标上。有意注意是一种主动服从于一定的活动任务的注意,它受人的主观意识的自觉调节和支配。相对而言,有意注意对于品牌传播刺激的要求,没有无意注意要求的那么高。

3. 如何使品牌传播引起受众的注意

在品牌传播中,充分利用注意的心理规律,是提高效果的重要途径。根据注意产生的原因及特点,品牌传播要吸引和维持受众的注意,可采用如下办法:

(1)增加刺激强度:刺激达到一定的强度,会引起人们的注意。刺激物在一定限度内的强度越大,人对这种刺激物的注意就越强烈。不仅刺激物的绝对强度有这种作用,其相对强度也有同效。因此,在品牌传播中,可以有意识地增大品牌传播对受众的刺激和明晰的识别性,使受众在无意中引起强烈的注意。

(2)增大刺激物之间的对比:刺激物中各元素的显著对比,往往也容易引起人们的注意。在一定限度内,这种对比度越大,人对这种刺激所形成的条件反射也越显著。因此,有意识地处理品牌传播中各种刺激物之间的对比关系和差别,可增大受众对其注意程度。这些对比能增强品牌传播的易读性、易视性和易记性,保证受众的视觉、听觉和知觉的畅通和顺利,从而引起受众的兴趣。

（3）提高刺激物的感染力：刺激物的强度和对比度固然可以引起人们的注意,但倘若它反映的信息毫无意义,缺乏引起人们兴趣的感染力,引起的注意也只会是短暂的。在品牌传播中,有意识地增大各组成部分的感染力,激发受众对各种信息的兴趣,是维持注意的一根支柱。新奇的构思,艺术性的加工,诱人关心的题材,都能增强品牌传播的感染力。

（4）突出刺激目标：在其他条件相同的情况下,注意程度的强弱和被注意物体的多寡成反比,目标越多,注意力越分散,目标少则有利于集中注意力。对于户外广告来说,这点尤为重要。

（5）运用识别语：好的品牌大多拥有自己独特的识别语,如飞利浦的"让我们做得更好",诺基亚的"科技,以人为本"等。这些识别语看起来醒目,并能给人一定的启发,从而能使受众认同品牌的价值观,达到良好的传播效果。

四、联想

所谓联想,就是人们在回忆时由当时感觉的事物回忆起有关的另一件事,或者由所想起的某一件事物又记起了有关的其他事物的一种神经联系。依照反映事物间联系的不同,联想可以分为四类：① 接近联想；② 类比联想；③ 对比联想；④ 关系联想。无论是哪种联想,都可以帮助人们从别的事物中得到启迪,促成人的思维活跃,引起感情活动,并从联想中加深对事物的认识。

在品牌宣传中,有意识地运用这种心理活动,充分地利用事物间的联系形成各种联想,可以加强刺激的深度和广度。

运用联想实际上就是对有关品牌信息的升华,是具体和抽象综合表现的手法。具体的方法很多,如可以用受众熟知的形象,也可以创造出深入浅出、耐人寻味的意境,来暗示品牌给人带来的乐趣和荣耀等。采用直喻、暗喻等手法揭示有关信息的内涵,往往可获得引人入胜的艺术魅力,给受众留下艺术再创造的余地,从而增强主题的说服力。

在品牌传播中充分发挥联想的心理功能,必须以充分地研究受众的心理需求为前提,从而有针对性地利用各种易于创造和激发联想的因素,适应受众的知识经验和审美欲求,使之产生对品牌的向往。

五、记忆

记忆是人们在过去的实践中所经历过的事物在头脑中的反映。品牌传播所运用的元素如果难于记忆，其刺激功能就不能充分发挥，效果也就不理想。因此，在品牌传播中有意识地增强受众的记忆是非常必要的。

1. 信息记忆过程的基本特征

人的一般记忆过程分为识记、保持、再认和回忆四个基本环节。识记就是识别和记住信息，把不同的事物区别开来，使记忆在头脑中不断积累的过程；保持是巩固已得到信息的过程；回忆是把过去得到的信息进行回想的过程；而再认则是当过去的信息再度出现时能把它认出来的过程。对记忆过程进行研究，其目的是系统地了解品牌宣传对记忆进行促进的全过程，以求在实践中获得更好的效果。

识记是获得对某一事物印象并成为经验的过程。从理论上，可以把信息识记划分为有意识记和无意识记、机械识记和意义识记。

无意识记是事先没有自觉和明确的目的、不用任何有助于识记的方法，也没有经过特殊的意志努力的识记。无意识记具有很大的选择性，一般而言，那些适合人的兴趣、需要、目的和任务，能激起人们情绪活动的品牌宣传活动，对人的影响深，就会达到无意识记。人的许多知识、经验，是通过无意识记积累起来的。品牌传播如使人在许多方面都感知其内容，通过"潜移默化"的作用，就会被人们无意识地识记下来。

信息的有意识记则是具有明确的识记目的，运用一定的方法、经过一定的意志努力的识记。有意识记是一种复杂的智力活动和意志活动，要求有积极的思维活动和意志努力。它对品牌传播具有重要意义，受众对品牌的系统认识主要依靠有意识记。

机械识记和意义识记的区分标准是识记者是否了解信息的意义。机械识记是在对信息的内容、意义没有理解的情况下，依据某些外部联系机械重复进行识记。意义识记，则是在理解信息意义、内容的情况下，依靠思维活动，揭示内在的本质联系，找到信息中的新材料与自己的知识的联系，并将其纳入个人已有知识系统。运用这种识记，信息易于记住，保持时间长且易于提取。大量的事实证明，意义识记在全面性、速度、准确程度和巩固程度上都比机械识记要好。

品牌传播要想取得满意的效果，就必须使传播的内容为受众所理解，促进意义识记,这样也可以节约大笔的宣传费用。

2. 增强受众对品牌信息记忆的策略

从信息论的角度来看,受众在接受品牌信息的过程中,是通过这几种记忆的共同作用接收、储存和提取有关信息的。然而,由于客体刺激程度的不同,以及受刺激个体的心理特征的差异,使品牌信息的记忆往往出现个体的差异。

在品牌宣传中为了增强受众的记忆,可以采取以下几方面的策略。

(1) 适当减少识记材料的数量:减少识记材料有两种途径,即识记材料的绝对减少和相对减少。识记材料的绝对减少,就是减少识记材料的绝对量。相对减少,就是在识记材料不可压缩的情况下,根据记忆心理学原理进行分块整理,这样也就等于所需记忆的材料相对减少。

(2) 充分利用形象记忆优势:在人的记忆中,语言信息量与图像信息量的比例是 1∶1 000。因此,充分利用形象记忆,是品牌宣传的一大策略。

(3) 设置鲜明特征,便于识记、回忆和追忆:所谓设置鲜明特征,就是为记忆过程的识记、再认、回忆或追忆提供线索,从而使记忆过程顺利完成。品牌宣传中的这一手段,是与形象记忆策略密切相关的。

(4) 适时重复品牌信息:品牌信息的适度重复与变化重复,是增强记忆的重要手段。

(5) 提高受众对品牌信息的理解:意义记忆是品牌信息记忆的重要方式,而意义记忆发挥作用的基础,就是让受众理解信息内容。

(6) 合理编排重点记忆材料的系列位置:记忆是大脑对信息进行编码、储存的过程,因此,在对品牌传播内容进行编排时,要尽量使记忆的编码过程能顺利进行,并使所传播的信息,处在记忆编码的前面或后面,而不要让其掩埋在中间。

六、思维

思维是人脑对客观事物的本质属性和内在联系间接的、概括的反映。思维和感觉、知觉一样,都是对客观事物的反映,不过感觉和知觉是认识的初级阶段,只反映事物的个别属性和整体形象,以及事物之间的外部联系,而思维则是认识发展的最高阶段,它揭示事物的本质和内在的联系。思维以感觉、知觉等提供的材料为基础,运用分析、综合、比较、判断、推理等形式来揭示事物的本质。

从前面对品牌的定义中,我们知道品牌是形而上的概念而非实体,品牌传播的目的之一就是要把品牌所要表达的概念在受众的心目中建立起来。而要实现这一目的，就必须遵循受众认识过程的规律，通过时间的积累来逐步完成。

在品牌发展的过程中，品牌一开始是作为区分于其他产品的符号而存在的，品牌所含的意义也仅限于品牌传播者的主观所设定的传播目标，对于受众而言，他们并没有意识到品牌所代表的深刻含义，这就需要企业以品牌概念为中心，通过不同的表现形式，运用整合的传播手法反复向受众传达相同的信息，受众在头脑中对品牌的信息有了一定的积累后，会通过自己能动的思维，把这些信息进行分类、判断，从中理解到品牌所要传播的概念，这样就会在受众的头脑中树立起品牌的概念。

【案例】 江小白的品牌之道

近几年江小白通过颠覆传统的品牌传播方式，实现了在白酒市场的快速崛起。在很长的一段时间里，白酒产品大多定位于高端市场。江小白酒业的创始人陶石泉表示，每次朋友聚会大家都要喝上一点白酒，但是太高端的酒对于年轻人来说消费不起，而廉价的白酒又感觉似乎上不了台面。于是开发一款"年轻化"白酒的想法在陶石泉的心中开始萌发。

在基本思路确立之后，陶石泉便开始着手创业。关于品牌的名称，陶石泉曾有过许多的方案，但在看到青春偶像剧《男人帮》剧中那个略害羞、略文艺、偶尔装深沉的男主角"顾小白"以及另一部电视剧《将军》里的主人公"虞小白"后，"江小白"这个既通俗简单，又一听就能记住的名字，在他的脑海里出现了。于是，一个长着大众脸，鼻梁上架着无镜片黑框眼镜，系着英伦风格的黑白格子围巾，身穿休闲西装的帅气小男生成为"江小白"的卡通形象。

陶石泉的团队在之后的营销中不断尝试着赋予这个小男生鲜明的个性：时尚、简单、我行我素，善于卖萌、自嘲，却有着一颗文艺的心。这个形象还有一句常挂嘴边的口号——"我是江小白，生活很简单"，而正是这样一句简单却充满正能量的话语迅速在网上爆红。

陶石泉认为，好品牌就是这样，有态度有主张，还得朗朗上口、容易记忆。在包装上，江小白也完全抛弃了传统的酒类产品风格，采用磨砂瓶身，主打蓝白色调，在瓶体上印满个性化的江小白语录。

　　江小白的成功主要得益于精准的品牌定位。江小白不是一般的白酒,而是定位于"情绪饮料",它提出了"不回避、不惧怕,任意释放情绪"的品牌宣言。这是一种"避强定位法",这种定位策略可以让企业避免与强有力的竞争对手发生正面冲突,将自己的产品定位于竞争者未开拓的市场区域内,产品的某些特征或属性就可以与竞争者的产品形成差异化。江小白采用特色定位,用自己的特点在消费者心中树立独特的形象,以区别于其他品牌的白酒。

　　江小白针对自己的目标市场,进行这样的精准定位是对大数据有效利用的结果。在信息技术、互联网技术的引领下,我们已经进入大数据时代,大数据的应用也影响了市场定位方法的发展方向。人人参与、真实互动、信息公开和及时发布是大数据时代显著的特点,这些特点与企业定位过程相互碰撞之后,就会给企业以灵感,为企业带来一个更精确的定位手段。社会化的线下平台与互联网的线上平台的有效结合,使企业实施市场定位精准化活动成为新的可能,从而给企业带来巨大的竞争优势。

　　江小白就是利用互联网的线上社交平台以及线下举办的同城酒会之类的线下交流平台,收集目标顾客的信息,通过对信息的整理、分析,映射出目标顾客的特点,从而进行精准的定位。随着互联网普及,以及移动终端的快速更新换代,带来的不仅仅是交流的及时和方便,也带来了越来越多的社交恐惧症患者。

　　这种奇怪的社会现象,开始被大家所关注,随之也产生了相关的经济活动,比如,米未传媒有限公司出品的《奇葩说》《好好说话》等节目,目的是鼓励人们面对面地进行交流。而江小白也找到了这种"怪病"的症结,提出的解决方法是释放情绪,在此基础上还要重视社交回归,它是准确地把握住了年轻顾客群体行为及心理特征,并且以切中要害的方式提出了问题的解决方法,真可谓煞费苦心。江小白从情绪这个角度去寻找自身品牌与目标顾客的契合点,突出自身品牌的特点,在目标顾客心中树立了别具一格的形象。

有了精准的品牌定位后,江小白通过强有力的内容营销引发年轻消费者对品牌的主动关注,被称为品牌界的文案高手。

如果仔细分析会发现,江小白的文案类型大致可以分为以下几类:

青春:青春不是一段时光,而是一群人。

理想:有过一些弯路,也好过原地踏步。

爱情:从前羞于告白,现在害怕告别。

生活:你内心丰富,才能摆脱生活的重复。

兄弟:愿十年后我还给你倒酒,愿十年后我们还是老友。

自己:不要到处宣扬你的内心,因为不止你一个人有故事。

情感:我们在同一酒桌,却听对方说着陌生的故事。

看了以上这些典型文案,你有什么感觉,有没有觉得正中你的内心、说出了你的内心深处的想法? 十个年轻人看了,估计有九个会说很有感触,为啥? 因为年轻人都有一些共同点,基于未成年人不能饮酒的原则,我们来大致分析一下江小白的目标用户们。

年轻人的共同点:二十来岁,刚出校门,进入社会,与朋友天南海北,追求梦想,或顺利,或坎坷,可能一个人背井离乡,友情爱情,都不稳定,别的没有,情怀多得是。总结出年轻人的这些特点,发现他们生活中的情感需求,江小白的文案类型就自然而然地确定下来上述的几个类型了。

这就是我们经常说的,为什么要做用户画像? 不论是什么行业,首先都要确定自己的用户是哪一类人群,他们有什么样的共同特点,对什么内容感兴趣,痛点在哪里,背后的情绪以及决策驱动因素。只有明白了这些,你才知道什么样的文案最能打动他们。在稀缺的流量中准确地圈住自己的用户。江小白的文案之所以能打动用户,是因为它对用户有足够的了解,通过文案与用户建立情感上的联系,一旦情感相通了,用户自然会成为死忠粉,这是值得众多品牌学习的地方。

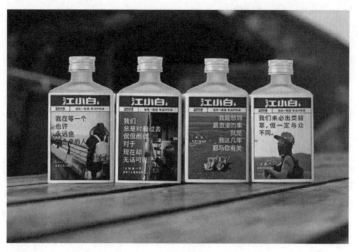

经常有人用 5W2H 来分析江小白的触发场景,我们一起来看一看:

What:江小白是什么? 是消愁、壮胆、联系情感的白酒。

Why:为什么要喝? 工作不顺利,爱情不如意,兄弟抱一下(唱出来了)……

When:什么时候喝? 聚会、开心、孤独、不开心……

Where:在哪喝? 家里、大排档……

How:怎么喝? 站着喝,坐着喝,干杯喝,罚酒喝……

How much:喝多少? 看心情,反正也不贵……

于是,江小白的触发场景就很容易推断出来了。

既然是给年轻人喝的白酒,那自然要在年轻人扎堆的地方出现。

你是不是也经常在大排档,小餐馆的桌子上看到江小白的文案瓶? 是否也曾在小卖铺门口看到过江小白的海报?

据悉,江小白在线下有几百万个终端,这才是关键,一切可能产生消费的场景里,都能看到江小白的文案,轻松买到江小白的产品。

除此之外,江小白还经常在影视作品里频刷存在感。《好先生》《小别离》《火锅英雄》《从你的全世界路过》《暗黑者》……

更绝的是,江小白 YOLO 青年文化节。在嘻哈文化在国内还属于小众狂欢时,江小白就已经盯上嘻哈文化了。随着《中国有嘻哈》等说唱类综艺的爆火,YOLO 火了,江小白也火了。追剧和喜欢嘻哈的大多都是年轻人,完美契合江小白的目标用户。

最后，江小白还推出白酒的一系列喝法，加雪碧，加牛奶，加冰红茶，只有你想不到的，没有它不能加的，各个社交平台上，也有众多用户参与分享。

江小白无孔不入的营销确保了大量的曝光，触达了大量的目标用户，即使没喝过江小白的酒，也听过江小白的名声了。

它深谙品牌的传播之道，不仅在影视、线下等场景中传播，还鼓励用户自己生产内容，参与并分享。确保了自己的文案写出来，无论在那个场景中，都能被目标用户看到。毕竟如果没有人看到，那文案写了也是白写。

江小白能如此出众，除了文案本身的优秀，更重要的是品牌定位的准确，对用户情感的了解，以及无孔不入的营销推广，这些在品牌的发展过程中，缺一不可。系统、全面的发展，才成就了一个独一无二的江小白。

（案例来源：茂兔，《同样的文案，你也不一定能写出下一个江小白》，广告狂人网，2020—3—1；知世，《江小白营销案例分析》，小樱知识网，2022—3—16）

第八章

品牌市场周期与品牌传播

第一节　品牌市场周期

一、关于品牌生命周期的讨论

　　品牌的生命周期一直是营销界争议颇多的一个议题。围绕这一命题引发了两种截然不同的思潮：品牌或有其必然衰败的轨迹，或可以维持万古长青。纵观市场风云，有多少叱咤一时的品牌最终被市场的滚滚大浪淘尽，然而又有多少"百年老店"依然顽强屹立于品牌之林。是否会有一种必然的规律，决定着品牌必须沿着它固有的生命轨迹而最终走向衰败？品牌若遵循这种定律，又何以解释一些品牌演绎的百年风云？本章旨在尝试着对这一命题做一浅略探讨，以期能寻求品牌传播的应对思维。

　　生老病死从来就是世间的不二法则，世间万物遵循着能量守恒定律，从虚无中诞生，最终也必然走向虚无。笃信这一自然公理的人们同样虔诚地相信，品牌也像动物学家和植物学家所研究的动物和植物那样，必然会经历一个出生、成长、成熟和衰退的过程。这已是商业界和学术界普遍存在的观点，而且赞同者颇众。这一观点所包含的品牌衰退的意义指是品牌在长期发展中不可逆转的衰退，而不是可控制的，短期的周期性变动。虽然对于具体的品牌而言，其生命周期曲线上升或下降的实际形状各不相同，但是各品牌都会经历一个从出生到衰退至最终消失的过程，有大量的品牌实际情况例证这一观点。AC 尼尔森曾对1936～1977 年 41 年中美国市场上具有代表性的家用产品品牌做了长时间的分析，观察出了以下一些变化：1936 年最重要的 5 个品牌，到 1977 年，只有 2 个品牌仍然存在于市场中，而且其市场份额已经大幅度减少；1949—1977 年在引进市场的 12 个最重要的品牌中，已有 4 个品牌在市场上消失；这些市场中主导品牌已经变化了 5 次，不再处于主导地位但仍然比较重要的品牌，已不能跟上时代的步伐。通过这一研究，可知品牌的衰退是必然的趋势，在其背后潜藏着一种无形的自然规律。

　　然而学术没有一面倒的倾向，有很多实例支持品牌的生命周期学说，同样又有大量的实例驳斥这一学说。很多企业界和学术界人士从品牌生命周期与产品生命周期的区别出发,阐述了品牌寿命无限的观点。这种观点认为,品牌所附着的产品有生命周期,这是科技进步、新产品迭出的必然结果。但是由于决定品牌在市场存活或退出的主要因素(产品及品牌的形象等)能够通过企业的科学而合理的努力得到激活,从而使品牌可以永不坠落,或者也可以说,品牌的生存与消亡的周期现象不具有客观必然性。因此,产品有市场生命周期,品牌却不一定也循此例,或者说品牌没有市场生命周期。进一步而言,品牌是长期累积起来的无形资产,品牌所赖以依附的产品可能因竞争或潮流而不复存在于市场之上,但品牌的效应和价值观念却不会连同产品一起走向灭亡,而是可以通过品牌的延伸将其继续传递给新的产品、新的消费者。只要妥善管理、科学传播,品牌可以实现永续经营,成为不落的明星。持这种观点的人士还驳斥品牌有限生命说容易导致企业陷入品牌经营和传播的陷阱,如有的企业因为相信品牌有限生命说,而将处于成熟期的品牌的建设资源抽调去用于新建品牌,最终导致原品牌过早夭折。

这两种学说,似乎各有千秋。品牌有限生命说根基于实际调研结果,而对现存的"百年"品牌又没有谁敢做出"未来一定永不衰变"的预言。品牌无限生命说的依据也合乎逻辑,属常理推断。

孰是孰非,一时间无法盖棺定论。

二、爱迪斯企业生命周期说

说起生命周期,就不得不提到美国人伊查克·爱迪斯的理论观点。伊查克·爱迪斯曾用20多年的时间研究企业如何发展、老化和衰亡,并撰写了一本名为《企业生命周期》的著作。书中把企业生命周期分为10个阶段,即孕育期、婴儿期、学步期、青春期、壮年期、稳定期、贵族期、官僚化早期、官僚期、死亡。

爱迪斯准确生动地概括了企业生命不同阶段的特征,并提出了相应的对策,为我们指出了企业生命周期的基本规律,提示了企业生存过程中基本发展与制约的关系。

爱迪斯画出了一条像山峰轮廓的企业生命周期曲线,如图8-1所示。

这条曲线可能可以延续几十年甚至上百年,但实际上很多企业没有走完这条完美的曲线就消失了。有的甚至还在成长期,仅仅几年,十几年就夭亡了。其原因是企业成长中会遇到许多障碍,如不能成功应对,便只有走向衰败。这正如在技术还不发达的时代,许多未成年儿童由于自身免疫能力的不足,而过早夭亡

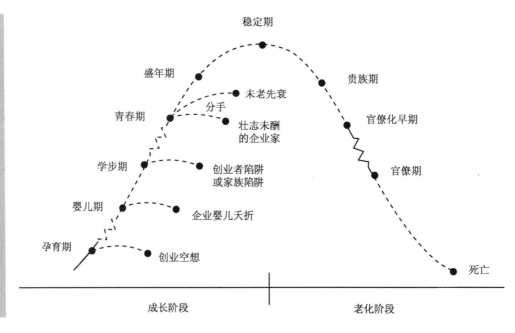

图 8-1　伊查克·爱迪斯企业生命周期曲线

资料来源:伊查克·爱迪斯.企业生命周期[M].北京:中国社会科学出版社,1997:96

一样。

　　爱迪斯认为,企业的成长与老化同生物体一样,主要都是通过灵活性与可控性这两大因素之间的关系来表现。企业年轻时充满了灵活性,但控制力却不一定总是很强;企业老化时可控性增加了,但灵活性却减少了。这一情形就像婴儿和老年人之间存在的差别一样。婴儿灵活到可以把自己的脚趾头伸到嘴里去,但他的动作和行为却是非常不可控的。成年人没有婴儿那么灵活,但可控力要比婴儿强。不过,人在步入老年以后最终连控制力也会丧失。"年轻"说明企业做出变革调整相对容易,但由于控制水平比较低,其行为结果一般难以预测。"老"则意味着企业对行为的控制力比较强,但缺乏灵活性和变革的意向。一个企业既有灵活性又有可控性,也就是说既不过于幼稚又非老态龙钟时,这个企业就同时具备了年轻和成熟的优势,表现得既有活力又具控制力,他把这一阶段称之为"盛年"。

　　爱迪斯的理论认为,企业一个时期的行为特点中可能包括了其他时期的行为的特点。例如,如果一个企业处在青春期,它有时会表现出学步期企业的特征,有时又表现出盛年期企业的特征,但它绝大多数行为是青春期的,这是正常现象。在不利条件下,企业文化会退回到生命周期的上一个阶段去;当企业比较强健时,又会体现出下一个阶段的特征。

健康企业的生命周期曲线呈正常的钟形分布,也就是说有时其行为貌似还处于生命周期的上一个阶段,而有些行为又是来自生命周期的下一个阶段,但是它的绝大部分行为却表现出企业在生命周期曲线上目前所处的主要位置的特征。

三、狭义和广义的品牌生命周期说

笔者认为品牌生命周期应有广义和狭义之分。狭义地说,品牌是有生命周期的,这是一种微观的、动态的视角。品牌所外显的是系统化的标识符号,产品包装等等元素,这是品牌受众所能触知的实体部分。而品牌真正的意义在于其内在的核心价值和观念,而这是通过长期的传播而累积起来的依附于这一符号体系之上的因素。品牌最初所设定的核心价值和观念,有可能由于时代的发展而逐渐不合时宜,从而被日渐淘汰。没有放之四海而皆准的真理,也没有万古长青的品牌价值观。品牌的能指,即品牌的名称和外在符号可能得以长存,但其所指,即外在符号所代表的内容和意义可能发生本质上的更改。从这个意义上说,品牌的生命便完结了。笔者归纳了支持这种狭义角度的观点的几点理由:

首先,品牌根植于产品,而产品是有生命周期的。尽管我们已经承认了品牌不同于产品的不争事实,但第一产品(品牌初创时的产品)往往决定了品牌发展的方向和发展的最大限度,限定了品牌所能够映射的含义的范围。对于那些与产品属性联系紧密的品牌来说,更是如此。

其次,价值和观念有其潮流性,不同的时代会有不同的主流价值观。品牌的最初核心价值观念的设定都脱离不了其特定的时代背景,往往反映了一个时代主流的价值观念的脉动。而不同时代,人们的生活形态会有所不同,人们的思想价值观念也会出现差异,甚至达到迥异的地步。反映这个时代的品牌价值观念也必然难以避免落伍境地(这里所说的时代,不是几十年的概念,而是一个相当长的时间跨度)。

再次,品牌赖以存在的根本原因在于它拥有相当数量的忠诚消费者。然而对于品牌而言,消费者有其生命周期,这不但是指消费者有自然的生理寿命周期,还指消费者为品牌创造价值的时间跨度是有限的。企业为了维持利润根基从而实现可持续的发展,必须源源不断地吸引新一代的消费者。而要达到这一目的,就可能有必要对其自身做出调整,甚至不惜更改品牌名称或者标识。因为对于新一代的消费者而言,父辈甚至祖辈时代的品牌可能代表着陈旧、不入时,从而容易产生不屑情绪。这一点也可作为上述第二点的补充解释。

最后,品牌竞争日趋激烈,大部分品牌都难以逃脱被替代、兼并或收购的危机,从而从市场上消失,这是市场的自然规律。前述 AC 尼尔森所做的长时间跨度的市场调查研究所得出的结果就可以说明这个问题。因此,大多数的品牌在激烈的市场竞争之中必然会走向衰亡,这个普遍事实支持生命周期说,这也是我们所谓狭义生命概念之中的应有之意。

从广义上说,品牌又是没有生命周期的。与狭义品牌周期说的考察点不同,这是一种宏观的、静态的视角。如前所说,品牌是一种符号,是能指和所指的统一体。品牌的能指,即品牌本身的形式,如名称可以被看作是一个银行账户,企业可以不断在这个账户下存入货币,可以是人民币、欧元或者是美元,意即如果需要,能指之下可以所指不同的意义。当所存的某种货币不再坚挺(即品牌本来的价值等核心的识别逐渐不为消费受众所认同时),企业可以兑换另外一种货币而继续使用原有的账户(即企业可以转换品牌形式之下的意义而不必更换品牌的名称)。品牌意义的转换往往是通过品牌不断地延伸而逐步产生的,只要存在竞争、只要产品还受到生命周期的制约,品牌的延伸就不会停止。市场上的大多数品牌为了实现永续的经营,其意义和价值并不是从一而终的,都有不断扩大或转换的趋势(当然,这种趋势不是短时期的,而是从品牌发展的整个历程来考量的,与前面所述品牌核心识别应该保持不变的说法并不矛盾。变与不变其实是相对而言的)。品牌通过意义的不断自我调适或更替,可以实现品牌符号的永续。从这种意义上说,品牌无生命周期。

四、品牌的市场周期

关于品牌生命周期的命题,笔者认为品牌是有可能衰败的,但这种衰败是否是品牌的命数使然,则无从加以实证判断,只能停留于理论的假设或臆想。因为品牌的生命曲线极不规则,品牌寿命可短可长,而且品牌在发展中存在诸多的变数,人们无法从史料中准确判断品牌的衰败是否出于人为治理不善还是自然而然的结果。

尽管没有人能给出让这两种观点持有者放弃己见的让人信服的证据,品牌生命周期这个命题本身还是给予我们以很深刻的警醒,对于品牌经营者和品牌传播者教益良多；品牌的经营和传播如履薄冰，需要慎之又慎。

关于品牌生命周期的两种学说，其最大的分歧聚焦于品牌是否必然走向衰败这一问题。然而，这两种观点都承认这个事实：万丈高楼平地起，品牌立足于市场，不是生而成熟的，总是一个从无到有的过程，即要经历初创期、成长期和成熟期。这几个阶段是品牌发展的必然过程，品牌在这样的一个过程中呈现的是一种规律性的发展变化，因此我们可以将其视为一个周期性的过程。为了与前文所说品牌生命周期的提法区别开来以及阐述的方便，我们将品牌的这一过程称为品牌的市场周期。

这三个阶段是品牌的经营及其传播一般必须经过的状态。但不是所有的品牌发展轨迹都是那么顺利，有的品牌在发展过程中由于种种原因，可能这几个阶段还未结束就直接进入到衰退的状态。由于导致品牌衰退的因素很多，我们将品牌的衰退视为是品牌发展过程中的一种特殊情况，即品牌发展的一种变态，因此本文中未将其划入品牌市场周期之列，而另设篇幅予以阐述。

五、品牌市场周期的界定

如前所述，由于诸多市场变量影响，品牌市场周期的曲线无法准确描绘。尽管如此，品牌在各个不同时期所彰显出的现象应该是有规可循的，我们还是可以从市场的一般情况归纳出一些规律性的东西，以此作为对品牌市场周期的粗略界定：

（1）品牌初创期：品牌从无到有的阶段，包括上市之前的市场资料搜集、品牌定位、战略设定的导引时期。在品牌初创期，品牌所传播的信息引起消费者注意，并引导他们对品牌作初次尝试。通过传播，品牌在一定范围内为目标消费者所知，且消费者对品牌有一定品质认知。

（2）品牌成长期：品牌的市场占有率逐步上升，初创期尝试过品牌产品的消费者感到满意，开始重复购买品牌产品，且数量逐步增多。消费者对品牌品质产生一定认知度，消费者能将品牌的一些传播元素与品牌联系起来，并能引发一定联想。

（3）品牌成熟期：在这一时期，是品牌的"黄金时期"，品牌的市场占有率稳定，更重要的是忠诚消费者的增加和稳定，品牌有着良好的联想。品牌已不只是作为识别产品的符号，而是在其标定下，包含了更广泛、更丰富的意义。

六、品牌概念化

　　品牌的市场周期亦可以看作是品牌概念化的一个过程。品牌的发展被很多学者和实践者认为是品牌与消费者之间关系的建立和发展直到稳固的过程。这个过程也是品牌从纯粹的识别符号发展到被消费者所认同的、有较深刻内涵的价值概念的过程。这是一个量变和质变的过程，而推动这种变化的重要驱动力便是品牌传播。

　　品牌是存在于消费者心目中的概念，品牌的经营和传播的最终目的就是为了发展其与消费者之间的关系。如果将品牌当作一个人来看待，品牌关系就是与消费者之间的"人际交往"。两个人的关系发展，总是从陌生到相识，再到相知，随着彼此间接触和了解的深入，进而产生互相依赖的感情和忠诚。二者的情感历程总是由陌生到熟悉，再到亲切，最后产生感情依赖。同样道理，随着品牌市场周期的发展，品牌与消费者间的关系也是在逐步深入的：消费者从仅仅听

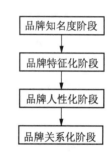

图8-2　品牌概念化的过程

说过品牌，到尝试其产品，再到了解品牌的品质、品牌所代表的意义，在经过多次尝试和接触之后，对品牌产生归属感和忠诚。随着这种关系的加深，品牌在消费者心目中的形象越来越生动，甚至是人性化。他们在潜意识里把一个品牌定义为一个过程的四个阶段，这个过程是从"仅是一个名字"到"一种真诚的关系"（见图8-2）。这也便是品牌市场周期所走过的轨迹。

　　在品牌发展的过程中，品牌一开始是作为区分于其他产品的符号而存在的，品牌所含的意义也仅限于品牌传播者的主观所设定的传播目标。对于消费者而言，他们并没有意识到品牌所代表的深刻含义，换句话说，品牌与消费者间的关系缺乏基本的条件，为了构建这种条件，品牌必须尽快为消费者所知晓，创造品牌知名度。毕竟，如果消费者从来没有听说过这个品牌的话，就很难发展起与品牌的关系。

　　一个品牌必须有某种特征。只有具备了一定的特征，品牌才可凸显于同类其他品牌。这种特征必须通过不断的传播才可能日益明晰，品牌所设立的差异化的定位和传播目标，要为消费者所认识并接受，必须通过多种品牌传播工具的运用。为了赋予品牌独有的特征，品牌传播应着重于发展出与品牌相关的联想。

如果品牌因某物而出名,就要和某物相联系。品牌的特征化阶段的主要问题是回答"它像什么?"人们会用什么样的形容词向别人描绘这个品牌? 比如,它是现代的还是过时的,年轻的还是年老的,适合男人的还是适合妇女的,软的还是硬的,一直进步还是从不改变的等等。

通向品牌关系的第三个阶段开始把品牌和人性特征相结合,这就是我们所说的"品牌人性化"。如果我们接受消费者要和品牌发展关系的说法的话,这是一个不可回避的阶段。如果消费者把品牌看成是一个和自己已经建立密切关系的人,那么和这样一个没有生气的物品,甚至只是一个概念建立关系将会变得更容易。事实上,我们倾向于和有一些人性特征的品牌发展关系,这种人性特征也是那些我们平时交往的人所拥有的。对于品牌人性化的检视,应该将品牌作为一个人来看待,回答诸如"品牌是一个人吗? 他会是什么样的人?"之类的问题。

品牌经营和品牌传播的最终目标是为了发展品牌与消费者之间的亲密关系。即品牌从仅是识别指代符号发展到品牌关系阶段。在这一阶段中,品牌和消费者之间发展起一种密切的关系,消费者忠诚于品牌,品牌同样忠诚于消费者。品牌已不再是减少消费者选择商品时间的识别标志,而是成为反映消费者身份以及消费者表达自身价值观念的一种概念化的符号,成为消费者生活中重要的一部分。这是品牌传播的至高境界。

第二节 品牌市场周期关系谱

一、品牌市场周期与产品生命周期

任何品牌都必须依附于特定的产品之上(服务品牌例外),品牌消费受众对一个品牌的认知、评价,无一例外总是从品牌依附于其上的产品开始的,都是通过产品带给他们的实在利益和感受而进行的。品牌的市场周期始于产品,却不一定终于该产品。品牌所代表的意义是无形的,而产品却是实体的。产品是品牌与消费者接触的实体,品牌只有通过产品才可以提供给消费者实在的利益,品牌的传播才有它的基础。因此,品牌与产品是紧密相关的,考察品牌的市场周期,必须同时考量它与产品生命周期的关系。

一般而言,两者的关系可以用以下两种曲线来表示(见图8-3、图8-4)。

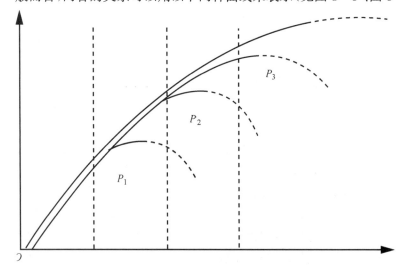

图8-3　品牌和产品生命周期关系曲线(1)

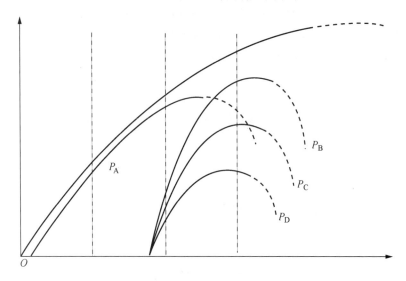

图8-4　品牌和产品生命周期关系曲线(2)

图8-3是生产同一种产品的企业的品牌和产品生命周期关系曲线。在图8-3中,P_1、P_2和P_3表示同一种产品,但分别是不同的创新形式。产品P_1是品牌的第一产品,即品牌初创时所依附的产品。伴随着产品P_1进入市场,消费受众开始认识、了解该初创品牌;随着产品P_1打开市场,占有率快速上升,该

品牌也步入成长期;然而产品是有其生命周期的,产品 P_1 走过成长期和成熟期后,必然走向衰退,但品牌并不因产品的衰退而消亡。在产品 P_1 的衰退之前,企业在产品 P_1 的基础之上着手开发创新产品 P_2;随着产品 P_2 的生命行将终结,企业又开发产品 P_3 替代 P_2……品牌就是在这样不断的产品创新改进的过程中一步一步走向成熟。符合这一品牌和产品关系曲线的企业典型如 Intel,它通过不断的技术创新来生产性能越来越高、更为稳定的芯片,促使 Intel 品牌不断向前推进。

图 8-4 是另外一种可能的品牌和产品生命周期关系曲线。图中,P_A、P_B、P_C、P_D 分别代表不同的产品,而产品 P_A 是品牌的第一产品,伴随着产品 P_A 进入市场以及其占有率的上升,品牌逐步步入初创期和成长期,以至成熟。在产品 P_A 将进入衰退期的时候,企业着手开发其他产品,将品牌延伸至 P_B、P_C、P_D……以不同的产品彰显品牌的特质,以使品牌永续。

在观察和分析品牌市场周期与产品生命周期的关系曲线时,有几点是值得我们注意的:

(1)第一产品对于品牌的初创和成长是至关重要的,第一产品的市场进入和成长情况关系着品牌的初创期与成长期的传播绩效,关系着品牌生命的健康状况。可以说,第一产品的成败决定了品牌的成败。

(2)品牌的成长期可能需要多个产品的生命周期做铺垫。也就是说,第一产品步入成熟期后,品牌可能还未达到预期的传播目标。这就需要继续开发或者改进产品,并加强传播以加快品牌的成长。

(3)品牌的市场周期曲线无法确切描绘。不同品牌的传播目标不尽相同,而且传播绩效很难以量化形式准确体现,因此品牌市场周期的各个时期之间的界限无法准确界定,以上给出的曲线也只能是为了便于分析所作的粗略的描绘。尽管如此,划分品牌的市场周期对于我们制定有针对性的品牌传播策略还是有着重要的参考意义。

(4)这两种曲线只是品牌市场周期和产品生命周期关系的一般性归纳,现实中可能会出现一些变态,如产品成长中途更改品牌名,在品牌初创期就开发多种产品,等等。

二、品牌市场周期与品牌资产

1991 年,美国加州大学大卫·艾克教授出版了《经营品牌产权》的专著,从此,"品牌产权"引起了欧美企业界、营销界的高度重视,并迅速流行开来,成为当今欧美营销最热门的话题。

"品牌产权就是一组与一品牌的名字及符号相连的品牌资产(Assets)与负债,它能增加或扣减某产品、服务所带给该企业或其顾客的价值。"

大卫·艾克教授提出组成品牌产权的四大核心品牌资产是:品牌忠诚(brand loyalty)和品牌知名(brand awareness)、品质认知(perceived quality)和品牌联想(brand associations),另一个附加的品牌资产是"其他专属性品牌资产"(other proprietary brand assets)。如果按重要性排列,则分别是品牌忠诚度、品牌知名度、品质认知度、品牌联想和其他专属性资产。

品牌资产是在传播中逐步累积起来的。品牌经营者和传播者的任务就是建立和不断提升品牌知名度、品质认知度、品牌联想、品牌忠诚度及其他专属资产。品牌经营和传播的终极目的是获得稳固的品牌忠诚度。累积品牌资产是品牌市场周期的各个阶段品牌传播的中心任务。因此我们可以从如何累积品牌资产的角度,来考量品牌市场周期各个阶段如何进行品牌传播的问题。

(1)初创期:品牌传播的重点应在于扩大知名度——这里所说的知名度应该是相对意义上的知名度,指品牌目标消费者所知范围内的知名度。消费者在选择品牌时,头脑里总会有一个"品牌清单",这是消费者心理规律作用下无意识的排序。只有"清单"上所列的品牌,才有被选择的可能。初创期的品牌要使自己尽快进入消费者的这一"清单",而且在"清单"中的位置尽量靠前。这便需要品牌提升其知名度。在初创期还应注意设计高品质的信息以使品牌获得较高的品质认知度。

(2)成长期:是提升品牌的附加价值的关键时期。品牌日益被重视的原因,在于品牌可以提供超过产品功能的附加价值。成长期是品牌发展的高速时期,品牌所能带来的附加价值很大程度上取决于品牌成长期的积累。而品牌附加价值的基础在于品牌应有良好的品质认知度和品牌联想。品牌的品质认知度是消费者对品牌所传播的信息的感知体验,以及与其他品牌信息的综合比较验证得出的评价结果,而品牌联想也是品牌各种信息综合作用于消费者心理的结果。消费者品质认知和品牌联想是消费者满意的基础,而消费者满意又决定着消费者是否对品牌忠诚,它们在很大程度上决定着品牌的溢价能力。提供一致而高品质的品牌信息是提高消费者品牌品质认知和品牌联想的必要。品牌的成长期是完善品牌的品质认知度和品牌联想度的关键。

(3)成熟期:成熟意味着稳健、根基牢固。品牌经过初创和成长期的铺垫而进入成熟期,品牌的资源逐渐丰厚,发展的步伐也逐步稳健。而这稳健的背后,是品牌经过初创期和成长期累积起来的知名度、品质认知度和联想度,更重要的是在此基础上的品牌忠诚。顾客的忠诚度是品牌的最重要的资产。处于成熟期的品牌,应该拥有较大量稳定的忠诚消费者,这样品牌在市场上才有长久立足的根基。品牌的成熟期,重要的是如何提升并维系这种忠诚度。

当然,品牌资产的四个方面是不可分割的,累积品牌资产的活动其目的也并不是单一的,比如有些品牌传播活动有利于提升品牌的知名度,同时也可能有利于品牌品质认知度或者忠诚度的累积。但是品牌市场周期的各个阶段,品牌传播任务的主次应该是不尽相同的,以上将品牌资产的四个方面分开来阐述,正是出于这种考虑。

三、品牌市场周期与顾客生命周期

顾客生命周期是指从一个顾客开始对企业进行了解或企业欲对某一顾客进行开发开始,直到顾客与企业的业务关系完全终止,且与之相关的事宜完全处理完毕的这段时间。

顾客的生命周期性可分为潜在顾客期、顾客开发(发展)期、顾客成长(维系)期、顾客成熟期、顾客衰退期、顾客终止期六个阶段。在顾客生命周期不同阶段,企业的投入与顾客对企业收益的贡献是大不相同的。

(1)潜在顾客期:当顾客对企业的业务进行了解,或企业欲对某一区域的顾客进行开发时,企业与顾客开始交流并建立联系,此时,顾客已进入潜在顾客期。因顾客对企业的业务进行了解,企业要对其进行相应的解答。某一特定区域内的所有顾客均是潜在顾客,企业投入时对所有顾客进行调研,以便确定出可开发的目标顾客。此时,企业有一定的投入成本,但顾客尚未对企业做出任何贡献。

(2)顾客开发期:当企业对潜在顾客进行了解后,对已选择的目标顾客进行开发时,便进入顾客开发期。此时,企业要进行大量的投入,但顾客为企业所做的贡献很小甚至没有什么贡献。

(3)顾客成长期:当企业对目标顾客开发成功后,顾客已经与企业发生业务往来,且业务在逐步扩大,此时已进入顾客成长期。此时企业的投入与开发期相比要小得多,主要是发展投入,目的是进一步融洽与顾客的关系,提高顾客的满意度、忠诚度,进一步扩大交易量。此时顾客已经开始为企业做贡献,企业从顾客交易获得的收入已经大于投入,开始盈利。

(4) 顾客成熟期:当顾客与企业相关联的全部业务或大部分业务均与本企业发生交易时,说明此时顾客已进入成熟期,成熟的标志主要看顾客与企业发生的业务占其总业务的份额大小。此时,企业的投入较少,顾客为企业作出较大贡献,企业与顾客交易量处于较高的盈利时期。

(5) 顾客衰退期:当顾客与企业的业务交易量逐渐下降或急剧下降,而顾客自身的总业务量并未下降时,说明顾客已进入了衰退期。此时,企业有两种选择:一种是加大对顾客的投入,重新恢复与顾客的关系,确保忠诚度;另一种做法便是不再做过多的投入,逐渐放弃这些顾客。企业两种不同做法自然就会有不同的投入产出效益。

(6) 顾客终止期:当企业的顾客不再与企业发生业务关系,且企业与顾客之间的债权债务关系已经理清时,意味着顾客生命周期的完全终止。此时企业有少许成本支出而无收益。

顾客的整个生命周期受到各种因素的影响。企业要尽可能地延长顾客的生命周期,尤其是成熟期。顾客成熟期的长度可以充分反映出一个企业的盈利能力。面对激烈的市场竞争,企业要掌握顾客生命周期的不同特点,提供相应的个性化服务,进行不同的战略投入,使企业的成本尽可能低,盈利尽可能高,从而增强企业竞争力。

从单个消费者而言,消费者的生命周期曲线并不与品牌市场周期曲线有必然的重叠,但是通过观察大量顾客生命周期的叠加所形成的曲线,则可以勾勒出品牌的市场周期各个阶段的特征。

品牌初创期表现为多数消费者是潜在消费者或者处于开发期。企业对消费者的品牌传播的单位成本较高。伴随着品牌进入成长期,品牌达到一定知名度、获得一定的品质认知和联想后,消费者数量逐渐增多,处于顾客成长期的消费者占企业总体消费者的比例最大,大部分消费者进入成长期或已进入成熟期。到了品牌的成熟期,成熟消费者数量达到最佳水平。

由于种种原因,品牌可能步入衰退期,这一时期品牌特征表现为消费者亦逐步进入衰退期直至终止期,且这种形态的消费者数量增多。

四、品牌市场周期与顾客管理

品牌是存在于消费者心中的一个概念,品牌的发展取决于消费者对品牌所传达信息的综合印象。顾客是品牌最重要的资产,品牌是在企业与消费者的交流互动中产生的,也只有珍视这种互动,品牌才有其生存的土壤。因此可以说,消费者是品牌的"衣食父母",品牌的一切动作都应从消费者出发,围绕其需求进行。品牌传播更当如此,与消费者建立友好而且稳固的关系是品牌生长和永续的关键。随着"以顾客为中心"理念的深入人心以及 IT 技术的兴盛,以资料库为基础的顾客关系管理(CRM)成为企业的品牌运作中的一个重要概念。这一概念对于品牌不同市场周期的品牌传播有着重要指导意义。

消费者资料库,是顾客关系管理的根本条件,对于品牌经营和品牌传播有着重要的意义,是品牌传播的基础。但凡市场调查、预测,产品的研制开发、定位、策略分析、制定、执行以及监控、评估等等品牌传播活动,都离不开资料库。从某种意义上说,数据库质量的优劣,决定着品牌传播活动的成败。据调查,1994年,美国 56% 的零售商和制造商有客户数据库,10% 的零售商和制造商正在计划建设客户数据库,85% 的零售商和制造商认为,数据库是未来制胜的关键。值得强调的是,顾客关系管理离不开顾客资料库的构建与维护,其实际上就是顾客资料库的建设与使用的过程,而这一过程贯穿了品牌周期的全程,具体如下。

品牌初创期是客户资料库初步构建的关键时期。在品牌进入市场之前,企业就可通过多种途径搜集消费者的相关信息资料,但这些资料可能只是对消费者总体情况的粗略描述;进入市场之后,消费者对品牌产品做初步的尝试,在此过程中,也是企业精确顾客资料的机会。消费者在购买品牌产品的时候,便是与企业的一种交流,这种交流也是企业将顾客个体资料细化的大好时机。而且,因为品牌的忠诚客户是在这部分尝试过产品的消费者中产生的,因此这些消费者资料的细化和完善,对于品牌今后对其进行个性化和人性化传播有重要意义。

品牌步入成长期后,企业一方面通过传播不断增加品牌的附加价值,吸引更多的潜在消费者,另一方面是对初创期已尝试品牌产品的那部分消费者进行重复的有针对性的传播,以增强其对品牌的向心力,即品牌忠诚,这一点尤为重要。顾客关系的管理应该是动态的,资料库的建设应该滚动更新,即在顾客与品牌交流的过程中对顾客资料(包括交易、行为记录等)进行及时更新。唯有如此,才可能及时掌握顾客的最新动向和消费意图,为制订有针对性的品牌信息指明方向;也只有如此,品牌传播才可能更有说服力和亲和力。

有资料显示,保持一个忠诚顾客的成本仅是吸引一个新顾客成本的 1/5。因此,忠诚顾客对于品牌发展起着不可忽视的推动作用。品牌步入成熟期后,通过前期的努力有了大批的拥护者和追随者。这对于品牌来说,是一笔巨大的财产资源。如何有效保护和充分利用这一资源，是成熟期品牌传播的核心任务。许多成熟期品牌仍将重心放在吸引新的消费者之上，这样是有危险性的。为了品牌的继续发展，当然需要源源不断地增添新的品牌支持者，但这样做在一定程度上是重心的偏离，不但无故消耗了企业的有利资源，还极易导致顾客的流失，从而使品牌失去了根本的发展基础。

第三节　初创品牌的传播

一、初创品牌与品牌知名度

每一个品牌要立足于市场，就必须建立起与消费者之间的关系，这种关系是品牌存在的根本基础。对于初创品牌而言，要发展与消费者的品牌关系，首先必须使品牌进入消费者心中的"品牌目录"，使得消费者对品牌有所认知。在这当中，建立和提升品牌的知名度有着重要的意义，这是处于初创期的品牌传播的主要目标。

品牌知名度一般可分为四个层级：无知名度、提示知名度、未提示知名度和第一提及知名度。品牌传播旨在提升后三个层级。

提示知名度是指某品牌经过提示之后，被问者表示记得，并且了解该品牌。这个层次是传播活动的第一个目标，它在顾客购买商品选择品牌时具有十分重要的地位。

未提示知名度，是指不经提示被问者也会想到的品牌，能够说出一个产品类别中有关的品牌名称。它往往不是一个，而是一串品牌。消费者在购买该类产品时，往往在该类未提示知名度的"品牌目录"中挑选，因此某品牌尽管排在该次序的后面，也相当重要。

第一提及知名度是指在没有任何提示情况下，提某一个产品类别就立刻想到并能够说出品牌名称。调研显示，第一提及的品牌往往也是消费者在销售点指定购买的品牌。

这几个层级从低到高形成金字塔状模型，越往上发展，对于品牌传播的挑战越大。

品牌知名度有助于将消费者对品牌的熟悉感觉过渡为对品牌的好感。消费者总是喜欢购买自己熟悉的品牌,因为没有听过的或不熟悉的品牌会使其产生认知上的不协调,他们对认知之外的改变会很谨慎甚至产生恐惧感。广告大师詹姆斯·韦伯·杨曾提出广告发生效果的途径之一是"经由熟悉",即增加品牌的熟悉度,这源于"人类最深层的需求之一是在他的世界当中辨清方位和归属感"。

品牌知名度可以被消费者看作是暗示企业实力、成功信息的信号。因为人们倾向于作这样的推论:扬名天下必然有其一定的道理。品牌广泛的知名度可能会使消费者产生诸如企业是有实力的,品牌有很多人使用,应该让人放心等等的推测。

品牌知名度还有利于品牌的联想。当以品牌名称为基础的品牌识别建立起来之后消费者对品牌识别就自动形成一张网,进而有利于品牌联想,利于品牌认知、记忆。

实践当中往往有这样一种误区,以为知名度打开了就等于品牌也建立起来了,于是很多企业不惜巨资投广告、做宣传。然而抱有这一思维的企业似乎很难以长久,20世纪末我国许多企业竞相争做"标王",然而风光了一两年后又骤然销声匿迹。不少人为其扼腕叹息,也有不少人慨叹之余针砭这一怪圈。诸多事实表明,知名度仅是品牌资产的组成部分之一,而并非全部。在品牌的初创期,快速打开知名度是必要之举,但是建立品牌的关键还在于品牌发展过程中对品牌资产建设的追加投入,而非躺在知名度的牙床上幻想日进斗金。

二、品牌传播构建知名度

如何建立品牌知名度?毫无疑问要靠传播,靠各种传播工具的综合应用传播品牌信息,使品牌信息到达一定的广度并在消费者的记忆中有一定深度。

1. 广告传播

在诸多的传播工具之中,广告由于是通过大众媒介传播信息,具有传播广泛性和可重复性等特点,无疑是建立品牌知名度最重要的"武器"。在实际操作中,我们认为可以遵循一些有益的原则。

首先,要为消费者所知,广告必须能引起消费者的注意。这是广告产生效果的前提。在广告信息充斥消费者视听神经的今天,广告要脱颖而出确实给广告的创意提出了很大的挑战。以下是使广告引人注目的几条创意思路,以供参考。

（1）操纵物理刺激：操纵物理刺激是取得或抵制消费者注意力的一个强有力的工具。物理刺激包括所有可以影响五种感觉（看、听、闻、尝和触摸）的事物。韦伯法则总结了操纵物理刺激以影响注意的心理规律。这个法则认为，对一个刺激物可感觉的变化依赖于刺激物本身的初始等级。比如，当背景噪声很大时，一个人只有大声喊叫才能被听到，而当周围寂静无声时，耳语声也能被听到。当刺激物的初始等级强度上升时，强度的变化必须以更大比例增长才能被察觉。因此，为了吸引注意力，广告必须采用与消费者所习惯的截然不同的刺激等级。比如在电视节目中，如果音响效果很丰富，则片刻的寂静将会吸引观众的注意。

（2）提供信息：另一个取得消费者注意力的方法是通过有趣的信息满足他们对知识的渴望。社会学家莫瑞·戴维斯提出，人们对于他们潜在信念或设想相矛盾的东西感兴趣。主观者的信念越强烈，他对与之相矛盾的信息就越感兴趣。但是，如果信息严重违背所持信念，那么消费者就会认为此信息荒谬且拒绝它。比如以下几条关于维生素 E 的表述："维生素 E 有益于健康"；"高剂量的维生素 E 可缓和动脉硬化"；"高剂量的维生素 E 可以使你活到 120 岁"。第一句表述已是妇孺皆知，消费者会觉得相当乏味；第二句相对来说是个新说法，因而可能使很多消费者产生兴趣；第三句则完全是一条新的信息，但是它可信吗？大多数人知道现代医药较过去而言更有可能延长人的寿命，但他们还是立刻拒绝了这据称可使他们活到 120 岁的灵丹妙药。

（3）唤起情绪：这是获取消费者注意力的第三种方法，旨在刺激人们的情绪。有很多广告倾向于唤起各种情绪来吸引注意力，如哺育的本能、喜爱动物、恐惧、性唤起和好奇心。广告中的婴儿唤起了哺育的本能，它对于父母来说是一种强烈的吸引力；孩子和许多成人都有一种对动物的自发的喜爱，因此在广告中使用动物也是吸引注意力的好方法；对于一些青少年和成人市场来说，性感模特、活动和事件无疑是获取注意的好办法。然而，采用这种唤起情绪以吸引注意力的方法有一个很大的风险，那就是刺激太强烈，消费者可能仅被吸引到刺激物上而忽略了信息本身。另外，情感如果和品牌关系不紧密，则可能招致反感。如贝纳通就经常被指责利用高尚的感情来销售世俗的服装。

（4）提供价值：获取观众注意力的最有效办法是为消费者提供一些有价值的东西，价值通常与品牌自身相连。例如，如果某品牌产品能满足实际需求，而其他竞争者又无法做到这一点，那么只要简单而直接地陈述它就可以了。广告所提供的价值同样可以使用促销的形式，如打折、样品、有奖比赛等等。大卫·奥格威曾建议用两个关键词吸引消费者的注意，"免费"和"新"。然而，滥用和误用这两个词容易导致降低它们的吸引力。

其次,所设计的信息应简洁明快,易于记忆和"二级传播"。广告在吸引了消费者注意力之后,还必须得到很好的理解才可产生预设效果。媒体多元化、信息多元化所导致的是消费者对广告信息的日益迟钝甚至是抵触。消费者在理解广告信息时总是遵循"最小努力法则",他们在繁忙时对广告不感兴趣,他们对于广告信息总是"浅尝辄止",没有时间也不可能去细细咀嚼广告中的含义。舒尔茨把我们生活的时代称之为"浅尝信息式购买决策"的时代。因此广告所要传达的信息越简洁、所利用的信息元素越少越好。在实际操作过程中,可以尝试利用琅琅上口的广告口号和设计简洁明了的视觉符号等方式。媒体中有许多是消费者耳熟能详并在人群中广泛流传的广告语,如"味道好极了"(雀巢咖啡)、"让我们做得更好!"(飞利浦电器)、"钻石恒久远,一颗永流传"(戴比尔斯钻石)。这些广告语不但对品牌做出了非常精确的描述,而且由于它们往往还含有某种现实的意义,大大提高了人际传播的概率。这些广告语对于各自品牌知名度的建立可谓功不可没。还有简单的视觉符号作为传播的元素也有广泛流传的可能。如可口可乐中国公司在请张柏芝代言时,曾设计了一个右手食指朝上转圈的手势,在年轻人中有一定流传。

在撰写广告时,为了保证信息简洁易懂,还可以考虑为记者所重视的写作技巧,归纳起来可以有:

(1)简洁且切中要点。

(2)文字简单、清楚、直截了当。

(3)选择合适的文字和图像来配合接收者的期望值。

(4)使用简洁明白而非冗长复杂的句子。

(5)使用短小、简单、常用的词,避免使用大词、复合词或晦涩的科技词语。

(6)使用具体、清晰的词,避免使用抽象或模棱两可的词语。

(7)给出结论,而不是把微妙的暗示留给受众。

(8)尽量少用否定词,避免使用双重否定等等。

再次,广告应给消费者明示某种承诺。消费者只有从广告中获得对他们有实际利益的信息才可能从对广告的兴趣转为对品牌或产品的兴趣,才有驱动购买的可能。否则任何创意精妙的广告只能是用来悦耳娱目的消闲小品。并且这种向消费者明示的承诺应该是切实的、可信的,否则会有"王婆卖瓜,自卖自夸"的嫌疑,反而招致反感和非议。舒尔茨认为,创意面临的最大挑战是:驱逐哪些枯燥、夸大、卖弄却又言之无物的言辞,代之以符合消费者期望的、真正有意义的、能够帮助消费者解决问题,并且能改善他们生活的信息。这才是品牌与消费者建立关系的不二法门。

最后,广告信息要在消费者心中留下深刻印象,必须持久一致地反复传播。越来越多的证据显示,消费者对购买决策信息的搜寻几乎都是"适可而止",决策的依据往往是他们自以为重要、真实、正确无误的认知,而不是具体的、理性的思考或是斤斤计较后的结果。他们不会花精力去思考排斥和他们已知者相冲突的信息。而且,记忆还会随着时间的推移慢慢消失。这就要求广告所传达的品牌信息必须清晰一致,而且适当地重复传播。只有这样,才易于消费者对信息的处理储存(辨认、分类、理解),从而获得累积的效果。

变化频繁的广告主题容易使消费者的想法失去焦点,因此持久一致的传播要求在时间发展上坚持定位,坚持风格,坚持核心传播要素稳定不变。要求在媒体空间上做到口径一致,做到实至名归。

2. 销售促进传播

影响初创品牌迅速成功(或失败)的一个关键因素是生产商的销售力量使该初创品牌进入分销渠道的能力。只有快速进入通路,初创品牌才可能配合其他传播通道,与消费者实质接触,建立品牌的知名度才不至于成为"空中楼阁"。原因很简单,如果消费者在媒体上对某种品牌有所认知,进而产生兴趣,四方求购却不得而归,叫他如何不转向其他品牌? 所以,快速打通通路,也是建立品牌知名度的重要方面,是初创品牌成长的关键。而销售促进(SP)则是迅速将品牌产品向市场推广的一个较有效的手段,是促进品牌的消费者认知的有效传播工具。本书中,笔者将从传播的视角出发,审视 SP 对于初创品牌的传播意义。

销售促进可加快品牌在市场上的曝光度,扩大传播的广度。这是初创品牌使用销售促进的最主要目的。各商品零售点是消费者与品牌最终的接触点。通过对销售商的促销,可增加品牌产品的铺货率。产品的包装本身就是承载品牌信息的媒介,是消费者认知品牌的最直接途径,消费者在销售渠道购买产品,这样自然就增加了品牌的曝光度。铺货率在短期内的集中增加,可以产生品牌产品集中上市的规模化传播效应,可使消费者对商家重点推介的产品留下较为深刻的印象。

销售促进吸引消费者对品牌产品初次尝试,为再次购买奠定基础,有助于建立购买习惯,影响消费者的品牌忠诚。有许多消费者往往对新上市的品牌存有"戒心",不愿轻易尝试。尝试购买是重复购买的前提,消费者不肯尝试,何来重复购买? 这给初创品牌在市场上的传播造成了一定阻碍。而销售促进给消费者提供一定的利益刺激,往往可使其产生购买的冲动,促进初次品牌尝试。

销售促进活动的展开,有诱发消费者之间人际传播的可能。销售促进的原理是通过向消费者提供某种刺激,从而促进他们的购买。这种刺激往往是利益上的,对消费者有一定吸引力的。如果这种刺激新奇和出人意料,那么它就可能成为消费者之间人际传播的诱因。人际传播虽然是个体之间的传播,但其传播的速度和广度,更重要的——信度,却是不可小觑的。

销售促进还为促使消费者主动提供个人资料提供了诱因。比如,消费者填写有关个人信息的问卷就可享受购买商品优惠的方法,对于消费者资料库的建设有很大帮助。

在运作时应注意的是,销售促进只是战术性的品牌传播工具,而非战略性的。通常,销售促进提供的是短期强刺激,直接指向消费者的直接消费反应,为扩大品牌传播的市场广度缩短时间。它对于塑造品牌形象提升品牌资产方面利益不大,如 SP 无法创造积极的品牌联想。若操作不当,甚至还会产生负面影响。如在品牌的成熟期运用该战术则可能降低消费者的品牌忠诚度,甚至还可能导致品牌管理上急功近利的短视行为等。

按照促销对象的不同,销售促进(SP)分成经销商 SP、推销人员 SP 和消费者 SP 三类。

(1) 推销人员 SP:推销人员 SP 是制造商针对推销人员的促销传播活动,通常是为了鼓励推销人员对某品牌作额外的销售努力,在各零售店终得到特殊陈列或者仅是对他们的顾客宣传某品牌。

(2) 消费者 SP:消费者 SP 是制造商举办的直接针对消费者的促销传播活动。其根本目的是诱使消费者,促使其直接购买某品牌。典型目标是:使目前使用者增加使用量;使潜在顾客从其他的品牌转变为本品牌的使用者;或者使现有消费者开始使用某一新品牌。具体的促销策略有:折价券、免费赠送样品、竞赛与抽奖、减价优待和赠品等。零售商也可以举办直接针对消费者的 SP 活动,称之为零售商 SP。

(3) 经销商 SP:是指制造商向零售商或其他分销机构、经销机构举办的促销传播活动。其目的一般是为了获得或增加品牌的配销,或者为鼓励零售商在店中作某类特别的销售推介活动。具体做法包括折让、合作广告、店堂宣传、销售竞赛、联合促销等。

具体的 SP 传播活动主要涉及三方,即制造商、经销商和消费者。这三者之间的关系可以用图 8-5 表示。

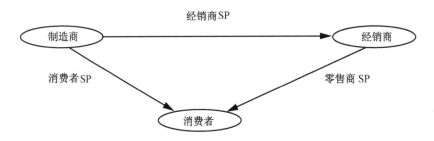

图 8-5 制造商、经销商和消费者的 SP 关系

零售商、经销商和消费者的 SP 关系如表 8-1 所示。

表 8-1 零售商、经销商和消费者的 SP 关系

零售商 SP	经销商 SP	消费者 SP
减价优待	特定商品津贴	折价
商品展示	广告津贴	免费样品
免费样品	陈列津贴	退款要约
零售商型折价券	销售竞赛	兑换印花持续计划
竞赛与抽奖	经销商折扣	事件行销
赠品		酬谢包装
……	……	……

3. 公共关系传播

公共关系是使用非常广泛的品牌传播工具之一。它是指组织运用信息传播的手段,处理自身社会环境关系的活动。它不但可以对品牌的形象进行维护,而且对于传播品牌形象大有裨益。企业常常利用有重大影响力、宣传面广的活动来推广品牌,就是利用公共关系建立品牌知名度的一种表现。利用赞助的名义建立知名度的方法不胜枚举,如 20 世纪 60 年代,日本精工表(SEIKO)利用成为东京奥运会正式计时器的公关活动,不但改变了人们对日本表的偏见,而且借此将精工表推向了世界。

历来奥运会的计时器都被欧米伽(OMEGA)占据,日本精工为了让世界都知道其一流技术并不比瑞士欧米伽差,并意图争夺世界市场,决定开展一场公关活动,争取在 1964 年的东京第 18 届奥运会上作为正式计时器的资格。他们于 1960 年罗马奥运会上就派出专家对欧米伽表在奥运会上的使用情况、技术状况和各种设施进行深入调研。经过调研,精工提出以"世界的计时——精工表"为主题的历时 4 年的公关计划。这一计划的执行分三期。第一期的目标是争取国际奥委会通过并宣布精工表为 1964 年东京奥运会的大会正式计时器。主要方法是先在日本的各种运动会上提供精工表以资使用,先获得日本奥委会的信任。接着不断向世界各体育团体、国际奥委会提供精工的各种资料,以及精工表在运动会上试用的情况资料。经过不断的沟通、游说,1963 年 5 月,国际奥委会正式宣布采用精工表作为东京奥运会的计时器。至此,公关计划已成功了一半。第二期的目标是争取在东京国际运动会(相当于奥运会的预演)上试用成功,以建立各界对精工的信心。成功的试用,以及在使用的基础上对各种新开发出来的计时器进行检查、完善和提高,进一步证明了精工可以信任,也鼓舞了士气。接着开始着手以"东京奥运会将用精工计时设备"为主题的宣传,先造成舆论,把这一消息传遍全世界。同时还开始了奥运会上各种宣传小册子的编印,各报刊、电视广播等的广告,新闻发布等的准备工作。第三期的目标是成功地使精工进入世界最先进的计时行列。进入 1964 年,庞大的公关宣传计划全面实施,逐渐形成了舆论高潮。如在东京体育馆室内比赛大厅竞技计时装置完成时举行盛大典礼,一时间这些装置被世界新闻界誉为"日本科技的精华,无与伦比的结晶"。奥运会期间在世界各主要地区同时推出精工的广告,要求任何媒介在提到东京奥运会时请加上"SEIKO",向参加奥运会的代表,每人奉送一只精工表掀起了新闻宣传高潮。随着运动会的发展,精工一步步走向世界。在奥运村里,大家争购精工表作为礼物;在欧美,精工表的销量明显上升;在东南亚,精工表销量大增,超过了欧米伽表;在日本,精工的知名度几乎达到百分之百。这次公关活动不仅奠定了精工的世界地位,而且影响一直延续到今天,使精工表成为畅销世界的产品。

4. 社会化媒体传播

社会化媒体构建了以关系为纽带的社会网络,用户既是传者也是受者,传播是网状的,信息在其中自由流动,所有人可以向所有人传播信息,以上特点为品牌迅速提高知名度提供了较好的途径。以小米公司为例,小米始终把社会化媒体当作品牌传播的主要平台,获得巨大成功。

2011 年 7 月 14 日,雷军在个人微博展示小米手机的样子。小米手机初次亮相,该条微博被转发了 2 000 多次,评论近千次,它还带动了其他媒体对小米手机的讨论,例如论坛、门户网站等媒体纷纷加入小米手机的讨论行列中,使小米手机一时成为关注的热点。7 月 19 日,雷军在个人微博中称,小米真机、硬件参数、定价和销售模式将在 8 月中下旬公布。这次是对 7 月 14 日所发布信息的跟进,对大众舆论进行引导,同时也让大众保持对小米手机的持续关注。在漫长的等待中,大众和媒体付诸了很大的热情在小米手机相关细节的猜想当中。在提出疑问和积极猜想的过程中,小米手机的影响力不断扩大,甚至造成一段时间小米手机无处不在的印象。8月2日,雷军在个人微博中告知粉丝小米手机将在8月16日发布,此信息一出,再一次引发了小米手机相关信息病毒式的传播,在小米手机上市发布会后,8月17日,雷军在新浪微博举行主题为"关于小米手机的一切"的微访谈,和网友进行互动,让大家进一步了解小米手机。

上述小米手机基于社会化媒体的品牌传播活动调足了消费者的胃口,也赚足了眼球,使其拥有了极高的知名度,在智能手机行业迅速崛起,成为领军品牌。

5. 其他传播

品牌初创期传播的重点在于尽量扩大品牌的消费者可触知面,因此一切可以与消费者直接接触的终端传播媒介、沟通工具都可加以调动和利用。比如,为配合在各零售终端的本品牌产品的上架,可以陈列 POP 售点广告,这对于初创期品牌扩大知名度有着独特的功能。

品牌还可出现在促销的赠品上,如钢笔、钥匙扣、T恤衫等等日常生活中的常用物品都可成为承载品牌信息的媒介,由于这些物品经常使用,可达到经常展露品牌的目的,有利于品牌信息的重复传播。

第四节　成长品牌的传播

品牌成长期是提升品牌附加价值的关键时期。品牌未来时期的"体质"、"健康状况"很大程度上取决于成长期的积累。品牌的附加价值根植于消费者对品牌的品质认知,取决于对品牌的有益联想。这一时期,应尽量提升消费者对于品牌的品质认知,并通过传播赋予品牌独有的品牌联想。

一、成长品牌与品牌的品质认知度

品质认知度,是指消费者对某一品牌在品质上的整体印象。它是一种总结性的、综合性的结构,是一种感知的综合体。对品牌的品质认知可以从影响它的内在要素和外加要素两方面加以理解、认识。

内在要素是指产品具体的、物理性的资产。它包括功能、特色、信赖度、适用性、耐用度、服务能力、美感及高品质的外观形象等。只有在改变产品本身时，内在要素才会发生变化，而且只有当使用产品时才会消耗内在要素。

外加要素跟产品实体无关。即使改变它们，产品实体也不会有所改变。例如价格、广告表现水准及产品保证等都是品质的外加属性。

品质认知是对品牌无形的整体上的感觉。消费者对这两个要素各元素的抽取和整合形成对品牌总体品质的抽象知觉要素。

品牌的品质认知对于品牌的成长有重要意义。

消费者对品牌的品质认知可以减少消费者选择产品和品牌时的不确定性，坚定其选择该品牌的信心。消费者身处品牌"泛滥"的市场之中，没有时间也不可能搜集关于他们欲选购品牌产品的全面信息资料。因此，在许多情况下，一个品牌体现的品质为消费者提供了关键性的购买原因，影响到消费者从其记忆中排除哪一个品牌和选择哪一个品牌。

品质认知是品牌附加值的基础。品牌的重要功能在于通过附加于其上的价值提供给消费者超出产品功能的心理满足，从而给企业创造更大的溢价。而这种附加价值，或者说为消费者提供的实体功能之外的心理满足来源于消费者对于该品牌品质的认知。如果品牌无法在消费者心中树立高品质形象，那么创造品牌附加值只能是空中楼阁。

消费者对于品牌产品品质的实际体验还是实现消费者品牌忠诚的基础。消费者如果出于品牌传播所创造的广泛知名的诱导而对该品牌做了尝试，如果品牌的产品品质不及自己的期望，那么就无法产生满意的体验，也可以设想他可能不再做出第二次尝试。满意是忠诚的前提，如果消费者无法满意，那么消费者忠诚也就无从谈起了。

较高的品质认知度是触发消费者之间人际传播的诱因。"口碑"对于品牌而言是非常重要的。消费者往往从其周围人群中寻求选择某品牌的证据。口碑效应比品牌的自说自话有更强的说服效果。品质认知度不高的品牌则不可能引发"口碑效应"。

品牌的高品质认知度有助于渠道推广传播。经销商总是乐于销售受消费者青睐的品牌。销售高品质的品牌产品对于经销商形象的提升起着举足轻重的作用。因此高品质的品牌产品对于吸引经销商的铺货也有着重要的意义。

二、品牌传播构建品质认知

1. 产品信息设计

产品实际的高质量和品质是消费者对品牌的品质认知度的基础。但仅有实体的客观高品质是不够的,消费者对品质的评价是通过主观认知而得到的。在很多情况下,人们对品质的判断并不具备客观的标准、可靠的途径,并不依赖媒体上的信息报道。他们往往借助于产品或服务本身传达出的信号特征来对品牌及其产品做出判断。因此,对产品实体本身所能传达的信息进行设计对于消费者的品牌认知有重要意义。

(1)认证标志:在许多领域,很多品牌的产品包装或其他传播媒介上都有很多认证标志信息。这些认证标志意味着其标定下的产品符合某种统一的标准,这些标准是某行业或社会所一致认同的。这些标志对于消费者而言就是一种保证,是一种无形的推荐。这些认证标志一般包括质量认证、品质标签、获奖证明等。

质量认证是指认证机构依据国家标准、行业标准或经国家质量监督机构确认的其他标准,对产品质量和企业质量体系进行的评估。它包括产品认证和质量体系认证两部分。现在人们常讲的 ISO9000 质量认证就是以国际标准化组织指定的 ISO9000 系列标准为依据的,在世界范围内有一定的通用性。

品质标签遵循着一种更工业化、更科学的品质概念。如,一种专门的干酪要包含客观的专有技术,某种类型的牛奶需要含有多少量的微量元素、有益菌等。品质标签创造了一种与客观品质水平相联系的垂直分隔。再例如,纯羊毛标志是一个著名的品质标签。它诞生于 1960 年,属于国际羊毛局所有。该标志已在世界 130 多个国家和地区注册,成为全球最成功的品质标签之一。

许多公司还喜欢使用各种获奖证书以暗示自己品牌的品质。在使用获奖证明时,应特别注意防止造成"王婆卖瓜"之嫌。

(2)原产地证明:由于历史的积淀,特定地区或国家可能会拥有精于生产制造某种特定产品的良好声誉。如瑞士的许多手表品牌享誉世界,德国通常让人想到啤酒和极品汽车,意大利精于制造皮鞋和革制品,法国是浪漫之都,其时装和香水让人向往不已,等等。对于这些国家和地区的品牌而言,这种声誉是巨大的无形资产,如果在产品包装以及其他传播元素中融入这种原产地信息,无疑可以提升产品及品牌为消费者所认知的品质。

（3）产品外观设计：为了使品质清晰可见，厂商往往对产品进行有意的设计，虽然许多设计对产品的功能没有丝毫的作用。调查发现，产品的外观往往在影响其他难以确定的"重要"方面时起着决定性的作用。例如：

立体声扬声器：尺寸越大意味着音质越好。

清洁剂：易起泡沫意味着清洗更有效。

番茄酱：黏稠意味着质量越高。

除垢剂：香味（如柠檬香）代表着清洁能力强。

超级市场：新鲜的产品意味着总体质量高。

橙汁：新鲜比冷藏的更好，而冷藏的则比瓶装的更好，而瓶装又优于听装的产品。

（4）价格暗示：价格作为易变的因素可能是一个很重要的品质暗示。据学者 Assael 的研究，在四种情况下，高价格意味着高品质。这四种情形是：

消费者对商品品质、性能、除了以价格作衡量标准外，别无其他标准可循。

消费者无使用该商品的经验。

消费者对其购买感到有风险或买后感到后悔时，容易以高价格作为选择标准。

消费者认为各种品牌之间有品质差异时。

价格作为品牌品质暗示的作用因产品种类而异，难以评价的产品种类更可能将价格作为品质暗示。例如，调查发现，价格在酒、香料、耐用品等方面趋向于反映品质。此外，价格变动幅度小的产品种类提供的品质信号相应较少，一个消费者对于价格上只有几分之差的商品的品质并不关心。这种暗示还和个人因素有关：如果一个人没有能力或热情去评估一种产品的品质时，那么他对价格暗示的依赖性就增大。

（5）品牌渊源：一般来说，历史久远的东西意味着工艺精湛，品质可靠。比如，一些精细的工业产品如电器，汽车，还有越陈越香的酒类产品等，品质的进展与时间的推移成正比。因为消费者潜意识里往往会有这样的假设，百年老店的存在总有其一定的理由，这些理由通常包括诚信经营、质量过硬等。在设计品牌信息时表现品牌的渊源往往可给人以某种历史的凝重感，让人潜意识里对品牌产生一定程度的敬重。

2. 广告

广告不但是扩大知名度的有力工具，其表现品牌或产品的方式，表现的内容，对于影响消费者对品牌的品质认知有着很大的作用。首先，使用者更多地关心他们使用过的或已在使用的产品品牌的广告。将他们已有的关于品质认知的经验和体会与广告中对品质的表现进行对比和联系。如果相符合，则原有的好感将会加深，更加信任这一品牌；如果相反，一般是使用者认为品质差而广告却宣传品质优良，消费者会认为广告是欺骗，原有的不满情绪会进一步加深，变成极度反感和不信任。其次，广告诉求点通常是产品品质上的特点，也是产品提供给消费者的利益点，是消费者最关心的特点，是产品最具有竞争力的特点。产品的品质在广告中与其他产品的差别得到了突出，竞争力得以加强。再次，广告的创意水平影响消费者的情绪。一条"品质高"的广告背后往往是不低俗、有新意、有一定内涵的创意，它可以激发消费者的正面情绪，进而可能导致由对广告的好感转向对产品品牌的好感，由对广告的"品质"认同转向对产品品牌的品质认同。

广告对于品牌品质认知的作用还表现在不同的媒介形式会对品质认知产生影响。比如，发布在声誉高、覆盖面广的媒体上的广告较之声誉次、覆盖面小的媒体的广告对于消费者肯定会有更强的吸引力和说服力；制作精良、印刷精美的平面广告作品肯定比随意、粗糙的广告对于消费者有更强的心理暗示作用。

3. 专家证言

《战国策》卷三十，《燕二·苏代为燕说齐》一节中有如下记载：苏代为燕说齐，未见齐王，现说淳于髡(kūn)曰："人有卖骏马者，比三旦立市，人莫知之。往见伯乐曰：'臣有骏马，欲卖之，比三旦立于市，人莫与言。愿子还而视之，去而顾之，臣请献一朝之贾。'伯乐乃还而视之，去而顾之，一旦而马价十倍……"此文虽短，不足百字，但若仔细推敲，便不难发现，其说辞中所言卖马一例确是一次成功的早期利用专家效应的传播案例。伯乐，是相马的专家，文中所描述的他的肢体行为暗示了他对马的流连之意。尽管未有口头言语的赞赏，但这仍然有助于卖马人提升他的马在人们心目中的"品质认知"。从顾前和顾后马价的天壤之别可以看出，伯乐为卖马者带来了巨大的附加价值也可以推断，专家意见对于品牌品质有重要的暗示作用。

专家是在特殊领域具有目标受众可察觉的专业水平的个人或组织，他们都是一些经验丰富，经过专业训练和学习的人。专家证言对于提升品牌品质的作用可以用信源可信度模型予以解释说明，这一模型基于这样的重要前提，即消费者很可能接受他们认为可信的信息。消费者对信息的信任度取决于两个品质，即专业性和可靠性。专业性是信源在面对受众时做有效陈述的能力。可靠性指对信源作忠实陈述的期望程度。专家的经验、专业知识可作为品牌传播专业的和可靠的信源。在信源可信度模型中，如果信息接收者发现品牌传播的信源十分可信,会产生一个态度内在化的过程,即将品牌信息中的观点或态度与接收者自己的信念综合在一起,并保留在自己脑海中。克莱斯勒汽车以公司总裁艾柯卡作为其代言人,虽然有王婆卖瓜之嫌,但是艾柯卡本身拥有汽车行业知识,具备强大的竞争实力,还有将克莱斯勒公司带回正轨的能力和强有力的社交风格,这些能力使他成为克莱斯勒产品最可信赖的保证人。基于这些理由,从20世纪80年代以来艾柯卡一直作为克莱斯勒产品担保人的专家形象出现。

4. 人员销售

人员推销,是企业通过销售人员与顾客直接面谈、传递有关品牌信息,以推销该品牌产品、促进品牌传播的一种市场传播活动。人员销售对于加深消费者对品牌的品质认知有重要作用。

人员销售是通过销售人员的人际传播方式进行品牌与消费者之间的沟通。这使得这一品牌传播工具在促进消费者对品牌的品质认知上有着其他工具所不具备的优点。如:

人员销售有助于提升品牌传播的亲和力。销售人员的形象就代表着他所推销的品牌的形象,他向消费者的推销行为就是品牌向消费者传播的过程。拒绝一个人性化、活生生的销售人员要比拒绝一个电视广告要更尴尬。销售人员在向消费者推介品牌的时候总是态度和蔼,恭敬有加,且说服又颇有语言艺术。品牌以这种富于亲和力的方式接近消费者,使得品牌更易为消费者所接受。如亲切可人的"雅芳"小姐对于雅芳品牌的深入人心功不可没。

这种方式互动性强,销售人员可灵活处理随时出现的情况。人员销售是面对面的人际传播,这种传播方式与大众传播最大的不同便在于其有很强的即时互动性。它是传播参与双方相互间的传播行为所构成的有机整体,是双向互动的过程。参与人际传播的个体都承担着双重角色,既是传播者,同时也是受传者。销售人员在推介品牌和产品时可以根据消费个体的需要,对所要传播的品牌信息的编码进行及时的调整,以更好地迎合其需求。这种强互动性对于促进消费者对品牌的品质认知是非常重要的。

人员销售这一品牌传播工具,可以向消费者传播较详尽的品牌信息。销售人员在推介品牌和产品时,总是尽可能地向消费者展示产品的种种优点,将尽可能多的品牌信息传递给消费者,在一般情况下,这是大众媒介所无法匹敌的效果。

除此之外,该方法对于品牌传播的其他方面还有一定功用。人员销售是初创品牌收集市场反馈资料,建立消费者资料库的基础性条件。利用这种人际传播的强互动性,可以充分吸取消费者的反馈意见,从而发现初创品牌的不足之处并加以改进。特别是当很多初创品牌在全面上市之前会在某些规模较小的市场上进行试验,在此过程中,人员销售的这种作用就显得尤为重要。另外,品牌要进行后续的、有重点的传播,就必须建立消费者的个人资料库,而收集这些资料,很大程度上必须通过人际沟通的方式进行(见表8-2)。

表8-2 广告传播与人员销售传播的比较

	广告传播	人员销售传播
平均成本/接触程度	低	高
给人的印象	弱	强
修正信息的难易	难	易
沟通渠道	单向	双向
信息的复杂程度	有限	高

5. 品牌故事和企业文化

追求高品质的企业文化的构建和传播是深化品牌形象的有效途径之一。若干年前,许多企业将"质量就是生命"作为自己的品质指针,这就是追求高品质的企业文化的朴素表达。时隔多年后的今天,虽然这句话已不再经常被人提起,但无法否认它仍是企业制胜的要诀。追求和构建高品质的企业文化,并予以广泛传播是至关重要的:对内部员工而言,它是行动的指针,凝聚力之源;对外部消费者而言,是寻求印证品牌品质的一个信息来源。例如,海尔便有一个广为人知的品牌故事;张瑞敏到任之初,当众砸烂76台不合格的冰箱。这不但唤起了全体员工的质量控制意识与高品质意识,而且对消费者而言,也给了他们购买信心与品质保障。

全球著名的美国通用电器(GE)公司在董事长兼CEO约翰·韦尔奇的领导下,采用最新的质量管理方法,称之为"六个西格玛"理论。六个西格玛是一项以数据为基础描述工艺程序与标准值之间的偏差,以追求几乎完美无瑕的质量管理方法,它的实践者称为"黑带"。计算方法是:"黑带"将所加工的单位数量乘以每单位潜在的失误,除以实际出现的失误,再乘以百万。得出的结果表示每百万次操作所产生的失误,然后根据转换表,该数值可转为西格玛值。由于品质的获得是系统性、全局性的,因此,只有创造出一种对品质追求的组织文化、行为准则、象征符号和价值,才能使行动根深蒂固。运用六个西格玛管理,它要求企业所有人员,包括市场营销人员和勤杂工都采用如工程师那样的思维和行为方式。

所有的工作都会因人的行为误差或其他因素导致偏差,而每经过六个西格玛程序,误差就可缩小到百万分之 3.4 以下,即 99.9997% 的精确度。在 GE,六个西格玛已经成为既定的文化。GE 规定,任何人不论资历深浅,未受过"黑带"(努力消除一切误差的队伍)或"绿带"(业余时间参加质量控制项目的队伍)培训,一律不得提拔到管理岗位上。在最高两层管理人员的年终奖金中,40% 将视其六个西格玛管理达标水平而定。35% 的 GE 员工,约 8.5 万人在 20 世纪末之前成为六个西格玛理论的实践者。

6. 公共关系

公共关系可以给品牌带来良好的美誉度,进而可以影响消费者对其产品的品质认知度。如美体小铺(Body Shop)品牌,从 1976 年在英国开办第一家美体小铺开始到今天为止,已经在全球 50 个市场建立了 1 900 家店铺。1997 年,国际品牌顾问公司的一项专业调查表明,美体小铺在全球最杰出品牌的排列中居于第 27 位;1999 年,美体小铺被英国消费者协会评为第二大最信得过的品牌;美体小铺一直以"反对用动物试验,支持社区贸易,注重自我评价,维护人权,保护地球"作为品牌的核心价值观。它关注人类生存环境的恶化,从早期从事的与绿色和平组织一起于 1986 年开展的"拯救鲸鱼"行动,到 1989 年发起的最富有影响的"禁止燃烧"的运动,呼吁巴西政府要对滥烧热带雨林的行为采取断然行动;1996 年,由于美体小铺强烈反对使用动物进行产品试验的运动推广,直接导致了有史以来最大的一次约有 400 万人签名向欧洲委员会请愿的行动;2001年,联合绿色和平组织年会时,美体小铺在全球范围内开展了声势浩大的防止地球变暖的运动,鼓励消费者使用再生能源。这些有效的公共关系活动,对于提升美体小铺的声望,大有裨益。美体小铺得到了消费者对其品牌的品质巨大的认可,在 20 年间发展非常迅速。

三、成长品牌与品牌联想

联想是一种重要的心理现象和心理活动。事物之间的不同联系反映在人脑中,就会形成心理现象的联系。这种由一种事物的经验想起另一种事物的经验,或由想起一种事物的经验,又想起另一种事物的经验,人们把它叫做联想。

品牌联想就是指记忆中与品牌相连的每一件事。它包括顾客的想象、产品的归属、使用的场合、企业联想、品牌性格和符号。比如,一说到麦当劳或一看到麦当劳的金色的双拱门标志,你自然会联想到价格合理、干净卫生、欢乐美好的氛围、时尚快捷的生活方式、彬彬有礼的笑容、温馨的家庭感觉等等。销售心理学家路易斯·切斯金曾说那双拱门是"母亲麦当劳的双乳","对潜意识具有弗洛伊德式的暗示作用","是笔绝佳的资产";一说到万宝路,人们便会联想到美国西部策马纵横、四海为家的粗犷牛仔,美妙的田园风光……

品牌联想是品牌的一项重要资产。品牌传播的大部分工作要落在发展什么样的联想和怎样运作使这些联想与品牌结合起来,而成长期则是这些构建这些联系的非常关键的时期。

品牌联想对于品牌的成长而言,有着重要的意义。美好、积极的品牌联想意味着品牌的被接受度高、受到消费者的认可与喜爱、有竞争力与成功。

首先,品牌联想是引发和增进消费者记忆的关键所在。消费者从身处的市场环境当中获取的商品、品牌信息往往是零散的,是未经思维加工整理的。因此,消费者对于品牌信息往往是回头就忘,这就要求这些通过不同渠道传递的同品牌信息之间需要有某种相关联系,才可能在消费者的潜意识状态下得以加工整理,从而使得消费者最终对品牌有一个清晰的认知。这种相关的联系便是品牌联想。

其次,品牌联想是品牌个性化之源。品牌存在于市场,需要体现其差异性,这种差异性的长期累加便形成品牌个性。而这种差异性是通过与品牌的各种活动、物品、信息来彰显的。这些活动、物品、信息之间必须有共同的基调、传达一致的价值。这种一致性也就是品牌联想。

品牌联想亦是消费者产生品牌偏好的一个动因。许多与品牌相关的信息可以对消费者的情绪和态度产生影响,这些正面的情绪和态度是消费者品牌偏好的基本条件之一。比如,儿童是麦当劳的最主要消费群体,为此麦当劳设计了"麦当劳叔叔"形象。他是小朋友心目中的英雄和可亲近的大朋友,他和小朋友们一起游戏,表演滑稽节目逗他们开心,生病的时候抚慰他们,给他们带来欢声笑语。在世界各地,他深受小朋友的喜爱。据调查,在美国"麦当劳叔叔"是小朋友心中除圣诞老人之外知名度最高和最受欢迎的人物形象。"麦当劳叔叔"是引发麦当劳品牌联想的重要元素。很多消费者特别是儿童因此对麦当劳产生独特的偏好。

品牌联想是品牌延伸的基础,品牌所具有的有意义的联想可以用于其他产品。比如,本田公司在小型发动机制造方面颇具经验,这种联想有利于它从摩托车生产延伸到摩托艇和割草机的生产上,因为它们可以共享同一种联想。

四、品牌传播构建品牌联想

任何一种与品牌有关联的事件都能成为品牌联想,因此创造品牌联想有许许多多、各式各样的策略方法。产品或服务的特点和优势、包装、分销渠道、品牌名字、标志和口号、广告、促销、公关都能成为创造品牌联想的途径和工具。

1. 品牌信息设计

在设定品牌传播有关信息时,可以从以下几个方面进行考虑:

(1)包装联想:美国杜邦公司有一个十分著名的"杜邦定理"——有63%的消费者是根据商品的包装而做出购买决策的。包装是传达品牌信息的重要元素,独特的包装设计不但可以带来较高的认知度,持续传播还可以带来深刻的联想度。许多企业将其品牌产品包装作为主要的品牌信息予以传播。如可口可乐的曲线瓶包装,线条流畅,身形优美,给人美好的遐想,在可口可乐所传播的品牌信息中,瓶装的外形频频出现,使人看到这种饮料瓶就联想起可口可乐这一品牌。

(2)使用者形象:产品是为其使用者而设计,而这一群体也是品牌传播的重要对象。品牌传播中出现的产品使用者形象可以暗示品牌针对的目标消费群,可以使消费者对品牌中的使用者产生某种程度上的认同感,产生对品牌形象的积极联想。

(3)价值生活形态(VALS):品牌的使用者总是将品牌作为他们生活方式的一种外显、象征,对于他们而言,品牌就是他们交际的工具,就是传递他们价值观和生活方式的媒介物。每个人都有着各自的个性和生活方式:富有、生活有品位、活泼、青春、成熟等等。在品牌传播中,品牌可顺应这些特点,将品牌的特质与其使用者的这些个性特点联系起来,强化品牌的联想成为独特的联想。如百事可乐总是给人青春、叛逆的感觉,逆向思之,新生代的价值和生活形态嫁接到百事可乐品牌信息设计上,就可增加百事可乐作为这一人群的心声代言角色的联想力度。

(4)文化嫁接:品牌是市场竞争的强有力的手段,同时也是一种文化现象,含有丰富的文化内涵。在塑造品牌的过程中,文化起着催化剂的作用,使品牌更加具有意蕴与韵味,使消费者对品牌产生无限遐想。有人说,如果你想了解美国文化,那你只要吃一份麦当劳、喝一瓶可口可乐或者穿一件李维斯牛仔服就可以了。麦当劳、可口可乐、李维斯这些品牌浓重的"美国味",对于对美国文化有浓厚兴趣的消费者而言有强烈的吸引力。

再如,我国红豆服饰以唐代诗人王维不朽诗篇《相思》深厚的文化底蕴为内涵,巧借诗中"红豆"为品牌名,通过经年的品牌经营和传播,在市场上取得了一定的文化联动效应。"红豆生南国,春来发几枝。愿君多采撷,此物最相思"。年轻人以向情侣互赠红豆衣为时尚;老年人把红豆品牌视为吉祥如意;海外华人、华侨以穿着红豆服饰寄托思乡之情,倾吐爱国之心。

2. 象征物联想

美国的《广告时代》杂志依据有效性、持久性、公认程度以及文化冲击力,依次评选出万宝路硬汉、麦当劳叔叔、绿色巨人蔬菜的绿色巨人乔列、大磨房食品公司的虚构的女烹饪专家贝蒂·克洛克、永备电池的劲量兔子、食品类的皮儿斯伯里面团娃娃、米其林轮胎的米其林男子、食品类的老虎托尼等形象为美国20世纪十大品牌形象。这些形象取得的巨大成功,对我们运用品牌象征物来建立品牌联想启示良多。

品牌象征物通常运用卡通人或动物来表现,它们常具有可爱的、纯真的个性。这不仅符合小孩的心理,也易激发成年人内心深处未泯的童心。品牌象征物的这种从人性上、从深层心理上与目标消费群进行的沟通,能快速且持久地拉近品牌与消费者心理上的距离。而且通过持续的传播赋予其个性,将其与品牌紧密结合,使之成为品牌联想的一个重要的要素。

如卡通老虎托尼,一反老虎"凶猛"本性,而是依据目标对象的心理,被塑造成有趣的卡通形象并长期借助配音演员之口,高兴地叫喊"真是太、太、太好了";奶牛埃尔西"睁着纯洁的眼睛,面带甜蜜微笑,戴着雏菊项圈",向人们哞哞地欢叫。这些具有可爱纯真个性的卡通在为人们带来无限欢乐的同时,其代言的品牌也悄悄进驻人心。

3. 原产地联想

一个国家可能会是一个强有力的标志,因为它与产品、物资、资本有着紧密的联系。因此,德国通常让人想到啤酒和极品汽车,而意大利则是皮鞋和皮制品,法国是时装和香水。这些联想都可以将品牌与国家联系起来而受益。一个国家的历史积淀和独有风情可以为品牌带来独特的联想。如前所述,在品牌信息传播中诉诸原产地,可以给消费者以较强的品质认知保障。除此之外,也可为品牌带来联想效度。例如,在酒类市场,伏特加的品牌很大一部分是与国名联系而得以驱动。主导的品牌 STOLICHNAYA,有着俄国的联想。其他的竞争者则同芬兰(GINLENDIA)、瑞士(ABSLUTE)和冰岛(ICY)相联系,不同伏特加品牌通过与这些国家的联系而为消费者提供了一个新鲜、活跃、独特的想象。

4. 名人

名人是获得公众广泛注目的舆论领袖,他们有着各自不同的个性特征,正因为此,他们的形象才得以在大众媒体之上鲜活展现,才得以有特定的支持人群。用个性化的名人为品牌代言经常能带来强烈的联想,如曾经的"飞人"乔丹带给耐克使用者青春、活力和飞一样的感觉。名人代言品牌,其在与消费者沟通过程中所起的作用可以用意义传递模型来解释。

意义传递模型,其前提假设是如果恰当使用名人的话,可以将厂商所要表达的产品品牌意念进行译码并传递出去。这个传递假设有三个阶段(见图 8-6)。

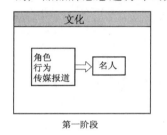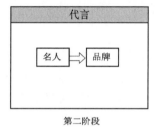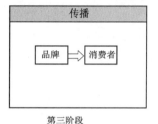

图 8-6 意义传递模型

第一阶段是文化。每一个名人将产品的意义通过自身形象进行译码,而这些意义通过各种类型的名人以及他们所扮演的角色、行为和围绕他们发生的故事呈现出来。意义通过名人所代表的各种维度进行译码,如年龄、性别、种族、财富阶层、职业、个性或生活方式等。当然,名人形象本身比文字表达更能丰富有效地代表一套意义。通过名人形象传递的意义是否完善有效则需要测试消费者对名人的理解。

第二阶段是证言。名人对产品有技巧的广告可以传递他所要译码的产品的意义。名人广告比普通广告更具有优势,因为通过名人形象进行的译码不可能在后者中被精确而有效地体现出来。名人熟练而有技巧地扮演的广告角色,可以比普通广告或其他的形式进行更有力的交流。广告主需要估计名人形象所代表的所有意义,决定哪一种是目标受众所希望的,并在广告中通过名人来传递这些意义。

第三阶段是消费,消费者购买广告中的商品是由于想满足由名人广告中所激起的对产品某些意义的渴望。意义传递模型假设消费者购买产品不仅仅是购买产品的功能价值,也是购买产品的文化与象征性的价值。

选择名人代言品牌，是初创品牌迅速成长的一种"短平快"的方法，然而，名人传播功效虽在一定程度上有目共睹，但它也非万能的宝物，比如它可能导致消费者只记得名人而忘记了品牌，使得品牌传播成为免费的名人自我形象宣传；名人的绯闻多多，极易给品牌生长带来风险甚至致命性打击。名人代言，需谨慎驾驭方能获益良多。

首先，选用的名人个性需与品牌个性相一致，方可产生最大的形象合力。品牌要凸显于同侪，必须设定自己的定位，彰显独特个性。同样，名人作为个体存在的人，有各不相同的个性、气质。名人的"艺术生命"也正是根植于这些个性。或含蓄深沉、或幽默滑稽，或高雅或平民化。如名人的个性与品牌的个性一致，则能较好地凸现品牌的差异性。否则，会导致形象力的浪费，甚至会出现啼笑皆非的后果。

其次，选用名人不可朝三暮四，频繁更换形象代言人于品牌是非常不利的，这样容易造成品牌形象的不稳定和传播的不一致。同时也应尽量确保名人对企业不朝秦暮楚。名人同时代言多个品牌，极易造成品牌形象的混乱，不利于品牌的识别。香港精英广告公司的"特醇轩尼诗"酒的广告，就与代言人叶丽仪事先签约，确保其两年内不得为同类品牌代言，一年内不得拍摄任何广告，有效地保障了品牌的利益。

使用名人代言，应审视名人道德因素，这也是该传播手段最大的风险所在。名人的形象在很大程度上代表了品牌的形象，如果名人出了什么问题，品牌难以脱离其不良影响，并可能带来物质上甚至形象力的损失。如百事可乐请麦当娜代言，在一支 CF 广告片中，因广告中其演唱歌曲《许愿》的同名 MTV《像个祈祷者》中有亵渎宗教的镜头而激起消费者的义愤。最后，百事公司慑于压力，不得不放弃了这项耗资巨大的传播计划，不仅资金上蒙受损失，而且因为消费者感情上受到了伤害，百事公司的形象也被打了一个折扣。

再者，名人代言这一传播工具的运用，应量企业实力而行。名人往往费用不菲，一些中小企业根本无力承担。即使请得起，若无法进行深入推广，其效果也不大。因此，应从整体战略考虑而量力而行。

5. 公共关系

策划周全的公共关系活动具有一定的可信度，而且能吸引人，创造有益的品牌联想。在猫食的许多著名品牌中，有家星闪食品公司的"九命猫"牌猫食，曾请一家公共关系公司为它进行公关宣传。于是这家公司设计了一个象征物，"毛丽丝"作为代言，并建议和执行了下列计划：

(1) 在九个主要市场发起了一个寻找和毛丽丝"面目相似"的猫的竞赛。

(2) 写了一本叫《毛丽丝,一个亲切的传记》的书。

(3) 设立一种称作"毛丽丝"的令人青睐的铜质雕像赠给在地区猫展上得奖的猫的主人。

(4) 倡议发动一个"收养猫月",以毛丽丝作为正式的"猫的代言人"。

(5) 分发一本照管猫的名叫《毛丽丝法》的小册子。

以上公共关系活动都围绕着"毛丽丝"来开展,主要传达出星闪这一品牌爱猫、护猫的信息。这些公关活动创造了丰富的品牌联想,树立了"九命猫"品牌,"爱猫、懂猫、体贴猫"的专家形象,因而很快巩固和扩大了该品牌在猫食市场上的份额。

在公关活动策划中,赞助是在目标群体中发展品牌联想的非常行之有效的方法。大卫·艾克提出赞助可以带来五种类型的品牌联想:第一种联想是由被赞助的活动其本身功能上的特点所决定的联想。如高尔夫球比赛设备及附属品的制造商可以从一场高尔夫球比赛中获得益处。第二种联想是成为全球品牌的联想;与世界杯或奥运会这类真正的全球性的活动建立起赞助关系,实际上是向世人表明本品牌是全球性品牌的一种方式。第三类联想,赞助地方性活动可以给人们"该品牌是很好的社区伙伴"的良好联想。第四类联想,赞助社会公益活动可以向公众表明该品牌除了制造产品以外还有其他的价值观和信念。比如,由麦当劳赞助的麦当劳之家为由孩子在接受治疗的家庭提供住所。第五类联想,将各种形式的地方性赞助活动联系在一起,可以为品牌创造强大声势和良好协作关系的印象。利用赞助发展品牌联想,关键在于所赞助活动应与品牌的属性相吻合。

第五节 成熟品牌的传播

一、成熟品牌与品牌忠诚度

品牌忠诚,是消费者对品牌感情的量度,反映出一个消费者转向另一品牌的可能程度,尤其是当该品牌要么在价格上、要么在产品特性上有变动时,随着对品牌忠诚度的增加,基础消费者受到竞争行为的影响程度降低了。品牌忠诚所带来的收获是长期的,并具有累积的效果。品牌忠诚度是品牌资产的核心构成,是相对于其他竞争品牌不可复制的企业优势。

美国学者雷奇汉(Frederick F Reichheld)和赛塞(W Earl Sasser,Jr)的研究结果表明,消费者忠诚率提高5%,企业的利润就能增加25%～85%。另一项研究表明,企业吸引一个新顾客的成本是保留一个老顾客成本的4～6倍。所以企业的重点不在于尽可能多地吸引新顾客,而是如何想方设法增加顾客的忠诚度。能否维持客户的高度品牌忠诚,是反映品牌是否成熟的尺度之一,也反映品牌应付激烈竞争环境的能力,更是品牌能否实现持续发展的基础条件。

一般而言,消费者对于品牌的忠诚度是有层次的,可以分为以下几个层级:无品牌忠诚度,习惯购买者,满意购买者,情感购买者和忠贞购买者。品牌传播旨在提升并维护后四个层级。

习惯购买者是指那些对产品满意或至少没有表示不满的消费者。很多顾客的消费行为都是出于惯性。从本质上讲,不存在多少的不满而促使消费者做出另外的选择,尤其是当这种选择还需要花费一定力气时。所以基于惯性,该类消费者较倾向于购买原有品牌,但他们易受带来明显利益的竞争者的影响。

满意购买者是指对某一品牌产品感到满意,并产生一定程度上的品牌转换成本(即如果购买另一个新品牌,会有时间、金钱、适应、精力等方面的风险)的一类消费者。这类消费者一般不轻易转换品牌,尤其对一些转换风险较高的产品例如药品更是如此。但这类消费者忠诚的基础仍然停留于产品效用层次。

情感购买者真正喜欢某一品牌,他们把品牌当作自己的朋友和生活中不可缺少的伙伴,对品牌有一种情感的依附。品牌在他们眼中被赋予了某种程度的感情色彩和人性化意味。

忠贞购买者是品牌忠诚的最高层级。这些消费者不但持续购买特定品牌,而且还将这种行为引以为傲,甚至还会向其他消费者极力推荐此品牌。忠贞消费者的多寡决定着品牌的魅力大小和稳定性程度的高低。

消费者对品牌的忠诚度是企业的一项战略性资产,越来越多的品牌企业意识到其重要性,因为它可为企业带来诸多的价值利益。

首先,品牌忠诚度可以降低营销和传播的成本。如前所述,保持现有消费者的成本比获得新消费者所花的代价要低得多,这是非常简单的道理:说服消费者改变他们的品牌态度总是要比增强他们的态度要多费口舌和多费精力。而且,品牌拥有一批忠诚的消费者使得竞争者必须加大其传播的成本,给他们造成了市场阻碍。从这方面而言,企业也减少了与竞争者争夺市场的营销和传播成本。

其次,已有的忠诚消费者可以为品牌带来更多的潜在顾客。一个相对较大的、满意的甚至忠诚的消费者群体给品牌提供了一种成功的、被认可的形象。尤其在新的或带有冒险性的产品领域,现有的忠诚顾客群对品牌的认可对于新消费者是一种有效的信息——因为当人们接触新事物时,为了减少其心理上的不确定性,总是倾向于从周围有类似经验的人们之中寻找信息。另外,许多品牌的"铁杆"消费者还可充当"舆论领袖"的角色,向新的消费者进行二级传播,推介品牌。

再次,可产生贸易杠杆力。品牌拥有大批忠诚消费者可以保证品牌有优先的货架空间,因为经销商为了保证利润,总要讨好消费者,如果卖场里没有消费者喜欢的品牌商品,那么经销商的日子是不会好过的。这样,在无形中企业对经销商的进货决策产生了控制作用。

品牌忠诚度还可对于减缓竞争威胁起到一定作用。品牌忠诚可为公司提供相应竞争活动以一定的喘息空间,如果竞争者开发了一项新产品,但因为忠诚满意的消费者较少受新的其他利益的刺激和诱惑,在一定的时间内不会去寻找新的产品和品牌,因此就给公司改进产品和品牌提供了必需的时间。

二、品牌传播构建品牌忠诚度

1. 设置退出壁垒

许多公司经常使用退出壁垒作为维系与顾客关系的方法之一。一个顾客和一家公司之间的结构性联系往往使得顾客很难改变提供商。顾客之所以被锁定,是因为打破这种状态的成本得不到补偿。抵押贷款就是一个很好的例子:比如银行和其他金融服务的个体工商户在向客户提供了一定期限的住房抵押贷款之后,规定在到期之前如果客户要做出更改的话,客户就要交纳罚金,这样就建立了一种结构性壁垒。技术提供了结构性联系的另一个例子:比如软件产品的应用或者一个服务合同的存在可能会阻止客户更换计算机供应商,因为这样做的成本得不到补偿。还有配套服务也可以起到同样的效果:例如,美国百威啤酒为它的零售商提供冰柜和运输服务;麦克生公司为它的药品零售商安装电脑终端机,提供库存监控和自动订货服务,这些做法也让顾客不会轻易改变所选择的品牌。如果他们转而追逐其他品牌,将丧失原有品牌所提供的服务所带来的方便,对于顾客来说是一种损失。综上所述,这些损失便是退出壁垒。

然而我们知道,最成功的品牌关系应该是建立在交换信息基础上的互相信任,对关系的责任感是以关系双方对对方的行为表示满意为特征的。当顾客和品牌之间的关系联系只是由于一份契约而导致的退出障碍时,这种品牌关系是脆弱的。设定退出壁垒只是一种辅助手段,关键还在于与顾客保持持续不断的情感上的沟通,这才是品牌忠诚的真正源泉。

2. 奖励忠诚

消费者对品牌的忠诚主要表现在不论外部条件如何变化,对品牌的购买频次呈增多态势。对于消费者的忠诚行为,需要对其采取适当的激励措施。维系消费者的品牌忠诚不应仅限于消除他们的不满,还应以回报消费者的办法来挽留他们,使他们真正从对企业的品牌忠诚中获得利益。激励措施可以有各种形式,如积分奖励,优先奖励等。

美国著名的沃顿书店通过设立一个"优先读者"的项目来奖励读者。每一个优先读者都能获得一张会员卡,其内容包括:

(1) 免费电话。用书店付款电话,读者可订购所要的书籍。

(2) 每次买书都能得到 10% 的优惠。

(3) 每次买书超过 100 美元可以得到 5 美元的奖券。

(4) 优先收款。

许多连锁超级市场和仓储量贩市场都采取会员证制度,对于常常光临的顾客发给会员证,凭此证可在购买许多商品时享有价格折扣优惠。

积点消费(又称积分奖励计划)是培养忠诚稳定顾客群的另一种常用激励形式,在国际上已盛行多年,遍及所有的消费领域。所谓积点消费,就是在特定场所消费,可按金额换成点数,当点数积累到一定数值即可获得奖励。VISA 卡在香港与 OTB 银行、渣打银行及和记黄埔集团一起推出一种 IC 联名卡积分计划,用它可以在 20 多家商铺消费累积点数,奖励即时兑现,极受欢迎。

奖励忠诚消费者的措施不但是维系现有忠诚顾客的有力措施,而且这些措施对于吸引潜在消费者和培育新的忠诚消费者也具有无形的吸引力。这些优惠或便利措施可以使潜在消费者评估他们从中可以得到的利益,而且现有忠诚消费者已经得到的利益也给予了他们很强的示范。通过这些诱因,就可能建立更多的新的品牌关系。

3. 直效沟通

对企业而言,面对的消费者总是为数众多并且无差异化的。但从单个消费者的角度出发,他们有着强烈的自尊和个性,很多消费者倾向于以自我为中心,认为自己是独一无二的。就消费者的心理而言，人人都渴望被重视，受到尊重。通过将消费者个别看待，根据消费者的不同特征发展出个性化的沟通方式就可以体现出企业对他们的尊重，可以向他们暗示"您对我们企业是重要的"。美国戴尔·卡内基（Dale Carnegie）提出了称呼别人的名字的重要性，他认为大多数的人对自己的名字比对世界上任何其他的名字都感兴趣，因为当人家称呼你的名字时，会让你觉得自己很重要。当消费者有了受人尊敬的感觉后，他们对企业也必然回报以热情。

随着传播技术的不断创新和日渐成熟，个性化的传播媒介日益丰富，这使得与消费者的个性化直效沟通成为可能。营销和品牌传播领域的各种概念和名词正在快速地得到补充和更新：从大众营销到一对一营销，从大众传播到个人传播，从单向沟通转变为双向沟通。

保时捷（PORSCHE）汽车公司运用直接信函的方式，以激起保时捷车主购买保时捷新车的欲望。为使每位车主完全沉浸在公司所设计的情境中，保时捷公司寄给每位车主一张独特的海报，画面上是一部保时捷新车，车牌上印有车主的名字。可以想象车主们收到海报时的惊讶之情，保时捷也因此与顾客交上了朋友。这种使用个人姓名的直效沟通技巧可以用在赛车活动、电视、杂志广告和报纸的夹页、经销商的展示室、操作手册上，甚至还可以在客户真正购车后将其姓名刻在保时捷车内的底盘上。

个性化沟通的前提条件在于建立较完备的消费者资料库。资料库是品牌传播的基础，是保证传播效率和效果的必要前提。因此，企业应重视资料库的建设。20 世纪 90 年代，GE 首先构建了遍及全球的电子邮件网。现在 GE 已拥有世界上最大的"客户记录资料库"与"解决问题资料库"，内存消费者档案 3 500 万份，几乎占美国家庭的 1/3 强。

4. 建立消费者社区

在物质丰盈的年代，消费者的需求不仅仅停留于物质层面，情感层面上的需求已经成为其主导需求。而品牌要使消费者对其忠诚，就必须在情感上加以努力，通过情感链条来维系这种品牌关系。成功的品牌可以让消费者对其产生亲近感、归属感，甚至产生自豪感。通过构建消费者社区的方式无疑对引发这些感觉大有裨益。忠诚于品牌的消费者可以在相应的消费者社区中得到物质满足之外的心理满足。消费者俱乐部是常见的社区形式，如著名的 SMH 公司针对其 SWATCH 品牌，在 1993 年成立了收藏家俱乐部，在欧洲有超过 500 家指定的"收藏家"店铺鼓励顾客参加这个活动。欧洲七个国家与美国的会员人数合计超过 10 万名之多。收藏家会员每年大约要支付 80 美元的会费,SMH 公司则回赠会员许多特别的礼遇,包括一支专为会员设计的 SWATCH 品牌手表;一本所有曾经生产过的 SWATCH 手表目录;购买具珍藏价值的手表和配件(如衬衫、艺术品)的优惠;每年起码受邀参加六次以上的特别活动,其中包括旅行与饭局;SWATCH 手表赞助的音乐会贵宾席座位,有些音乐会还是特地为会员举办的;以及介绍 SWATCH 品牌手表所有新产品和新款式的《SWATCH 世界季刊》(*Swatch World Journal*)。

世界著名摩托车品牌——哈雷·戴维逊(Harley-Davidson)可谓是在和建立消费者社区维护消费者品牌忠诚方面的经典案例。为了加强与客户之间的紧密沟通和互动,在 1983 年,哈雷创立了摩托车会员俱乐部,简称为 H.O.G。当时的目的就是通过这一方式,使得会员之间可以更便利地分享他们驾乘哈雷摩托车的经验与体会。随后这一由哈雷企业赞助的机构迅速发展起来,到 2001 年,H.O.G 全球各地的分部已达 1 200 个,66 万个会员遍布 115 个国家。这对于创造消费者对哈雷机车的品牌忠诚是最具有独创性和决定意义的,无疑,H.O.G 创造了一种哈雷亚文化,将消费者、机车和哈雷公司连接在了一起,消费者追求驾驶的乐趣和自我价值的实现通过哈雷摩托车,最终转化成为对品牌的忠诚。哈雷车的驾驭者甚至将哈雷的标志文在自己的肉身上,可见其品牌忠诚之高。

5. 增值服务

消费者对品牌的忠诚源于他们对品牌标定下的产品或服务的满意度。消费者在对产品(服务)进行尝试之前,会对其品牌形象和产品功能有一个潜在的评估和预期,如果消费者对产品(服务)的体验结果超出他们本来的预期,那么满意度便会随之而来。反之,则会造成顾客不满。这样看来,顾客满意与否实际上取决于顾客的事前预期与实际获得之间的比较,其间差距的程度就是顾客满意度。也就是说,顾客满意度是由企业所提供的商品或服务水准与顾客事前期望的关系所决定的,企业的商品或服务越能超越顾客潜在预期,就越能提高顾客的满意度。因此,不断为消费者提供让他们出乎意料的增值服务,会使消费者对品牌产生热情,进而产生对品牌的忠诚。

然而,消费者的期望是在不断变化之中的,而且是不断提升的。这要求企业不断顺应消费者的期望要求,为消费者提供更新,更完善的服务。美国梅西百货公司根据自己的经营实践,根据"变化是我们的生命"这样一条准则,对时代的变迁始终能够洞若观火,并及时根据变化的情况改变服务方式,有效保持了老顾客,并吸引了大批新的顾客。

罗兰·梅西刚刚创业时,美国社会还远没有今天这么富裕,所以其宣传口号是"用现款买便宜货"。它吸引了潮水般的顾客。随着信用的发展,梅西又采取了新的服务方式。于1901年创办了"梅西银行"。不管是谁,只要把钱存入梅西银行,就可以得到一张信用卡,拿着这张信用卡,就可以在梅西百货公司的任何一家商店记账购物。购物后的余款,还照样能享受利息,这一办法深受顾客的欢迎。"梅西"再次取得了成功。

20世纪30年代末,一些百货公司推出了分期付款的招式,而梅西公司则迅速制定对策,推出先试用后付款的策略,顾客可以先把要的东西拿回去试用一段时间,再决定是否买下来。若决定要买,就再给18个月的时间,分期付清所买商品的欠款项。这个策略施行不久即收到良好的市场效果。

20世纪中期,梅西百货公司依据社会发展趋势清醒地认识到,自己公司以往的销售方式大多已过时,即使销售的商品质量再好,价格再合理,如果不改变销售方式以适应新形势,也将失去大批顾客。于是,公司于1960年8月告知全社会:人人都可以凭借信用卡在梅西公司购物,在收到账单的10天内付款,不收服务费;如果某位顾客要求延期付款,只需要10天内先付五分之一的数目,余款就可以分期偿付。对延期付款者,公司只略收服务费。这一方法再次受到广大顾客的赞赏。顺应社会潮流的罗兰·梅西,凭借其敏锐的目光一直屹立于同行企业的前列。

第六节 关于品牌衰退

一、品牌衰退的类型和原因

按照让·诺尔·卡菲勒的观点,"品牌的退化是由于管理不当造成的",因此我们将品牌的衰退视为品牌市场周期的一种变态。"当生产品牌的厂家本身就对自己的品牌失去兴趣时(缺乏创新、广告创意和生产力降低等),消费者对品牌兴味索然也就是很自然的事了"(卡菲勒,2000)。陷入衰退的品牌,其魅力开始减弱,对消费者的吸引力和号召力大不如前,这在品牌因素的各个侧面都有所表现:① 品牌形象老化,品牌表现显得过时、陈旧、缺乏创新和时代气息。② 品牌个性被磨灭:原有的品牌个性被淡忘或被遗弃。③ 品牌联想弱化:即使经过提示,消费者也只能记起品牌名称,却不知道品牌意味着什么,代表着什么。④ 品牌提及率降低:品牌在人们脑海和生活中出现的次数越来越少,品牌正在逐渐被遗忘。⑤ 品牌忠诚度下降:原有的消费者即使仍购买这个品牌,也只是因为价格便宜或有促销礼品等等。

1. 形象老化

如前所述,将品牌的历史感适当地发挥可以有利于品牌某方面资产的累积,但这种发挥必须小心谨慎,因为如果操作失当,极容易让消费者产生品牌形象已经老化的印象。德国大众是一个举世闻名的品牌,在其发展历史上,曾经最能代表大众品牌精神的车型是从 1939 年便开始投产的甲壳虫(Beetle),它曾创造了世界汽车史上一个品牌生产量的最高纪录,在某种程度上甲壳虫成了大众的代名词。但甲壳虫的小型化、大众化一直被认为是中低层消费者选择的对象,从现在的眼光看,甲壳虫已经是落伍的车型,大众也因此在一定程度上受制于消费者的成见,品牌显得有些老态龙钟。为了改变消费者的看法,大众试图进入高档、豪华车的细分市场,大众推出帕萨特 V6Syncro 车型,这是公司进入这些市场的首次尝试。除了传播不力等因素之外,品牌形象的老化在很大程度上是因为品牌过于集中于单一产品的策略。因为单一产品的品牌具有致命的弱点,即产品的衰落会导致品牌的衰落,法国的迪马御寒衣就是这样的一个例子。由于全部传播都集中在单一产品——防寒外衣,迪马品牌很快成为老化形象。在全球冬季普遍气温升高的情况下,有谁会愿意买一件只重实在而不重视美观的 20 世纪50 年代的老掉牙的产品? 迪马的品牌形象随之让人想起毫无生气、缩作一团的老者形象。

2. 形象弱化

这里所说的形象弱化是指品牌由于在品牌的竞争中,因为策略不当、资源不足或其他的种种原因,不能对竞争品牌的行为做出及时准确的反应,从而使得竞争品牌不断挤占消费者狭小的心智空间,造成本品牌在消费者心目中的地位不断沉陷,品牌提及率大大降低,消费者的忠诚度下降,品牌的影响力逐渐减弱,直至退出市场。以上表现都是品牌衰退的典型表现。造成这种品牌弱化的原因可能有:

(1)品牌产品不能随市场需求而调整自己甚至质量下降:市场的需求情况是处在不断的变化过程中的,产品只有迎合市场的需求才可能适销对路,才可能有发展的空间。而产品是品牌的依附所在,是品牌存在的基础和前提,如果产品出现问题，那么品牌所赖以依存的基础也就不复存在，在这种情况下，品牌必然走向衰退。

（2）品牌识别性不足：在同质化现象严重的市场，个性化是品牌生存的第一法则。品牌的存在是以识别性为前提的，没有了识别性，也就无所谓品牌。然而由于抢夺市场份额的原因，有许多竞争品牌不惜摒弃自己已有的识别元素，而跟风其他同类品牌，导致同类品牌之间识别性的缺失，品牌无法凸现于同类，衰退由此开始。

（3）品牌传播力度不够或未能持续：如前所述，品牌的个性化、品牌资产需要通过品牌传播的努力来建立和累积。品牌传播需要持续地开展，才可能在消费者心目中保持一个特定的地位。但很多企业由于方方面面的原因，如决策层的更迭而使得品牌战略发生位移；如企业资源不足难以维持可持续的品牌传播等等，而导致品牌传播力度不足以及品牌传播战略未得到可持续的开展。这使得品牌在市场的声音逐渐减小，其影响力逐步降低，品牌出现了衰退的迹象。

3. 危机处理不当

危机处理不当也可能导致品牌瞬间走向衰退。危机指的是突然发生的，可能严重影响或危及品牌生存和发展的事件。如产品质量问题、消费者抵制、社会舆论的指责、新闻媒介的批评等。危机具有明显的突发性和很强的破坏性，会对企业产生强烈的冲击，伴随事件发生而来的是强大的社会舆论压力。比如美国可口可乐公司曾由于消费者在可乐瓶中发现玻璃碎片而遭到投诉的事件，给可口可乐带来巨大的舆论压力，品牌曾一度岌岌可危。因此一场突如其来的危机就如一场突发的瘟疫，可能导致企业辛辛苦苦累积起来的品牌资产一瞬间分崩离析，甚至导致品牌从此消亡。很多品牌都是由于企业对危机的处理不善而急转直下，甚至一蹶不振。本来良好的发展轨迹被无情打乱，迅速地陷入品牌的衰退之中。因此，企业对危机的及时反应，以及其处理过程也就十分重要。再如上述危机案例中，可口可乐公司公关部门面对事实，及时采取措施回收该批饮料，并刊登广告及时向公众公开承认错误表示道歉，同时也宣布今后的预防措施。由于处理及时得体，可口可乐公司成功地控制了事态的发展，挽回了可口可乐品牌的声誉，避免了一场真正的危机。危机由于无法预测，具有突发性、复杂可变的特点，使得危机处理往往具有极大的难度。

4. 品牌类型化

品牌退化还有一种特殊情况，就是品牌由于缺乏个性的过度的传播、市场垄断或者其他种种原因，使得某一品牌成为产品类别的代名词。品牌名失去了其应该有的识别和个性化功能,而成为某品类的一种描述性的词语,没有什么特殊的意义。这方面,最好的例子莫过于苏格兰威士忌(Scotch)、施乐(Xerox)、尼龙(Nylon)。可以说,任何一个产品的垄断性品牌都有可能成为类型品牌的风险。

二、应对措施

品牌衰退影响固然严重和深远,但其实面对品牌的衰退,也并不是毫无应对之策。实务界和学界归纳累积了许多改良品牌、完善品牌的可行方法。我们先来看看品牌专家大卫·艾克提出的品牌改造的七种途径:

(1)增加品牌使用机会:提高品牌使用频次或数量。

(2)发现品牌的新用途:研究或投资于新设计的功能。

(3)进军新市场:这将为品牌带来新的增长点。

(4)重新定位品牌:刷新陈旧的、过时的或毫无新意的战略。

(5)提升产品或服务:取缔那些不具备竞争力的产品或服务。

(6)停产现行产品:通过引进新产品或新科技,替代现有的产品。

(7)延伸品牌:将现有的品牌名称,用于其他不同类别的产品。

在品牌发展过程中,我们可以采取以下一些策略来应对品牌可能的衰退。

1. 更新品牌

在消费者接触的品牌表象的背后,存在着一些基本的品牌元素,如品牌精髓、核心识别、延伸识别等,正是这些元素的有机结合,决定了品牌呈现给消费者的感觉。当这些品牌的元素无法继续承载品牌发展的使命,即这些表象给消费者的感觉是品牌实质已然退化,这时就需要对这些表象做出调整,甚至全盘更新。品牌的更新就是对这些品牌元素进行青春化、时尚化的检验和更新,将之凝聚成一个青春的组合,以促使品牌焕发青春的气息和蓬勃的活力。

品牌的更新可以从以下几个方面着手:

(1)核心理念:即品牌的核心识别以及延伸识别。要使品牌青春化,首先需要考量品牌的核心理念,对其进行检验和更新,在操作中,应注意分析和区分品牌理念的一些要素:

需要保持的——有责任感、可靠、值得信赖、有道德感、品质出众。

需要加强的——技术基础、经验丰富和国际化的经营。

需要减弱和消除的——过时迂腐、反应迟钝。

需要增加的——现代感、充满活力和创新精神。

衰退的品牌是否应该革新品牌理念，要考虑两个问题：其一，现有的品牌理念是否能承担参与目前竞争的重任，是否迫切需要新的品牌理念来替代；其二，能不能为引入新的品牌理念找到充分的理由，该理由是否具备可信性和基础，如果原有的品牌理念仍有余力，但略显乏味，那么可以更新实质内容，创造新的竞争优势。

（2）品牌定位：一般而言，品牌定位设定之后，不能轻易改变和随意变动，定位应该保持稳定性、连续性和持续性。但是，是否在任何情况下都不能改变原有定位呢？答案是要据实际情况而定。定位是否恰当，需要在激烈的市场竞争中进行检验。而且，市场是不断变化的，消费者的需求和偏好也不是一成不变的，因而原有的定位有可能不适应新的市场形势。品牌步入衰退，则可能是因为其定位不甚恰当，需要对其做出调整和更新。如万宝路刚进入市场时，是以女性作为目标消费者的，它的口味也是特意为女性消费者而设计：淡而柔和。为此它推出的广告口号是：像五月的天气一样温和。从产品的包装设计到广告宣传，万宝路都致力于明确的目标消费群——女性烟民。然而，尽管当时美国吸烟人数年年都在上升，万宝路香烟的销路始终平平。20 世纪 40 年代初，莫里斯公司被迫停止生产万宝路香烟。后来，广告大师李奥贝纳为其做广告策划时，做出一个重大决定，万宝路的命运也由此发生了转折。李奥贝纳决定沿用万宝路品牌名对其进行重新定位。他将万宝路重新定位为男子汉香烟，并将它与最具男子汉气概的西部牛仔形象联系起来，吸引所有喜爱、欣赏和追求这种气概的消费者。通过这一重新定位，万宝路树立了自由、野性与冒险的形象，在众多的香烟品牌中脱颖而出。从 80 年代中期到现在，万宝路香烟一直居世界各品牌香烟销量首位，成为全球香烟市场的领导品牌。

（3）品牌符号：即品牌的视觉表现，如名称、标志、色彩，字体等。品牌符号是品牌传播的基本元素，是品牌传播的显性因素，这些视觉符号的传播便形成了品牌的视觉形象。品牌的视觉形象最直观，往往也决定了消费者对品牌的第一印象的好坏。人际交往中，在没有与对方更深的接触之前，我们对一个人的判断和了解往往是从其穿着、外貌来确定自己与其进一步交往的可能以及交往的深入程度的。消费者对品牌的认识过程也不出其右。因此，品牌的视觉符号在很大程度上决定了消费者对品牌的接受程度。一些品牌为了改变其衰退的状态，最先想到的，也最容易操作的就是对品牌的视觉符号进行更新。

对品牌符号的更新，可采用渐进的方式进行重新设计。方法就是确定从一到十的范围内,需要对品牌做多少改动。一与目前的品牌相当接近,而十则是对品牌符号的所有要素做一个彻底的翻新,包括品牌的名称、标志、风格、色彩等。品牌重新设计应探索各种各样的可能性或者是选择、保持品牌已有的价值,并强化品牌中正发挥作用的因素。通过这样一点点的改进,到最后品牌便焕然一新。

2. 防止类型化

为了防止品牌类型化的负面影响,我们可以参考法国著名品牌专家让·诺尔·卡菲勒在其著作《战略性品牌管理》中提出的系列建议措施,以防止品牌类型化的发生:

用一个名称来专门表述品牌的产品。

不要单独提及品牌名称,而应随时随地把品牌与产品类型联系在一起。

不要把品牌名称当作动词来使用(如在美国,施乐指复印)。

采取措施,防止媒体或其他机构滥用品牌名称。

维护品牌与竞争产品之间的区别。

3. 传播的力量

品牌的退化很大程度上是由于品牌在目标市场中的曝光率不高,面对竞争品牌的信息反应迟钝和疲软。要改变这些则需要诉诸传播的力量。

在 20 世纪 80 年代末 90 年代初的美国和欧洲,阿迪达斯的声音和形象完全被耐克淹没了。除了产品和营销模式出了问题,在品牌认知上,年轻人认为阿迪达斯非常保守,虽然好用,但不时髦,阿迪达斯面临一场严重的品牌退化危机。

面对危机,阿迪达斯继而采取了复兴计划:重新设定新的品牌管理框架,推出焕然一新的广告,重新调整赞助活动。除此之外,最引人注目的创新性举措就是实施了阿迪达斯街头挑战赛。通过一系列的挑战赛,阿迪达斯让人们感受到阿迪达斯的品牌精神,重新审视其外观标识以及阿迪达斯的品牌个性和特色。

通过利用媒体广告、赞助活动和对群众体育竞赛的冠名赞助等集中方式多管齐下,阿迪达斯终于打了个漂亮的翻身仗,一项品牌形象的消费者研究说明其所有的品牌联想都发生了积极的改进。消费者认为阿迪达斯最为突出的 3 个联想概念是:时尚、现代、够酷,这与几年前相比是个戏剧性的转变。

4. 忠诚的价值

品牌的衰退,最明显的一个特征就是其市场占有率的下降,这意味着支持该品牌的消费者有减少的趋势。原有消费者的品牌转移,对于衰退品牌而言无异雪上加霜。衰退的品牌往往有这样一种怪圈,品牌某方面的衰退导致部分消费者的品牌转移,而消费者的品牌转移又会加剧品牌的衰退。

如前所述,品牌的忠诚度有从低到高的几个层次,其中最容易发生品牌转移的就是前几个较低层次的消费者。越往上的消费者发生品牌转移的可能性越小。因此,企业应尽可能地扩大较高忠诚层次消费者在整体消费群中的比例。在发现品牌衰退迹象之后,最稳定的消费群就是这群忠诚客户,他们将品牌视为朋友,与品牌之间不仅是一种消费关系,更包含有一种更深的情感。他们在一定程度上可以容忍品牌所犯的错误,使得品牌应对衰退具有较大的回旋空间。消费者的忠诚可以缓冲某种衰变对品牌的致命性影响,利于品牌渡过难关。

品牌长期与核心目标群体缺乏沟通会使品牌失去创新的来源和动力,这也是导致品牌衰退的根源。因此,品牌管理和传播的原点应回归到消费者忠诚的原点上来,这是品牌持续发展的源动力所在,是品牌应对可能衰退的真正希望所在。

然而,获得消费者对品牌的忠诚并不是一蹴而就的,不能在危机发生之后才想起消费者,才去奢求他们的忠诚,因此要从品牌创建的最初就开始这种努力。

5. 危机公关

危机事件给品牌所带来的影响很严重,需要慎重处理。危机虽然有其客观的、人力无法控制的一面,但是多数危机又都是可以预见的。因此,企业对危机事件应采取积极而明智的策略,根据可预见的意外情况,制定出一套预防计划和处理各种危机事件的反应计划方案或守则,并把这些计划方案和守则列入企业的公关手册或安全手册中,使得预防和处理危机的工作进一步条例化和规范化。

处理危机的反应计划,一般应包含有以下三大方面的内容:

一是处理危机事件的组织机构问题。处理危机事件的中心如何组织?对有关人员应如何对待和安排?在这方面既要规定得很全面,又要注意对不同情况的事件有随机应变的思想准备。

二是窗口问题。在规定在事件中应由谁来统一口径对外界讲话和发布新闻的同时,还要规定组织各方面人员在与外部人士接触上的责任。如不应随便对事件进行猜测,随意批评,随便发表未经证实的消息等。要将这种规定变成企业职工的道德规范和社会责任,形成统一的企业文化。

三是传播信息的问题。即预先计划好一旦意外事件发生时,应如何通知有关组织、新闻机构及各类型公众的传播计划和媒介方案。如对某一类公众应如何通知、用什么方法、时间上有何限制等等。

对危机事件做出预定的反应计划方案虽具有重要意义,但是没有一个组织能为每个偶然事件做好一切准备,即使是寻遍所有的有效的危机反应计划,也找不出一个十全十美的、完全可以使用的实际方案。在危机事件发生后,企业公关人员应依据预定的反应计划迅速做出反应,并尽快地使预定的反应计划转变为切实可行的处理危机的公关计划。

6. 品牌延伸

一个企业品牌形象的建立和改变必须借助于具体的产品或服务而逐步完成。脱离产品而孤立地宣传企业和品牌形象,或者产品不能填充所诉求的内容时,所谓的企业品牌就会成为无源之水。借品牌延伸推广新产品以重树品牌形象是防止品牌退化的常用妙方。

延伸品牌的原有生产线可以激励品牌,让消费者感觉到该品牌在不断创新、发展,不断增加品牌概念的新内涵。如健怡可乐(DIET COKE)协助可口可乐的形象,增加了年轻、活力和能见度等优点。延伸品牌产品线的意义还在于可以提供产品的多样性,满足消费者的多种需求,使得已有的消费者不用转变品牌就能享受多样性的产品,从而巩固已有的品牌忠诚度,并扩展使用者基础。例如:CHEERIOUS 被视为一种健康早餐的主要商品,但是 HONEY NUT CHEERIOUS 则掳获了那些喜欢有甜味谷类食物的消费者。另外,许多食品制造商推出低热量产品,打破了具有健康意识的消费者心中的使用藩篱。

企业进行品牌延伸还可以达到阻滞竞争者的目的。企业通过向上、向下两个方向的垂直延伸或不同领域的平行延伸,可以使企业的产品多占货架,给消费者更多的选择,以抢占更多的市场份额,有效地抑制竞争者。如此,可以较为有效地预防由于竞争所导致的品牌弱化。

创立于1959年的安利品牌早在1992年就进入了中国,它曾经以"疯狂的传销"品牌而著名,同时也因此蒙受了巨大的损失。1998年的传销风波,让安利经历了品牌创建以来最痛苦的磨难。为了摆脱传销给安利品牌造成的负面影响,在原安利洗涤用品和雅姿护肤用品产品线的基础之上,安利推出了营养补充食品产品线的新品牌——纽崔莱,它承担了安利企业转型之后企业品牌提升的任务。安利延续了"纽崔莱"曾被指定为第27届奥运会中国体育代表团唯一专用营养品的公关效应,借奥运会跳水明星伏明霞作为其营养补充食品品牌——"纽崔莱"的形象代言人。巧妙运用伏明霞和她父亲伏宜军的形象,通过"父女情深"的创意赋予"纽崔莱"一个可信可亲的品牌形象。

【案例】 百雀羚的品牌重塑

百雀羚是上海百雀羚日用化学有限公司旗下品牌,创立于1931年,是国内屈指可数历史悠久的著名化妆品厂商。"百雀羚"的取名，据说源自一个梦。百雀羚创始人顾植民先生梦见了百雀，有人对他说，"百雀"是"百鸟朝凤"之意，喜庆吉祥，"羚"是上海闲话"灵光"的"灵"的谐音，他一听连声叫好，当场拍板定下，"百雀羚"名字就这样诞生了。其中，"羚"字还有一层含义，因百雀羚配方中含有一种"羊毛脂"的护肤原料，它的英文读音中也有一个灵，这样更加深了"百雀羚"的含义。

20 世纪 40 年代，由于"百雀羚"的护肤效果和独特芳香，产品刚刚上市就大受欢迎，当时还邀请电影明星胡蝶做广告，报纸上也做"百雀羚"广告。这样，"百雀羚"迅速热销全国，成为电影明星和名媛贵妇首选护肤品，逐渐享誉海内外，"百雀羚"成了冬季护肤冷霜的代名词。

与其他老字号品牌一样，百雀羚在新时代也出现了品牌形象老龄化严重的问题，被消费者认为是妈妈用的护肤品，如何扭转老龄化的形象，让品牌年轻化，成为摆在百雀羚面前的关键问题，为此该品牌作出了一系列有益的尝试。

对于化妆品这个品类来说，年龄差异、性别差异、个性差异等因素，需求各不尽同，多品牌战略是最合适的方式。改革开放后百雀羚在外资品牌的冲击下，经营陷入困境，在 90 年代走到了濒临破产的边缘。2000 年，百雀羚改制，面对汹涌而来的护肤品大需求，以及各大国内外护肤品牌在市场端的竞争，百雀羚果断出击，陆续推出多款安全、温和的基础护肤品。2000 年上市的升级配方止痒润肤露，抗敏止痒效果独特，风行至今；2002 年百雀羚"凤凰甘油一号"诞生，无香精无色素的安全配方，广受万千女性追捧；2004 年推出凡士林保湿润肤霜，以其卓越的安全护肤品质，风靡全国，在网络上被誉为"中国小黄油"。2013 年，百雀羚推出了专门针对电商渠道和年轻消费者的"三生花"品牌。相对于草本产品的大众化,"三生花"系列从包装到品牌概念则更贴近年轻人,品质感也更强。"三生花"品牌在 2013 年推出的桂花、兰花和山茶花 3 支护手霜组成的礼盒,定价79 元,借助双 11 在天猫旗舰店上市之初,想不到 10 万盒的备货居然在 1 个小时之内全部售罄。这个结果也让国内最大的化妆品渠道方屈臣氏盯上了"三生花"。2015 年,屈臣氏主动寻求百雀羚合作,将"三生花"作为屈臣氏定制产品在其门店销售。

在中国的护肤品市场,各大品牌以不同的护肤概念攻城略地。比如欧诗漫主打珍珠护肤;珀莱雅致力于探索海洋护肤;相宜本草定位为中草药护肤;林清轩专注于山茶花护肤,等等。

百雀羚自然也不会错过这个凭护肤概念大战的机会。2008 年百雀羚将产品重新定位为"天然草本",发布了全新的草本精萃系列作为产品支撑,2010 年正式落地其全新定位——草本护肤,天然不刺激,并将产品扩展到经典、草本、水嫩倍现等多个系列,单品丰富至上百个。

此外,在消费者认知中,传承千年的汉方草本护肤,与西方有着截然不同的护肤理念,中医药科学的融入,会使产品更温和和安全。因此,"草本护肤"一词顺应消费者的心智,在百雀羚逆袭的过程中调动外部认知的力量,来助力品牌复兴。

定位不是天马行空的创意,而是在结合企业客观实际的基础上,得出的最优战略方向。而百雀羚的草本护肤理念,在其品牌历史上一直有迹可循。早在 80年代,百雀羚就率先开始研究天然护肤品的应用。

90年代,百雀羚开展第一代中国本草的护肤研究,先后推出天然草本成分护手霜、护肤品,以及草本个人护理系列产品。后续又开展"草本能量探索工程",百雀羚深谙草本,不仅保证原料草本的完美天然品质,更通过全新研发的冷浸泡萃取技术,解决了活性物质无法完整保留等长期困扰草本护肤行业的难题,领先于整个行业。此外,百雀羚还找到香港的设计师,系统梳理品牌VI,协同草本护肤定位的落地。设计出的全新草绿色品牌形象,与草本概念遥相呼应。

草本护肤的定位确定后,百雀羚营销动作频发,日复一日地用海量传播,让"草本护肤"的概念在消费者心目中持续强化,直至生根。

冠名娱乐节目

从2012年到2015年,百雀羚连续赞助4年《中国好声音》,依次付出了7000万、1.53亿、1.8亿、2.6亿的广告费,占据了独家特约的位置,利用这一黄金资源,百雀羚不断将品牌影响力扩大,甚至一度盖过冠名商加多宝。

除《中国好声音》外,百雀羚还以1.65亿元的高价牵手了湖南卫视看家节目之一的《快乐大本营》,两个金牌节目,加上硬广、网络投放等,仅在2015年百雀羚广告总投放额超过6.8亿元。凭借这两档综艺节目的热度,百雀羚品牌曝光率持续增加,进一步让"草本护肤"深入人心。

明星代言

近些年来,百雀羚先后签约周杰伦、迪丽热巴等当红明星,借明星IP圈粉,借明星IP制造话题,都收到了非常好的效果。2020年的7月28日,百雀羚官方微博正式宣布人气偶像王一博为百雀羚品牌代言人,百雀羚为什么会请新声代顶级流量艺人王一博为百雀羚品牌代言人呢?因为,作为顶级流量明星王一博,不仅是多才多艺的全能偶像,可飒可甜,同时,他在年轻一代人群里有着强大的号召力和影响力。比如,2020年王一博在《这就是街舞3》综艺节目中的街舞实力征服了一众看客,圈粉无数,节目一开播就瞬间点击率破亿。同时,1997年出生的王一博,其主要粉丝群体也以"95后""00后"为主,由他来担任品牌代言人,自然也赋予了百雀羚更年轻、更具实力的品牌标签,由此激发出潜在的消费者动机。

百雀羚发布了短视频广告剧《帧颜传》,讲了一个王一博穿越到帧颜国,向公元85年的楼兰公主、1931年的博记典当行老板寻找永葆青春容颜的不老秘方帧颜爽的故事。与此同时,百雀羚2020年度重磅新品王一博同款百雀羚帧颜霜礼盒也正式上线天猫旗舰店。百雀羚为什么能创造这样火爆的销售奇迹呢?其一是牵手顶流明星王一博,大大降低了新产品在导入期破圈的难度;其二是百雀羚采用了故事营销的方法,讲了一个寻找永葆青春容颜的不老秘方帧颜爽的新国潮故事。有王一博、楼兰公主和博记典当行老板的 IP 故事更能够引起心灵共鸣,比单纯让明星傻傻地说"相信我,没错的"效果更好。

此外,百雀羚在广告上也频频发力,2017 年,很多人的朋友圈被一条名为"百雀羚神广告又来了"的推文刷屏。百雀羚和"局部气候调查组"合作推出的一个脑洞大开、画风清奇、一镜到底的民国风长图《一九三一》刷爆朋友圈,带来了 3000 万+的阅读,这则广告主打"与时间对抗",点名产品功能,而且是长图文形式的民国谍战风风格,符合当下消费者使用手机的习惯和求奇、求新心理。百雀羚《一九三一》广告不单纯是一则营销广告,更是品牌形象的塑造。该广告是在母亲节投放的,借助母亲节的话题,获得了极大的曝光量,与消费者产生了共鸣,使得百雀羚的话题热度居高不下,且母亲节投放,既维护了原有的女性群体,又吸引潜在的客户群体。为了更多地接触"90 后"甚至是"95 后",百雀羚还推出过《四美不开心》和《过年不开心》这类恶搞的鬼畜广告。这些创意营销和神作广告让百雀羚成功完成品牌年轻化的升级。百雀羚电商总监艾世华曾说,进攻性是百雀羚的核心基因,这意味着它从未在激烈的市场竞争中放弃努力、得过且过,而是积极寻求改变,使传承多年的品牌变得越来越年轻

在百雀羚复兴之路上,不能不提到"国礼"二字。2013 年,百雀羚被作为"国礼"带到非洲,馈赠给坦桑尼亚妇女与发展基金会。这件事通过媒体新闻曝光,让百雀羚品牌的形象一下子"高大上"起来,从此百雀羚就被冠上了"国礼"的称号。借着"国礼"的东风,百雀羚在全国各大超市和天猫旗舰店的销量暴增,不少网点甚至直接脱销。

2016 年,百雀羚零售额达 138 亿元,重新回到本土日化第一梯队。百雀羚在品牌的年轻化、形象升级上可以称得上是老字号典范。

(案例来源:东极定位咨询,《逆袭成为国货第一,89 岁的百雀羚带给我们 3 点启示》,搜狐网,2020—05—06)

第九章

品牌传播的全球化、本土化及标准化

- 品牌传播全球化概述
- 品牌全球化传播中的文化因素
- 品牌传播的标准化和本土化

第一节　品牌传播全球化概述

一、全球化品牌传播乃大势所趋

　　品牌的国际化经营是一个增长显著的现象,是品牌传播的大势所趋。现在,全世界的消费者用派克笔写字,看索尼电视,开宝马汽车,他们可以在巴黎、纽约或北京的任何一个地方的麦当劳品尝汉堡包,用运通信用卡消费……世界的消费似乎变得越来越趋于一元化,品牌的跨国传播,跨文化传播已变得越来越普遍。而这种趋势的内在驱动力便是跨国经营以及随之而来的全球经济一体化。

　　第二次世界大战后,特别是 20 世纪 60 年代后,跨国公司在世界范围内得以充分发展,许多公司从出口型演变成海外经营型;到了 20 世纪 70、80 年代,企业走向世界逐步形成潮流。据统计,全世界的跨国公司已经从 1990 年的 3.5 万家发展到 1997 年的近 4.5 万家,其分支机构也由 15 万家发展到 28 万家,故世界上每个国家有近 1500 家附属公司(实际上分布很不均匀)。跨国公司控制了全世界 1/3 的生产,掌握了全世界 70% 的对外直接投资,2/3 的世界贸易量以及 70% 以上的专利和其他技术转让。根据世界银行 1994 年的投资报告,世界上大型跨国公司的海外资产占总资产的比重都比较高,其中雀巢公司高达 91.7%。跨国公司成为经济全球化当然的主角。

　　随着冷战的结束,20 世纪 80 年代末和 90 年代以来,信息技术进步日新月异,贸易自由和资本流动自由化突飞猛进,国际社会开始关注一个在国际关系各个领域酝酿和积累力量的新趋势,这就是经济全球化。这种日益强劲明朗的趋势究其原因有:

　　(1)冷战结束后,使经济因素在整个国际关系中占有越来越重要的地位,实现资源在更大范围里的有效配置,成为国际经济与合作的战略目标。同时,各国都在实行以市场经济为导向的改革,国际经济组织大力推动贸易投资自由化,促进了资金、技术、人员在全球范围内更加自由,更大规模地流动。

　　(2)制造业技术的发展,使产品的零部件和生产阶段具有越来越明显的可分性,诸如汽车、飞机、大型电信设备等同时可以分布在十几个乃至几十个国家生产,使得每个国家得以发挥其技术、劳动力成本等方面的优势,让最终产品成为"万国牌"的国际性产品,产生明显的技术和成本竞争优势。

（3）信息技术的飞速发展,使通信和信息的即时把握成为现实;而通信费用的降低,也利于跨国公司降低管理成本,例如纽约至伦敦的越洋电话费从每三分钟244美元降到3美元,估计到2010年,这种费用可以降到3美分。借助这些有利因素跨国公司于是能及时地、有效、低耗地管理、控制其跨国分布的子公司及生产厂的生产与销售。

（4）交通运输业的发达,高效及运输成本的逐渐降低,使生产和服务国际化趋势加速。从1930年到1990年,空运成本已从每英里68美分下降到11美分。交通运输业的发达也带来了国际人口的频繁流动,人们的行为方式在相互交流磨合中趋于相似性,世界趋于"大同"。

随着经济的全球化,国际间资本流动日益频繁和迅速。从发展速度来看,国际直接投资从1983年至1995年每年平均增长17.2%,大约是国际贸易年均增长数额的1倍。在国际资本流动中,品牌作为重要的无形资产而越来越受到重视,品牌输出成为资本输出的重要形式。20世纪下半叶,以品牌输出为代表的全方位输出成了国际资本流动的新特点。早在20世纪50、60年代,就不乏把已经在某一个或几个国家取得成功的已有品牌再推广到新的国家的案例,典型的有贝纳通和必胜客等。

品牌的全球化是任何一个品牌的最终梦想,任何优秀的品牌都必然也必须走向全球化的传播道路。

二、品牌全球化的利益

优秀品牌之所以会对全球化的扩张和传播趋之若鹜,在于品牌的全球化传播可以给企业和品牌带来诸多利益:

首先,品牌的全球化传播可扩大企业的利润基础。这是企业实行品牌全球化传播的根本动因。一个品牌在国内市场竞争趋于饱和时,拓展国际市场是其考虑的一个重要战略方向。

其次,品牌全球化传播可带来规模效应。全球化的品牌可以只设定一个研发中心,而分化品牌的推广传播的任务。全球化的品牌可以实现部门架构的合理化,在人力资源的配置和利用上也可经济化,节省不必要的功能重叠的部门设置和人力成本。只要经营合理,规模必然经济。

再次,进行全球化传播的品牌可以给消费受众带来良好的品牌联想。如微软、通用等等国际化的品牌总是给人以实力雄厚,以及拥有良好品质、信誉保证的联想。

最后,品牌走向国际化时,能够通过产品的国际化延伸或与外国零售商签订的合同,从零售商的国际化服务中获取更大利润。欧洲零售商的集中和创造性全球购买中心,其目的都在于此。通过全球化这种形式,品牌规避了当地分销的限制,所以更容易实现利润最大化。

第二节　品牌全球化传播中的文化因素

世界是由多元化的文化群落所组成的。在相同的文化背景下进行沟通,人们往往会忽视文化的存在。但是对于全球化的沟通,则意味着要在不同文化之间架起沟通的桥梁。文化容易被传播者忽视,但它其实是全球化传播中最重要的制约因素。

在进行国际传播时,品牌传播者所必须考虑的最重要的因素就是文化,这与以往只检视地理、经济、政治因素以确定如何开展传播组合和进行传播不同。现在文化被给予了很大的关注。文化的影响是深刻的和深远的,不同国家的文化差异影响着消费受众的需求以及他们对信息最可能引起的反应。忽视文化因素的影响或对这种影响进行了错误的判断往往会造成国际品牌传播重大的失误。

一、文化的概念

自觉地朝路的右边行驶,努力按时赴约,与人初次见面要握手等,我们的日常行为无时无刻不受文化的影响,但在很大程度上,这种影响却往往容易被忽视。毫无疑问,我们对环境会做出社会所能够接受的反应,因为我们都是社会化了的人。这种影响不可能被超脱,因为它已经深深根植于我们的内心,决定着我们如何认识这个世界和如何改变这个世界。当进入另外一种文化之中时,每个人都带着一张自己国家的文化地图,以自己的文化所能接受的方式去对外国的文化环境做出反应,然而这种反应往往与异国文化是不相容的。

文化是什么?一个世纪以前,E. B. 泰勒(E.B. Taylor)将文化定义为"包括知识、信仰、艺术、道德、法律、习俗、和作为社会的成员的个体获得的一切其他的能力和习惯的复杂的集合";爱德森·荷贝尔(Adamson Hoebel)的定义为:"社会成员所习得的共有的和外显的行为特性的集合";文化还被定义为:"后天习得的,共有的,强迫性的,相互关联的符号设置,其意义决定了社会成员行为和思维的方向。"

关于文化的定义有 160 种之多,这些定义都是在人类学范畴里所给出的。这些定义中都或多或少地存在着不足,但上述三种定义相对而言更具有代表性。该领域的学者们普遍认为,文化不是与生俱来的,而是后天习得的,比如是从家庭、学校、教堂的教育中学习获得。许多定义都强调文化是社会成员共有的东西,正是这种共有的方面使得相同文化之内的个体之间的沟通成为可能。而跨文化传播的困难就在于缺少共通的符号(见图 9-1)。

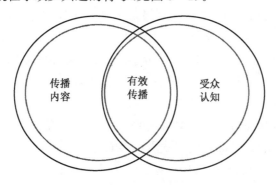

图 9-1　跨文化传播

二、亚文化

我们对文化进行审视和考量时,认识同种文化之中的变化因素比认识不同文化之间的变化因素更为重要。每个文化中都存在亚文化——拥有根植于共同经历之上的相同价值系统的人群。人们属于不同的民族群体、宗教群体、种族群体、政治群体和地理性群体。同样,我们也可以用收入、年龄作为划分亚文化群体的标准。很明显,个体可能同时属于几个亚文化群体,他们的行为模式受到多方面的影响。这些亚文化群体可以被品牌传播者较准确地界定,从而为开展品牌传播准备必要前提。

准确理解亚文化是非常必要的,不能识别亚文化群体之间的差异就可能导致对消费受众归类的错误判断。另外,理解一个国家中的亚文化还可以帮助理解其他国家中相似的亚文化。

三、文化要素

品牌传播者必须考虑到的文化要素包括言语语言（口头和书面语言）、非言语语言（如表情、动作、时间标准、空间距离、颜色象征及其他符号等）、需求、价值观、宗教、相关的道德和审美标准、风俗和消费模式等。

1. 言语语言

言语语言是进行跨文化品牌传播时的显性文化要素。任何一种文化的渊源都是通过记录下来的文字、图像或者录音这些言语语言系统来追溯的。言语语言包括口头语言和书面语言。传播者进入某个国外市场时，需要收集当地市场数据，而处理这些数据多半是通过本地语言进行的。而且，品牌传播者与潜在的消费受众进行沟通，需要设定一个他们乐于接受的品牌名称，开发产品包装，设计宣传口号，确定广告信息等，这些无一不依赖言语语言的运用。在跨文化品牌传播中，语言起到非常重要的核心作用。

有人说，如果没有真正理解某国的语言，就不可能理解该国的文化。诚然，文化在影响着语言的同时，也在被语言影响着。语言学家们宣称全世界存在超过3 000种不同的语言——其中一些被几百万人所持，而另外一些语言，会说的人则不超过几百。世界上大多数国家都是多语言国度。例如，扎伊尔有100种不同的部落语言，印度有超过200种语言和方言。任何的多语言国家毫无疑问都有多样的文化，而这无疑是跨文化的品牌传播中需要克服的巨大阻碍。

虽然语言可以帮助界定不同的文化群体，但同样一种语言也可以成为不同国家的语言。例如，英语同时是英国、美国、加拿大、澳大利亚等国的主体语言。而且经常在不同国家使用的同种语言中，不同的词被用于指代同一事物或同一个词表示不同的意思。例如，美国一家纸巾生产者试图在英国沿用它在美国获得成功的广告语："晚餐没有＊＊餐巾纸了"。而在英国"餐巾纸（napkin）"指的是尿布。

跨文化的品牌传播，需要将品牌名、包装文案、广告信息等翻译成当地语言，操作不当，将导致不可估量的损失，更不要说品牌形象的损伤了。例如，20世纪60年代，百事可乐的口号"动起来，你们都是百事的一代"直译成德语，居然是"走出坟墓，动起来"的意思；通用汽车一品牌Chevy Nova（指明亮的新星）在拉丁美洲的意思居然是"不会跑的"！为了避免在翻译上犯大错，品牌传播者不仅需要掌握当地的母语,而且还应熟悉当地俚语、俗语以及词句间的细微差别。有一个据说非常有效的方法可以检验翻译的准确性,就是让翻译者之外的其他人将翻译后的词句再重新翻译回原文,如果翻译回来的意思和原文意思不相符甚至出现谬误,则翻译是不成功的,应予以取消。而有些品牌词句则是不能简单直译的。

在跨文化品牌传播中还应该注意,不同阶层、不同年龄段的消费受众所使用的言语语言是有所不同的。在对特定的消费受众进行传播时,应该使用适合的语言工具,否则非但不能达到传播目的,而且还可能招致反感,给品牌形象带来损害。

2. 非言语语言

人类通过非言语行为来交流思想、感情,比利用言语语言的历史要悠久得多。在言语语言诞生之前,原始人之间的交流就是以动作姿态示意,用脸色眼神传情。至今,我们日常的交流不但通过口头语言而且还通过非言语行为进行交流。传播学者伯德惠斯特尔认为,同一文化背景下的两个个体之间的交流,有声信息只有 35%,而 65%的信息是无声的。大量的交流是在点头、挥手、微笑、甚至沉默等行为动作之中完成的。人类的非言语行为有三个重要功能:第一,传送态度和情感;第二,辅助言语语言,对它进行详细描述,并提升其效果;第三,控制交谈者双方的谈话节奏。

非言语语言有很多分类系统,一般的分类包括脸部表情、眼神、身体动作、接触、空间距离、时间标准、外表着装、颜色象征甚至沉默。

非言语行为受到社会文化规范的制约,不同文化系统之间的非言语行为具有一定的差异性,这是研究非言语行为对于跨文化品牌传播最主要的意义所在。唯有了解这些不同文化背景下的差异性,才可能在设计具体的跨文化传播信息时有的放矢,增强传播的效果。例如,世界上大多数民族用点头表示肯定、赞同,但是保加利亚、尼泊尔和我国的佤族却用摇头来表示;英美人在交往中重视双方保持着严格的空间距离,身体接触较少,以示彬彬有礼,而拉美人却喜欢相互靠近并且以较多的身体接触表示友好、亲切的情感;英美人认为"时间就是金钱",因此赴约时强调准时,而拉美人却抱着早点晚点不在乎的态度;欧美人的动作表情丰富多变,夸张性强,而中国人的动作表情却讲究温文尔雅,崇尚含蓄;欧美人可以在公开场合用身体接触来表达男女亲情,而中国人表达这种情感则倾向于私密。

3. 价值观

价值观是影响消费受众行为的最重要的因素,它是潜在的,却是影响深远的。由于价值观念的差异而导致的传播失败案例已比比皆是。例如,英国总督香烟在推广过程中,就遇到了由于价值观原因造成的麻烦。它的口号"想做就去做"在西方国家畅通无阻,但当它进入中国香港,却受到了来自教育界、宗教界以及各种妇女儿童组织的反对,认为这一口号含有一种无原则、无责任的极端个人至上主义的倾向,对年轻人是一种煽动,最终这一口号不得不改为"应做就去做"。

不同文化背景下的消费受众有着不同的价值观念和评价体系,因此探求价值观对于品牌传播的影响是非常必要的。

世界上应用最为广泛的价值分类系统,是美国 SRI 国际公司的"价值观与生活形态系统"(value and life style,简称 VALS)。这一系统将消费者分为四个主群体和九个子群体。它们分别是:

1. 需要驱动者(the need-driven)

这些人都是收入有限的消费者,他们购买的物品大多是用来满足基本生活需要的,但有时为了炫耀,他们也购买奢侈品。这个群体可分为两个子群体:

(1)残存者:这是一群年老、贫穷、沮丧、远离文化主流的人。

(2)苦撑者:这是一群年轻、狡猾、挣扎于贫困边缘、想出人头地的人。

2. 外在导向消费者(out-directed consumer)

这些人持身端正,深受他人的尊重,构成社会的中坚。可分为三种类型:

(1)归属者:这些人的特征是传统、保守、世俗、怀旧、重感情、清心寡欲。

(2)好胜者:这些人野心勃勃、力争上游、注重声望、有大男子气概和竞争精神。

(3)成就者:这些人是政府官员、商业领袖、专业人员。他们注重效率、名誉、身份、正当的生活等。

3. 内在导向消费者(inner-directed consumer)

此一群体的消费者的购物活动基本上是以个人内在需要的满足为主,而非反映他人的意见。包括三个子群体:

(1)我行我素者:这些人的特征是:年轻、充满活力、好表现、自我陶醉、表情丰富、情绪冲动等。

(2)亲身经验者:这些人是更为成熟的"我行我素者",他们积极参与亲身体验,关注自己内心的成长。

（3）关心社会者：这些人向往淳朴自然的生活，倾向于支持保护大自然的生态环境。

（4）统合者：这些人结合内、外在导向消费者的感受于一身，是心理上完全成熟的人。他们具有宽容、自我、放眼世界、以天下为己任的胸襟。一般来说，这些人只占成人人口的很小部分。

这个被广泛使用的方案被证明对国际品牌传播者在检验国外市场消费者在这些分类中的比例时是有效的。例如，根据 VALS1，大约美国 1/3 人口可被认为是"归属者"，在日本，相应的数字是 80%。这表明日本的消费受众不情愿突出表现自我，并且强烈倾向于从属于同类群体。"需求驱动者"在美国占有 11% 的人口，在日本却显然没有直接的对应物，这也许反映了日本与美洲更大的文化差异。

在 1989 年，为了反映美国社会在 20 世纪 70 年代后期所发生的变化。该系统被演进为 VASL2。VALS 2 和原来的 VALS 一样，消费者们被认为是因为他们的个性类型而购买特定类型的商品和服务。VASL2 认为购买行为受个体可获得的资源和他们的价值取向的影响。资源既可以是物质的（钱、地位、教育），也可以是心理的（智力，创造力，精力，甚至健康和自信）。VASL2 把消费者划分成 3 个类别：原则取向、地位取向和行动取向。原则取向的人通常靠他们自己作出选择。相反，地位取向的那些人通常根据他们所属组织成员的可能反应来作出决定。而行动取向者只有在他们的行动取得结果时才会感到价值的存在。三种类别之下有 8 个子分类：实现者（fulfillers）、信徒（believers）、实施者（actualizers）、成就者（achievers）、奋斗者（strivers）、苦撑者（strugglers）、体验者（experiencers）和创造者（makers）。

检视文化价值观能帮助品牌传播者有效细分消费受众。就价值和品牌传播工具之间的关系而言，价值也许是人类行为的主要影响因素，而意识到这个问题的传播才可能是有效的。在某种程度上说，在理解传播的有效因素上，文化价值是一个最可探究的机制。简言之，如果品牌传播者希望对国外市场提供更有效的品牌信息，他们就必须对这个国家的核心价值进行一番深入的研究。

4. 宗教、道德、信仰

一个国家的文化、社会和商业行为的另外一个重要因素是个人的宗教和信仰。许多角色观念、行为模式、道德规范、市场行为往往都是由这些宗教信仰触发的。正因如此，对一个国家道德和宗教传统的了解，也成为品牌传播者理解消费者们在特定的市场中为何如此表现的另外一个须考虑的文化因素。

世界上存在着众多的宗教,就信徒的数量而言,佛教、基督教、天主教、印度教、回教和神道(Shinto)等被认为是有重要影响的宗教。宗教对国际品牌传播的影响是多种多样的。在一些国家,涉及宗教的信息编码应慎重对待。例如,按照回教教义,产品和促销信息中不得出现先知的名字、神的名字或者伊斯兰神殿的图片。中国曾向埃及出口一批某品牌的鞋子,由于该品牌的商标设计与"阿拉伯之神"雷同而引起教徒的极大不满,最后由中国大使出面才平息这场纷争。

宗教直接影响它的信徒如何感受他们的工作和他们对于商品的价值观。例如,佛教认为,苦难是由于对各种物质财富的贪念和各种自私的享乐观念导致的。回教也认为对物质财富的迷恋是不道德的。这种观念与新教徒所信奉的努力工作的观念形成鲜明对比,新教徒们认为财富是衡量成功的手段。"为大多数人的利益"的教义是神道的核心,这一教义在日本得到广泛的认可。这种教义反映到日本人的工作伦理上就是:生活就是工作,而工作就要有责任心并且使每个人骄傲。勤奋的日本人经常每天工作 12 小时,每周工作 6 天。

宗教传统可能完全禁止某类品牌商品的销售,或至少禁止这些品牌的信息传播。例如,在沙特阿拉伯,烈性酒就被完全禁止出售。但对于很多酒类品牌而言,这种禁令有很大的弹性空间,如 Strohs 通过销售不含酒精的啤酒给消费者获得了成功。回教还禁止猪肉的消费,而印度教则禁吃牛肉。其他商品包括香烟、打火机甚至糖果和巧克力对于回教都是被禁止的。

宗教还影响到不同性别在社会中的角色,它可以影响传播活动的各个方面。如某品牌的市场调查人员在中东市场收集信息时,由于女性在这个社会中是需要被回避的,所以采取的系列市场调查活动都与女性无关:焦点小组访谈请的是她们的丈夫或兄弟;当面访谈甚至电话访谈的调查员请的也是男性。

第三节　品牌传播的标准化和本土化

一、品牌传播标准化

1. 标准化传播的利益

不断增长的全球化品牌传播的实例数字,印证了哈佛大学的西奥多·李维特(Theodore Levitt)教授的全世界消费者的需求和欲望日益趋于一致的观点。李维特在1983年提出了他的全球标准化(standardization)理论。它依赖于两个原因:通讯和交通方式(如跨国界媒体和国际旅行)的发展,特别是现代网络技术的成熟和广泛运用,加速了消费市场的同一化,全世界消费受众的需求越发趋于同一化。马歇尔·麦克卢汉曾提出"地球村"的概念,描述了通过电子通信紧密联系的全新世界。许多品牌传播者相信,通信的进步、日益便宜的运输以及日益增长的国际旅行创造了国际化的消费受众,使得这个世界成为世界市场。他们认为,世界是一个巨大的市场,地区性的、国家性的、甚至国际性的差异只是表面现象。不管人们居住何方,他们都要在这里寻求相同的产品和生活方式。因此,消费者可以很好地被满足于相似的产品和服务。如果跨国品牌利用这种大同的趋势,实施品牌传播的标准化,那么不但可以节约成本,而且可以统一品牌的世界形象,建立其全球名牌。Campbell汤,佳洁士牙膏、骆驼牌香烟都精于全球性的品牌传播。李维特继续表明不但消费者可以被满足于相似的产品,而且品牌传播者可以传播相似的品牌信息。

可口可乐,在世界170多个国家都可以找到其品牌产品踪迹,可谓是经典的品牌传播标准化案例。可口可乐全球市场研究副主席托马斯·弗洛伊德(Thomas Floyd)说:"现在一致比差异更具普遍性。经典可口可乐在澳洲和巴西口味是一样的;我们在墨西哥城的目标受众和在欧洲的受众一样喜欢芬达的口味。……因为这些一致性现象,可口可乐越来越多的全球传播计划很快从概念变为现实。"

国际化品牌传播战略的标准化一般有两条路线。一条是采取在某个国家或者是国内被认为是成功的战略。埃索石油的"在你的油箱里放一只老虎"(Put a tiger in your tank)的传播运动就是在美国被证明有效后来又推广到其他国家的一个经典的传播运动。另一条是预先设定好一个传播策略,之后同时在各个不同的市场执行。

有许多品牌传播者认为品牌传播标准化战略是带来品牌增值的上佳方法。

首先,采取这一战略,对市场上传播策略、活动的调控是相对简单的。因此,国外的传播运动可以得到很快的执行。这种操作的简易化有助于产品的快速流通和品牌的快速传播。安东尼·卢蒂连诺(Anthony Rutigliano)说:"随着产品生命周期的缩短,企业渴望产品在全球快速的流通。这就决定了不可能有太多的时间来开展大量的品牌传播运动。"

其次,标准化品牌传播战略可以减少掌控地方传播运动的人员配置。职员的精简导致成本的下降,品牌传播的成本也骤然降低。设定和执行单一的品牌传播策略运动当然比为不同市场而设定和执行离散的策略运动要"便宜"得多。比如,将一个针对欧洲市场的广告片翻译成七种不同的语言的成本要比拍摄七条不同内容的广告来得便宜。麦肯光明广告公司就声称,因使用一致的广告片,在20年中为可口可乐节省了超过9亿美元的成本。

再次,好的创意可以被充分利用。泰迪熊,1970年在德国被用来作为Snuggle——一个液体纺织品柔化剂品牌的代言人。这被认为是一个非常好的创意。研究表明,泰迪熊的深层情感含义是非常广泛的:它是安全、舒适、充满爱意的,更重要的是,它是柔和的。Snuggle利用泰迪熊在一年当中完成了在德国的推广,该品牌占据了的26%市场份额。随后,泰迪熊形象被介绍至其他12个国家的市场上,泰迪熊的形象已深深地为欧洲和美国的消费者所喜爱。

最后,采取标准化的品牌传播战略,对于树立一致性的国际品牌形象大有裨益。一个一致的形象有助于减少信息传播过程中的噪声干扰,减少形象混乱的概率。特别对于在媒体交叠、跨境旅游频繁的地区,比如在许多欧洲国家,这更是有着重要的意义。

2. 适合标准化传播的品牌产品

标准化的品牌传播战略被传播者认为是一个巨大的挑战性任务。很明显,许多国际性企业成功运用了这一战略。但只有在清楚了解在什么情况下标准化战略更有效果,以及哪些产品才适合这一战略之后,才可能取得品牌全球化传播的良好绩效:

(1)有着本质上相同受众的产品:在美国、欧洲、和东南亚地区,有相似学历和可支配收入背景的青年深受国际传媒的影响。这些相似性使得在这个年轻人市场上传播标准化信息有适合的可能。一项在澳洲、巴西、德国、日本、英国和美国进行的研究发现,世界范围内14～34岁的人们的生活方式和消费习惯有惊人的相似性。调查发现,平均每人每周用于任意消费的支出为60美元。他们消费软饮料、啤酒、香烟的频率和数量非常相似。这项调查有一个有趣的发现,美国和英国的年轻人在购买运动鞋的习惯上比其他国家年轻人的同类消费习惯有更大的相似性。

(2)可以通过图像语言描述和推广的产品:图像语言较之文字语言更为明晰易懂,一个不识字的人可能看不懂书上的文字,但却可以津津乐道于书上的插图。在跨文化传播中情况也是如此。图像是世界通用的符号,因为图像的所指是直观的,是共通的。而且图像比文字易于创造更明晰的识别和更深刻的记忆。

许多品牌产品都是通过图像语言进行跨文化传播的。

（3）针对高端市场的奢侈品：奢侈品被看作是一种特别适用于标准化传播的产品类型。奢侈品是高价位的产品，消费受众购买的原因往往超脱了基本的功能性需求，因为这类品牌产品还具有彰显使用者的社会地位的附加价值。要体现这种附加价值，就必须保证一致性的品牌形象。树立品牌的这一"至高无上""独一无二"的独特形象则非常有必要采用标准化的传播战略。

（4）高科技产品：标准化品牌传播战略适用于初次诞生于世界市场的产品。一般而言，这类品牌产品受特定国家传统文化影响的概率会较小，并无很深的文化烙印。高科技产品则属于这类产品，如计算机、软件、芯片等。在任何地方，这些高科技产品的使用方式都是一样的，所使用的技术语言都是一致的，都具有功利性和统一性。有一项研究表明，在个人电脑和软件的广告传播方面，有大量标准化传播的成功事实以及更明显的标准化趋势。

（5）带有原产地风味的品牌产品：鲁迅先生有一句名言：越是民族的，就越是世界的。也就是说越是民族文化根深蒂固的品牌就越有其特色，在世界市场中较同类产品品牌就更具识别性。如果一个国家在生产某特定领域的某一类型的产品方面享有质量优良或专业品质的良好声誉，那么这些产品品牌就是适合标准化的。比如贝克啤酒来自德国，SWATCH手表来自瑞士，可口可乐来自美国等。

二、品牌传播本土化

尽管标准化战略受到许多企业的欢迎，但是也引起了许多人的争议。他们认为，尽管人们的基本的需求和欲望可能是全球一致的，但是满足这些需求和欲望的方式却是因国家和地区的不同而不尽相同。"全球市场"仍然包括不同的国别，每个国家或地区都有其各自不同的风俗、习惯、生活方式，传播者必须将这些因素都考虑进去。

举个例子，万宝路香烟在香港遭遇到了不大不小的挫折：它走俏全球的粗犷的牛仔形象不为香港人看好，过惯了精致城市生活的香港人并不认同这种马背上的文化，以之为粗鲁。后来万宝路公司在香港将牛仔改换成一个衣着华贵拥有卡车的年轻人，淡化"粗犷"突出"品位"主题，从而取得了成功。

在对标准化存有争议的品牌传播者和学者中有这样一种怀疑，可口可乐、百事可乐、万宝路和麦当劳的成功是否能完全归因于它们的标准化品牌传播战略呢？有人假设,这些品牌如果根据不同市场调整传播信息和策略,有可能会比现在更为成功。品牌传播当地化的赞成者提出了他们的诸多论据。

政治法律对于品牌传播活动有很大影响。例如,不同的市场对于广告的态度可能是不同的。印度尼西亚政府在做了一次关于电视影响力的调查后,曾禁播电视广告长达 10 年之久。因为政府认为电视广告可能潜在地激发居民的奢侈消费,并使贫富差距更为恶化。此外,不同国家对广告业的法律法规限制也有所不同。

法律环境对国际品牌传播活动有着直接的影响。首先,所采用的创意内容或创意类型就有广泛差异。例如,法国不允许出现比较性广告;在德国则必先通过严格公平的测试。欧洲 LU 饼干公司为了在欧洲销售其产品不得不准备了 20 个不同的电视版本以符合所有的法律规定;在意大利,广告中可以出现孩子的形象,但他们的话语中不得出现品牌名称;在奥地利和德国,儿童必须在成人的陪伴下演出;而在荷兰,屏幕上的儿童很可能正在吃着 LU 饼干,但画面上必须同时提示"请注意刷牙"！其次,品牌传播所能利用的媒介也有很大的差异,各国媒介的情况都不尽相同。例如,瑞典和挪威仍然禁止收音机和电视广告;丹麦至 1987 年才最终决定在有限程度上调整此类广告;在德国,电视广告即使允许播出,也有严格的限制——每天不超过 20 分钟,并只能在晚上 5～8 点间不影响节目的情况下播出5～7分钟。

再比如,EL 是一家出售全球统一产品的美国护肤公司。它与 L'oreal 实行标准化策略所取得的成就截然相反的是,EL 发现它无法将一种护肤品同时出售给白皙的澳洲人,黝黑的意大利人和肤质娇嫩的亚洲人。尤其是在亚洲,各地区的护肤习惯都有所不同。同样的,饮食习惯也是如此。麦当劳在德国将啤酒与汉堡一起出售,而在菲律宾,则推出 Mcspaghetti 和当地颇受欢迎的面点食品相竞争。

如果某种产品在不同市场使用不同的品牌名称,那么国际品牌传播者则别无选择,只能采取多样化的传播途径。以联合利华为例,它的一种洗涤剂在瑞士称作"VIF",在德国称作"VISS",在英国和希腊则是"JIF",到了法国就变成"CIF"。从这些不同品名在不同国家取得的良好传播效果来看,标准化的信息也不一定就是唯一有效的方式。日本的花王公司将其在日本地区占领先地位的洗衣产品投入澳洲以开拓第一个非亚洲市场,这种浓缩洗涤剂在日本、新加坡、马来西亚和我国台湾等地名为"ATTACK",但在澳洲却改为"BIO-Z"。因为"考虑到历史的原因,'ATTACK'听起来似乎太具攻势了,并不适合作为在澳洲销售的日本产品品牌名"。花王公司发言人这样说道。

最后,如果某外国市场处于与品牌在本地市场不同的发展阶段,那么相应的产品在该国则可能处于不同生命周期。如此,则品牌传播策略也应该做相应调整。宝利莱相机在法国传播推广的失败,据说就是因为公司不顾市场和产品阶段差异,采用了同在美国一样的传播策略所致。两国市场处于不同发展阶段,美国市场十分成熟,而法国则还处于导入期。国际公司在某些地区和其国际对手展开竞争,而在另一些地区则可能只面对当地竞争者。在某一市场取得成功的广告策略在竞争环境不同的另一市场也许就不那么适用了。20 世纪 80 年代初期,派克公司 500 多种款式的产品在世界 18 个工厂同时生产,150 多个国家的区域公司独立负责其品牌的传播推广。将 LEVITT 理论引以为据,派克笔将其产品精简到 100 种,并集中在 8 个工厂生产。同时委托一个广告机构开展其全球传播计划,统一设定传播信息,然后再将其译成多种不同的语言版本。然而派克并没预料到各地区经理对于公司的这种强制统一的行为予以抵制,他们对派克总公司的做法甚为不满,从而迅速引起利润的直线下降,致使派克公司 1985 年的财政损失高达1 200万美元,公司濒临破产边缘。现在,派克公司再次盈利,地区经理也拥有了根据其市场选择不同传播方式的权利。

虽然本土化的品牌传播战略会耗费较高成本,但品牌传播者期望这些成本可以为巨大的回报和高市场份额所抵消。

三、标准化与本土化的折中——Glocal

为了企业的生存,全球化的品牌传播是绝对必要的。新产品技术的成本迫使生产者寻求边界之外的充分市场以获取有效的投资回报。竞争者的快速复制产品优势和功能的能力给创新者带来了快速收回初次创新成本的压力。因此,这些创新者会自然而然地寻求尽可能多的市场空间以提供这些回报。

但至于采取什么样的传播策略,标准化还是当地化? 两种观点的持有者不相上下。标准化有其弊端,当地化当然也有其不足。于是,出现了整合两种思路的一个名词:Glocal,即英文全球"Global"和当地"Local"的合成词。其意义可理解为"全球视角,本土执行"。在全球标准化和当地化之间有三个层次的因素:最易全球标准化的是传播战略、产品特点、品牌定位;处于模棱两可地位的是品牌名称、包装、广告;几乎总是当地化的是面向消费者的推销活动、分销、面向批发商和零售商的促销活动。据有关学者对亚洲市场的研究表明,多数的跨国公司采用标准化和当地化相结合的策略,即在战略决策方面(如选择目标市场、品牌定位、确定传播目标和主题等)较多使用标准化决策,在战术决策方面(如传播表现形式和媒体选择等)较多采用当地化决策。例如"百事可乐",在世界各地的品牌传播活动都以"青春、活力的年轻一代"为主题;IBM则以"四海一家的解决之道"诉求其为客户排忧解难的高水准服务。

据调查表明,在全球化品牌传播中,品牌传播者表明他们最不情愿更改的元素是品牌的名称或Logo。有约20%的被调查者表明他们将考虑变更产品本身来满足当地需求。超过85%的被调查者表明他们将不拒绝变更广告传播的执行,并且几乎2/3的被调查者表示这样的决定一般是由当地分支企业设定的。很明显,全球一致的信息并不是非常重要和必要的,关键是要让品牌信息如何让当地受众相信并接受。

图9-2是一张经调查后设定的图,它表明了在品牌全球化传播过程中,企业对于一些传播元素的标准化和本土化策略选择的意向(横坐标表示总体样本中对于各种要素的标准化或当地化意向的人数比例)。该图也许对于国际品牌传播者在评估传播策略时会有参考价值。

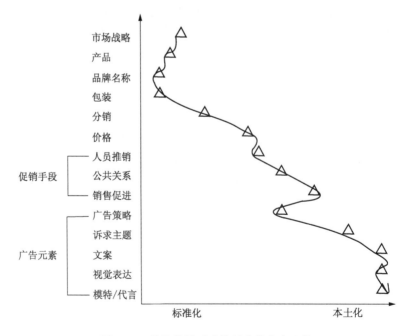

图9-2 品牌传播元素的标准化和本土化

从图中我们可以看出,传播者必须检视品牌传播的每一个步骤和细节,必须将品牌的实际状况和当地的品牌传播环境(如政治、经济、法律等等背景因素)联系起来加以考量,然后才可能设计特定的传播策略方案。实际上,绝对的标准化显得不太可能。只要国家和地区之间存在文化和环境的差异,"标准化"的产品或沟通总会出现某些意想不到的磕碰。宝洁公司在20世纪70年代把帮宝适(Pampers)一次性纸尿布引入日本市场时,发现日本母亲并不喜欢这种美式的大块尿布。宝洁没有注意到日本妇女给孩子换尿布的次数平均每天约14次,而这个数字几乎是美国母亲的2倍。在发现问题之后,宝洁把尿布改造成较窄小的样式,很快就占领了日本尿布市场份额的20%以上。尽管最终获得了成功,但宝洁还是为忽视当地文化的失误付出了代价。

这种"全球视角,本土执行"思维受到广泛接受的事实,并不意味着全球品牌形象的缺失,相反,许多跨国公司表示,为适应当地消费者做好调整策略,不仅不会削弱反而能壮大全球品牌。调查表明,美国的跨国公司只有9%使用了完全的全球标准化策略,37%为完全的当地化策略,而剩余的54%使用了二者结合的策略。

【案例】 国际奢侈品品牌在中国如何做本土化品牌传播

随着中国的消费回流势头强劲,奢侈品品牌在中国推出品牌传播活动时也不断加重本土化的考量。尽管在个别省市新冠肺炎疫情仍有反复,但2021年,线下活动已在内地全面恢复。这种积极的恢复、发展趋势,让奢侈品牌在社交媒体和电商平台发力数字活动的同时,也不断推出实体快闪店和线下展览,全方面布局品牌触点。

同时,在2021年,对于希望持续与本地奢侈品消费者保持联结的品牌来说,参与中国的传统及现代节日可谓至关重要。但随着品牌扎推节日营销,其竞争也愈发激烈,想要脱颖而出变得愈发困难。

因此,在春节、情人节等典型节日之外,眼光独到的品牌开始投入更多精力来持续地讲述历史并展示创新。此外,在政府于下半年开始整治劣迹名人和不良粉丝文化之后,众多品牌与名人的合作也呈现多元化的趋势。

Louis Vuitton:为"路易200"注入本土元素

2021年8月,Louis Vuitton为庆祝品牌创始人诞辰200周年,启动了名为"路易200"的特别项目,其中包括一系列数字举措。该品牌推出了一款名为"Louis the Game"的手游,该游戏仅支持中、英两种语言,玩家需在不断升级通关的过程中尽量收集Monogram蜡烛,跟随游戏中的虚拟人物Vivienne的足迹来探索时装屋的传奇历史。同时,其还在微信上发布了平台专属表情包,包含16款带有明显品牌标志的表情,用户可免费下载使用。

此外,8月至11月,Louis Vuitton还发布了一系列由本土创意人士拍摄的短视频,以此讲述创始人毕生的传奇故事。该品牌通过这一系列不间断的数字活动,让大众以互动性更强、更有趣的方式了解时装屋的悠久历史。

Gucci:在中国尝试播客内容营销

Gucci为纪念品牌100周年生日,邀请了多位新锐音乐人从流行音乐的视角来审视历久弥新的品牌文化。其百年纪念系列的灵感来自数字22705(即从1921年至今歌词里含有Gucci一词的歌曲数量),并主要通过视频和播客的形式在中国市场开展相关的营销活动。

其中,Gucci与看理想合作推出音频节目《为了音乐的聚会》,邀请说唱歌手欧阳靖(MC Jin)、吉他演奏家肖骏以及click♯15乐队成员Ricky挖掘音乐的幕后轶事,畅想未来的时尚风格。尽管音频内容在海外奢侈品营销中已经非常常见,但在中国市场仍然相对新颖。此次联合呈现的播客节目体现了Gucci正在与各行各业的名人展开更为全面、多样的合作,超越了在社交平台发布广告大片的传统模式。

Max Mara：盘活在地化叙事

从 9 月到 12 月，Max Mara 以标志性的泰迪熊为主角推出了庆祝品牌 70 周年的特别活动，并通过微信小程序"泰迪穿越记"的互动用户体验展现了品牌历史。该活动由品牌的中国团队提议并执行，以独特的方式巧妙地将小程序变成了品牌内容营销的平台。在其小程序中，穿越之旅的主角被设定为暖萌泰迪及其朋友 Alpy、Woolly 和 Cammy，并开设了两大板块：生日庆典和品牌历史回顾。

除了数字举措，自 9 月中旬以来，Max Mara 还在中国 14 个城市推出了相同主题的"泰迪穿越之旅"快闪店，店里放置有暖萌泰迪及其小伙伴，由此将线上庆典场景搬到了线下门店。Max Mara 的此次创意布局，不仅采用了多渠道营销方式将线上线下进行有机结合，还强化巩固了其一贯的品牌形象。总体来看，Max Mara 的宣传方案不单单局限于旗舰产品范围且创新了分层叙事技巧，这正体现了奢侈品牌建立本地化能力的重要性。

Prada：焕新上海乌中市集

    2021 年 9 月，适逢 Prada 2021 秋冬广告大片发布，该品牌于米兰、佛罗伦萨、罗马、巴黎、伦敦、纽约、上海和东京试图让"感觉 Prada"广告走入生活空间，将 2021 年秋冬系列的几何图案印花包裹不同风格建筑外墙，重塑不同城市街道风景。其中，Prada 在上海改造了荣宅，以及极具"烟火气"的乌中市集。

    在为期两周的活动中，即便最朴素、熟悉的农产品也被精致的 Prada 包装纸袋打包。该品牌出人意料的选址和改造给当地年轻受众留下了极其深刻的印象，吸引了许多人前来打卡参观并直观感受品牌的氛围。

    （案例来源：JingDaily 商业观察，年度盘点│2021 年最佳奢侈品本土化营销案例，百度百家号，2022—01—06）

第十章

品牌传播效果与
品牌价值评估

- 品牌传播效果评估
- 品牌价值评估

第一节　品牌传播效果评估

　　品牌传播的效果评估是品牌传播不可分割的一部分。品牌传播者必须尽可能地了解消费者和潜在消费者,以更好地满足其需求和欲望,采取相应策略与之进行沟通。这就要求对传播的绩效进行测定。

　　在实施了品牌传播活动之后,品牌传播者要衡量沟通对目标受众产生的影响,这些影响包括询问受众:他们是否能够识别所传播的品牌信息,见过多少次,是否记住了这些相关信息,记住多少,对信息的感觉如何,他们对品牌、产品的态度有何变化等,更重要的是,消费行为有何变化。

　　品牌传播的目标,就是品牌传播寻求什么样的反应。最终的反应是购买,长期的效果是品牌忠诚。但是购买行为和品牌忠诚是消费者经过一系列心理行为反映的决策结果,品牌传播者必须了解消费者所处的购买行为阶段。

　　传播者希望从目标受众寻求认知情感和行为反应,即通过品牌传播,向其传达一种信息来促使其认知和态度发生变化,最后导致行为的改变(采取购买行为)。对消费者反应阶段模式有许多研究。其中有 4 种最著名的反应层次模式:

　　AIDA 模式:注意-兴趣-欲望-行为。

　　影响层次模式:知晓-认识-喜爱-偏好-确信-购买。

　　创新采用模式:知晓-兴趣-评价-试验-采用。

　　信息沟通模式:显露-接受-认知反应-态度-意向-行为。

　　品牌传播的反应包括品牌知晓、品牌态度、品牌接受、品牌偏好,品牌试用、重复购买、品牌满意、品牌忠诚。品牌传播的反应从传播者角度就是传播的绩效。对传播绩效的测定和掌握,一方面可以判断传播活动进展情况,另一方面可以据此采取纠正措施,根据消费者反应对不足之处采取相应行为来予以更改。

一、品牌知晓

　　如果消费者不知道品牌,就永远不可能形成购买。品牌传播的第一目标,就是建立品牌知晓。例如,品牌知晓目标可描述为"在一年内使 70% 的目标消费者知道某品牌"。品牌知晓是认知反应的基础。很显然,在消费者不知晓品牌的情况下,是不可能去正确理解品牌特性和对品牌形成积极态度、形成品牌偏好,更不可能去购买和重复购买产品。因此品牌知晓是一切后续工作的首要基础。

品牌知晓既是品牌传播目标,又是沟通绩效。因此,在品牌传播的前后要对品牌知晓进行测定以检验沟通效果。

品牌知晓与品牌知识是有差别的两种认知。品牌知晓主要是指受众对品牌名字的识别能够回忆或意识到某一特定品牌是某一特定产品类别中的一个成员。例如,农夫山泉是饮料、是矿泉水。品牌知识则涉及对品牌具体方面的识别,如对产品特色、属性有所了解,特别是懂得产品的利益所在。例如,"农夫山泉有点甜",它可能是一种带有甜味的矿泉水。品牌知晓的测定就是在品牌传播前后消费者对品牌名称记忆的改变。品牌知晓测定比较普遍的方法包括:品牌识别法、品牌回忆法和品牌联想法。

品牌识别法就是在品牌传播前后测定品牌知晓水平。例如,在经过 6 个月的品牌传播活动之后,经抽样调查目标市场有 60% 的人知道品牌 A,而在这次品牌传播活动之前,目标市场只有 10% 的人知道该品牌,则这次 6 个月的品牌传播活动的绩效之一是增加品牌知晓 50%。

品牌回忆法是从目标市场选出一种消费者样本群,要他们列出某一类别产品的不同品牌名字。例如,询问某一目标市场消费者(比如学生),知道哪些品牌学习机,回答者也许会列出"小霸王、裕兴、步步高"等,然后根据样本中能回忆某一品牌如步步高的人数的百分比。例如,200 人中有 120 人列出了步步高,则可推断整个目标市场对品牌的知晓为 $120/200 \times 100\% = 60\%$。同样,品牌回忆测试可以在品牌传播前后进行甚至在沟通活动中进行,通过沟通活动前后品牌知晓情况的变化,就可以衡量沟通绩效的大小。

在许多情况下,消费者对品牌的印象是潜意识的,不能自主的引出和回忆出对品牌的记忆。而且许多品牌知识的测定趋向于让回答者采取逻辑理性反应,但是消费者对品牌信息的接受往往是消极和被动的。因此,最有意义的品牌联想是没有逻辑和理性的。在这种情况下,可采用投射法测试消费者的品牌认知和联想。"投射"这个心理学名词最早是由心理学家弗洛伊德提出的,投射技术给被试者呈现许多模棱两可的刺激,让他们对刺激做出反应其目的是让被试者能够自由地回答问题,摆脱个人自我的阻碍,投射出自己的需要和压力。品牌联想的投射方法包括自由联想测试、图像解释测试等,在测定品牌知晓时,则可采用上述两种方法。

把一系列包括有关品牌的物体呈现给受试者,要求受试者回答有关品牌的名称,这种方法就是自由联想测试。图像解释测试是指把一幅实际生活的场景图画呈现给受试者,在这个实际生活场景中,就包括和涉及某些特定品牌,让受试者回答有关问题。例如,当测试人们对某汽车品牌的知晓度时,可以展示一个人站在汽车前看着汽车的生活情景,然后询问受试者这个人正在想什么,感觉到了什么?

二、品牌态度

消费者对品牌的态度并非不变,因为态度的形成是受长期的传播信息的影响而形成,亦可以通过传播而得以改变。尽管一定的态度并不一定产生购买行为,但态度是行为的基础。品牌态度既是营销的沟通目标又是品牌传播的绩效,品牌传播不仅要使消费者了解品牌,而且还要让消费者对品牌产生积极感觉。

品牌态度有两种类型:理性的和感性的。消费者往往根据推理形成的结果来表述对品牌的总体判断是好还是坏,这种推理是自觉的、有意识的,而且能使他们清楚地表达认识结果。如某电视机图像清楚、某牙膏防蛀洁齿,这种品牌态度就是理性的。如果消费者是以情感为基础,形成对品牌总体上积极的或消极的意见。例如,消费者品牌意见的形成是根据品牌与一个有魅力的名人联系为基础而不是以推理为基础,这种品牌态度就是情感的,即品牌态度不是以有意义的推理为基础。如果有人去问消费者为什么喜欢或不喜欢这个品牌,消费者无法准确地回答,因为其对信息的处理源于一种基本的潜意识的情感。

品牌态度分为理性品牌态度和情感品牌态度。这两种态度的形成与品牌传播策略和消费者购买心理和行为是密切相关的。在品牌传播中则根据消费者消费心理和行为分别采取理性诉求和情感诉求。

理性品牌态度可以用多属性指数法和思维诱导法测定。情感品牌态度采用语意差别尺度和投射技术两种方法测定。

多属性指数法是采用消费者对品牌的多种属性态度来综合反映消费者品牌态度。多属性指数法可采用下列形式:

$$A = \sum B_i W_i$$

式中:A:品牌态度指数;B_i:属性 I 的信念强度;W_i:属性 I 的权重(即相对重要性)。

信念强度 B 可通过询问考察对象,"你认为该品牌有属性 I 的可能性有多大?"这种可能性的量化可以利用态度量表进行测量,将回答分为 7 个尺度,从

1～7 来进行测定。通过品牌传播,消费者对品牌的某种属性的相信程度可能发生改变,即可能增加对品牌具有某种属性的信念。沟通绩效,就是根据沟通活动前后每种属性的平均信念强度的改变来衡量的。

属性 I 的权重 W 是通过调查对象对属性的重要性进行排队来设定的。例如,可把消费者购买决策指标的重要性分为 5 个尺度:5＝最重要指标,4＝第二重要指标,3＝第三重要指标,2＝第四重要指标,1＝第五重要性指标。

假设通过 6 个月的品牌传播活动,品牌 X 重型卡车的品牌信念强度和属性权重如表。这些数据是虚构的调查结果,仅以此来说明多属性指数法的计算方法。

消费者对 X 牌重型卡车的品牌态度见表 10-1。

表 10-1 消费者对 X 牌重型卡车的品牌态度

产品属性(i)	W_i	品牌信念强度 B_i	
		沟通活动前	沟通活动后
安全	5	2	4
节省燃料	4	1	3
驾驶方便	3	1	4
耐用	2	2	5
空间	1	1	3

在表 10-1 中,①权重是根据样本的平均值进行排队;②信息强度是根据访问消费者的平均统计结果,例如,指出你是否同意 X 品牌卡车安全,回答者可选择:

1	2	3	4	5	6	7
非常不同意	比较不同意	有一点同意	中立	有一点同意	比较同意	非常同意

如选择 5,表明有点同意,最后根据样本所有调查对象的平均值,确定品牌信念强度。

根据上表可计算出品牌态度指标:

$A($传播前$) = \sum B_i W_i \quad 2×5+1×4+1×3+2×2+1×1=22$

$A'($传播后$) = \sum B_i W_i \quad 4×5+3×4+4×3+5×2+3×1=57$

品牌传播绩效为 $A($沟通后$)-A'($沟通前$)=57-22=35$

品牌传播后品牌态度指数明显高于沟通前,说明沟通活动对品牌态度的形成有重大影响。与品牌知晓建立一样,品牌态度的形成也受多种因素的影响。在沟通活动中也可采用多种沟通工具,在沟通工具使用中要特别注重信息的一致性,否则会影响沟通效果。例如,人员推销与广告所描述的品牌属性要保持一致。

思维诱导法是理性品牌态度的另一种测定方法。这种方法是把识记品牌呈现在访问对象面前,或者用语言向访问对象描述,还可以用图形表示,要求其评价品牌的优点和缺点。访问时,可与竞争品牌比较,让访问者有思考的参照物。品牌态度的分数是根据肯定想法减去否定想法的差值计算而来。品牌传播效果就可根据沟通后产生品牌积极态度的程度来判断。

情感品牌态度的形成是由微妙的情感因素的作用所导致的一种态度的形成或改变。这种态度的形成或改变不同于消费者对品牌的理性思考所致,如品牌利益、价格、属性、特色等,而是由潜意识的因素发挥作用所致。例如,目标消费者很可能因为名人形成对品牌积极态度:飞人乔丹使人们形成了对耐克鞋的积极态度;巩俐使人们爱上了美的空调;等等。情感品牌态度的测定可采用语意差异尺度和投射技术两种方法。

品牌态度的语意差异尺度测定方法是把消费者对品牌的看法和态度用有关形容词进行描述,如富有吸引力、好、漂亮、特别、令人愉快、令人喜欢,等等,然后测定消费者在沟通前后所描述语意的变化程度(见表 10-2)。

表 10-2 品牌态度语意差别尺度示例

程度最高	语意差别尺度					程度最低
	5	4	3	2	1	
最好		V				最坏
非常			V			一点也不特别
非常吸引人				V		一点也不吸引人
非常喜欢		V				一点也不喜欢
非常令人愉快			V			一点也不令人愉快

在品牌传播前后,可分别对目标消费者进行调查,测定沟通前后他们对有关品牌的描述的语意差别程度的变化,据此可以判断品牌传播绩效。

情感品牌态度也可用投射技术进行测定。在采用投射技术测定情感品牌态度可具体采用：

（1）间接问题法：向访问对象询问诸如，"当你看到品牌 X 时，你想到了什么？""你认为购买品牌 X 的人怎么样？"等，用访问对象的回答来判断其对品牌的态度；

（2）语句完成法：提出一些不完整的句子，由被访问者完成；

（3）绘图法：出示一幅图或者请被访者画图，并请被问者描绘有关该图的故事，例如 McCann-Erickson 的研究人员在研究"为什么女性总是购买罐装蟑螂灭虫剂"时采用了投射技术，在研究中要访问对象画出蟑螂图，写出有关蟑螂图的故事。结果表明，访问对象把所给的所有蟑螂象征着这些男人遗弃她们让她们感到贫穷和无助，购买这种杀虫剂，正是表达女性们心中的敌意。

三、品牌偏好

品牌传播的目标受众知道了某品牌，并可能喜欢这一品牌，但是，喜欢程度并不比其他品牌高，即对这一品牌没有偏好。在这种情况下，品牌传播要做的是建立消费者的品牌偏好。在品牌传播活动之后，再测试消费者的品牌偏好。

因此，品牌偏好就是指目标消费者对某一品牌的喜欢程度超过同一产品类型中的竞争品牌的喜欢程度。品牌偏好与品牌态度、品牌接受都有区别。消费者可能对某一品牌有积极态度，对另一品牌有同样感觉，也就是说可能同时喜欢这两个品牌。但对品牌传播者来讲，这是不够的，品牌传播不仅要建立消费者对品牌的积极态度，而且在此基础上要建立对该品牌的偏爱。同样地，品牌接受仅仅表明消费者在购买产品时考虑这个品牌，但这是不够的。品牌传播需要建立品牌偏好、因为有了偏好，就很可能导致品牌购买。

品牌偏好可以作为品牌传播目标，通过建立品牌偏好可以为品牌购买打下基础。同时，品牌偏好可以作为品牌传播绩效进行测定。品牌偏好可用两种方法进行测定：排队法和配对比较法。

排队法用于竞争品牌较少的情况。这种方法要求被访问者根据对某种产品中各种品牌的喜欢程度对品牌进行排队，根据品牌的相对位置来判断其对某一特定品牌的喜欢程度。例如，有 5 个品牌的饼干：奇宝、嘉士利、奥利奥、鬼脸嘟嘟、康元。在测定品牌偏好时，要求被访问者从 1 到 5，按照喜欢程度排列这些品牌，1 表示最喜欢，5 则是最不喜欢的品牌。下面可能是一个访问结果：

	奥利奥	康元	奇宝	嘉士利	鬼脸嘟嘟	
最喜欢	1	2	3	4	5	最不喜欢
偏好分数	$\frac{4}{4}$	$\frac{3}{4}$	$\frac{2}{4}$	$\frac{1}{4}$	$\frac{0}{4}$	

通过对访问样品的测试，可求出其平均偏好分数。例如，所考察品牌为奇宝，样本数为 $n=100$，访问结果为 $\frac{3}{4}$、$\frac{2}{4}$、$\frac{1}{4}$、$\frac{2}{4}$……$\frac{2}{4}$（$n=100$），求其平均值：

$$\frac{\frac{3}{4}+\frac{2}{4}+\frac{1}{4}+\frac{2}{4}+\cdots\cdots+\frac{2}{4}}{100}=\frac{2}{4}$$

可以认为消费者对奇宝的偏好分数为 $\frac{2}{4}$，通过一定时期的传播沟通活动之后，用同样方法测得奇宝的偏好分数为 $\frac{4}{4}$，则沟通后排队情况为：

最喜欢　奇宝　康元　奥利奥　嘉士利　鬼脸嘟嘟　最不喜欢

沟通绩效为：

$$\frac{\frac{4}{4}-\frac{2}{4}}{\frac{2}{4}}\times100\%=100\%，即提高偏好100\%。$$

排队法一般用于品牌数较少的情况，当有大量品牌（6个以上）时则采用配对比较法。这种方法是在诸多品牌中，以每两个品牌为一组，让被访问者进行比较，找出喜欢其中哪一个，每次两个，如果有 N 个品牌，则比较次数为 $T_n=T_{n-1}+(n-1)$ 次。例如，$n=2$，则为两个品牌，比较以此即可 $T_2=T_{2-1}+(2-1)=T_1+1$，$T_1=0$（一个品牌，不需要比较），$n=3$，$T_3=T_{3-1}+(3-1)=T_2+2=1+2=3$ 次，$n=4$，$T_4=T_{4-1}+(4-1)=T_3+3=3+3=6$ 次，$T_5=T_{5-1}+(5-1)=T_4+4=6+4=10$ 次，$T_6=T_{6-1}+(6-1)=T_5+5=10+5=15$ 次，$T_7=T_{7-1}+(7-1)=T_7+6=15+6=21$ 次。

假设有 A、B、C、D、E、F、G 七个品牌，配对比较如表 10-3 所示。

表 10-3　品牌偏好配对比较

	A	B	C	D	E	F	G
A		AB	AC	AD	AE	AF	AG
B			BC	BD	BE	BF	BG

（续表）

	A	B	C	D	E	F	G
C				CD	CE	CF	CG
D					DE	DF	DG
E						EF	EG
F							FG
G							
比较次数		1	2	3	4	5	6
合计		1	3	6	10	15	21
对应品牌数 N		2	3	4	5	6	7

下面举例说明配对比较法的使用方法。用 A～K10 个字母分别代表相同品类的 10 个不同品牌,这里 $n=10$,比较次数 $=T_9+9=T_8+8+9=T_7+7+8+9=21+7+8+9=45$ 次。在测定品牌偏好时用 1 表示两个品牌比较时更喜欢前者,反之,用 0 表示其他情况。例如 A 与 B 比较,更喜欢 A 则用 1 表示,同样喜欢或更喜欢 B 则用 0 表示。表 10-4 是一张假设的测定结果,表中的总分数是表示某一特定品牌与其他品牌比较时获得的 1 个数和它与其余品牌组成的配对总数即 9 的比值。

表 10-4 假设的测定结果

品牌	A	B	C	D	E	F	G	H	I	J	总分数
A		1	0	0	1	1	1	0	1	0	$\frac{5}{9}$
B			1	0	1	0	1	0	0	0	$\frac{3}{9}$
C				1	0	1	0	1	0	1	$\frac{5}{9}$
D					0	1	0	0	1	0	$\frac{3}{9}$
E						1	1	0	0	0	$\frac{4}{9}$
F							1	1	0	1	$\frac{7}{9}$
G								0	1	0	$\frac{5}{9}$
H									1	0	$\frac{3}{9}$
I										0	
J											$\frac{3}{9}$

在品牌传播计划实施前后,分别测定品牌分数,然后计算品牌偏好绩效:

$$\frac{品牌偏好分数(沟通后)-品牌偏好分数(沟通前)}{品牌偏好分数(沟通前)}\times 100\%$$

四、品牌购买

通过品牌传播活动,建立了品牌知晓度,形成了品牌态度,消费者因此考虑接受某种品牌,并对某个品牌形成了特殊偏好。下一步消费者考虑的问题是购买(试用)的决定。

品牌购买行为的产生,要经过一系列的过程,它包括品牌购买态度的形成,购买意向的产生,最后形成购买行为。因此,品牌购买态度、品牌购买意向和品牌购买行为都是品牌传播的目标,也是品牌传播计划实施的绩效。

品牌购买态度不是指有关品牌本身和品牌属性的态度,而是有关品牌购买和使用的态度。品牌购买的反应过程程序列为:品牌知晓-品牌态度-品牌接受-品牌偏好-品牌购买态度-品牌购买意向-品牌购买。品牌购买态度与品牌购买意向也有区别,品牌购买态度指消费者对购买某一特定品牌的看法和感觉(是赞成不赞成),而品牌购买意向指消费者在可预见的未来,计划购买某一特定品牌的可能程度。品牌购买态度可用语意差别尺度法来测定,即用两个表示对购买某种品牌的态度意义相反的词语,比如明智和愚蠢之间列上一些标度,由被访问者选择代表他意愿的方向和程度的某一点。例如,询问消费者购买 Z 品牌时:

5(非常)　　4(比较)　　3(一般)　　2(比较)　　1(非常)

明智　　　　　　　　　　　　　　　　　　　　愚蠢

好　　　　　　　　　　　　　　　　　　　　　坏

令人高兴　　　　　　　　　　　　　　　　　令人生厌

在品牌传播计划实施前后,分别测定消费者购买态度的语意尺度,然后进行比较,就可以判断沟通对购买态度的影响。

购买意向是指消费者从心理上承诺将试用某产品,或者决定当他们下一次购物时将购买有关品牌。购买意向测定就是判断消费者在一定条件下购买某特定品牌的可能性程度。购买意向有两种测定方法:

(1)对特定产品有需要时对某品牌的购买意向测定;

（2）购买计划测定。

"对特定产品有需要时某品牌的购买意向测定"可通过询问潜在消费者这样的问题：

当你在超市购买某类产品时，你购买品牌 Z 的可能性有多大？

对这个问题的回答，可让消费者在语意差别尺度上进行选择，如：

5（非常可能）　4（可能）　3（一般/说不清楚）　2（不大可能）　1（绝对不可能）

在品牌传播计划实施前后，可分别对消费者进行访问，对反应尺度比较就可判断品牌传播对消费者购买意向的影响。

购买计划测定时应直接要求被访问者指出，他们是否打算在下一次购买某品牌。同样消费者的反应可以用语意差别尺度来记录，然后比较品牌传播前后反应尺度的变化，据此来判断沟通效果。两种方法可对照使用。

购买意向明确清晰，但亦不一定会转化为购买行为。在购买意向转化为实际购买之前，可能受到两种因素的作用，一种是别人的态度，二是意外的情况。有人对 100 名声称年内要购买某品牌家用电器的消费者进行追踪研究以后发现，只有 44 名实际购买了该种产品，而真正购买该品牌的消费者只有 30 名。因此，除非某品牌的购买意向全部转化为品牌购买行为，否则，还要对品牌购买进行测定。即品牌购买既可作为品牌传播目标，又可作为品牌传播的绩效。

五、重复购买

当消费者试用某品牌之后，如果对品牌试用感到满意，就会采取重复购买行为。重复购买涉及品牌满意和品牌忠诚。虽然孤立地看，重复购买行为与品牌忠诚之间并没有恒常系数，但至少在某种程度上说，消费者的这种行为部分反映了消费者的满意度以及忠诚度。

重复购买采用两种方法进行测定：再购买测定和购买百分数的测定。品牌再购买测定是通过确定某品牌的拥有者在下一次产品购买中继续购买同一品牌的百分数。例如，拥有 A 牙膏消费者样本为 200 人，这 200 人中有 50 人准备继续购买 A 牙膏，则重复购买率为 $\frac{50}{200} \times 100\% = 25\%$。品牌传播者认为这个重复购买率太低，要采取一定措施——实施沟通计划来增加重复购买率，如果通过品牌传播活动，重复购买率提高到 75%，则沟通绩效为 $75\% - 25\% = 50\%$。事实上,再购买测定是测定消费者试用某品牌之后,重复购买的意向的比值。

购买百分数的测定则直接对某种产品的使用者购买某品牌的百分数来测定重复购买率。

六、品牌满意度

消费者在购买某品牌之后,就会在产品的试用和消费中体验到某种程度的满意和不满意。品牌满意就是指消费者试用产品之后拥有的关于品牌的积极和否定的感觉。

品牌满意度是品牌忠诚度基础,只有消费者在使用过某品牌的产品后,产生满意的心理感受,才可能继续购买,才可能对该品牌产生忠诚和依赖。品牌购买之后,消费者要把产品体验和产品期望进行对照来评价品牌。如果他们认为品牌体验与期望相当,他们就会感到基本满意。如果不适合期望,他们就会不满意。期望与体验之间差距越大,消费者的不满意感就越强。不满意会影响消费者的重复购买行为,甚至会把对产品的评价或感受口传给他人,从而影响他人的购买行为。传播对品牌满意有影响,因为品牌满意不仅依赖于产品可见绩效,还依赖于品牌期望。品牌期望是通过品牌传播信息(还包括不可控渠道)传播的信息建立的品牌认知预期。品牌传播者要把品牌满意作为一个重要的绩效来进行监控。

JMAC(日本能率协会)认为,品牌满意的测定需由三个方面的满意度来综合得出,如图 10-1 所示。

图 10-1　品牌满意度的测定

也就是说,对品牌满意度的认定既要有综合满意度(对品牌整体的满意度),又要包括程序满意度(每一个与顾客接触点的满意度),和行径满意度(构成各个程序满意要素的具体行为,行动、场面)。

品牌满意也可通过语意尺度反应来进行测定。把消费者购买满意尺度从完全满意到完全不满意分为 7 个尺度,分别是完全满意(＝7),很满意(＝6),比较满意(＝5),一般(＝4),不太满意(＝3),不满意(＝2),糟糕极了(＝1),对这些样本分别进行访问并记录结果。然而这样得出的离散结果还不足以概括品牌满意度全貌。在测定消费者整体的品牌满意度的时候,要用到综合分析的方法,也就是首先区分样本的属性,分别掌握不同属性消费者的满意度,然后以各属性消费者占全体消费者样本的比重为权数,进行加权平均,得出整体的消费者品牌满意度。其计算公式如下:

品牌满意度＝属性 1 的比例×属性 1 消费者的品牌满意度＋属性 2 的比例×属性 2 的消费者的品牌满意度＋……

因此,把握顾客的各属性(如使用率、性别、年龄等),各属性顾客的数量比例及其品牌满意度是综合分析顾客品牌满意度的必要条件。

在品牌传播活动实施前后分别进行测定,通过满意水平的变化来判断品牌传播绩效。

七、品牌忠诚

按照消费者对品牌的忠诚程度可将其分为 4 类:

(1)铁杆品牌忠诚者:消费者在任何时候只购买某一种品牌。

(2)几个品牌的忠诚者:消费者在购买某种产品的时候,只选择少数几个品牌,同时是几个品牌的忠诚者。

(3)品牌转移者:消费者在购买某种产品时,从忠诚于某一品牌转移到忠诚另一品牌。

(4)游离群:消费者在购买某种产品时,并不忠诚于任何品牌,游离于各种品牌之间,其购买行为具有随机性。

关于品牌忠诚的程度划分,大卫·艾克还提出了 5 层次分类。第一层(最底层)是不忠诚消费者,他们对品牌漠不关心,他们购买品牌不是出于忠诚。在购物时,价格等因素可能是购买的主要诱因。第二层是品牌满意的消费者。这些消费者主要是习惯性购买者。他们购买某品牌不是出自对品牌的忠诚,而仅仅因为习惯,尚未遇到改变品牌的理由。第三层是另一种不同类型的品牌满意消费者,我们称品牌斟酌消费者。这类消费者之所以购买这个品牌亦维持购买,是考虑到高的转换成本。第四层是品牌喜欢者,他们视品牌为朋友,对品牌有情感依附。最顶端是第五层,品牌承诺者。这类消费者以使用本品牌为荣。这个品牌对他们来说非常重要,因为这个品牌从功能上使他们得到满足或者这个品牌再现了他们的形象。

建立品牌忠诚是提高市场份额质量的重要因素,而品牌忠诚显然是品牌传播的绩效之一。品牌忠诚的测定采用多变量法,该测定方式很受欢迎。这种方法是向消费者提出一组问题,根据消费者回答情况来判断品牌忠诚度。其访问操作见图 10-2。品牌忠诚度可根据回答结果计算样本百分数。在品牌传播前后,分别测定品牌忠诚度,其差异就是品牌传播绩效。

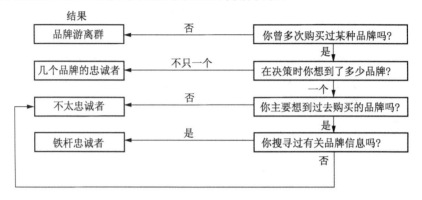

图 10-2　品牌忠诚度的测定

第二节　品牌价值评估

品牌传播的目标就是要厚积品牌资产,品牌资产是一种超越生产、商品、所有有形资产以外的无形资产。20 世纪 80 年代后期一连串的企业并购案使品牌资产成为一项热门话题。如 1988 年,瑞士雀巢食品公司以总额 10 亿多美元的价格买下了英国罗特里(ROWNTREE)公司,收获的是该公司财务报表上从未出现的东西:宝路(POLO)、奇巧(KIT KAT),以及八点以后(AFTER EIGHT)等产品品牌。对品牌资产的会计评估是对其很好的量化评价方式,是评估品牌传播效果的重要依据。以下介绍两种世界上常用的品牌价值评估系统。

一、Interbrand 品牌价值评估

英国的 Interbrand(英特品牌)公司是世界著名的品牌咨询公司,该公司对品牌价值的评价具有公认的权威性。其评价方法也被世界各国所广泛采用。

1. Interbrand 品牌评估方法的主要特点

由设在英国伦敦的 Interbrand 公司创立的品牌评估方法作为最早问世、在全世界具有较强的影响力的品牌评估方法,主要有以下三个显著特点:

(1) Interbrand 方法以品牌的未来收益为评估基础。"品牌之所以有价值不全在于创造品牌所付出了成本,也不全在于有品牌产品较无品牌产品可以获得较高的溢价,而在于品牌可以使其所有者在未来获得较稳定的收益",这是 Interbrand 品牌评估方法的一个基本假定。如此,一个产品是否试用品牌,在短期内对其总体收益的影响可能并不大,但从长期来看则有较大的不同。产品有无品牌、品牌知名与否,对其市场需求的稳定性影响很大。一般认为,知名品牌比一般品牌能给企业带来更稳定的未来收益。正因如此,知名品牌才具价值。可以说,Interbrand 方法是基于品牌的未来收益而对品牌进行评估的方法。此方法对过去和未来年份销售额、利润等方面的分析与预测,对处于成熟且稳定市场的品牌而言,是一种较为有效的品牌评估方法。

(2) 财务分析、市场分析和品牌分析相结合。在 Interbrand 品牌评估法下,品牌的未来收益是品牌评估的基础。为了确定品牌的未来收益,需要进行财务分析和市场分析。财务分析的目的是测定某个产品或某项服务的未来收益扣除有形资产创造的收益后的余额,此即属于无形资产(包括品牌)的未来收益。进行市场分析是为了揭示并确定品牌对所评定品牌或产品所在行业的作用,借以决定产品或服务的无形资产收益中应归属于品牌的部分。调研中发现,归属于品牌的部分,其行业间差异较大。如香烟、饮料、化妆品等行业,因品牌对消费者的选择行为产生的影响较大,而使这些行业的无形资产收益中应归功于品牌的部分较大;而时装、高技术产品和许多工业用品等的无形资产收益中,只有较小的部分归功于品牌(较大的部分归功于非品牌资产)。品牌分析是指品牌强度分析,其目的是为了确定被评估品牌与同行业其他品牌相比的相对地位,意在衡量品牌在将其未来收益变为显示收益过程中的风险。

Interbrand 评估法主要从以下七个方面评价品牌强度:一是市场性质。一般说来,处于成熟、稳定和具有较高市场壁垒的品牌,其品牌强度的分值较高。如,食品、饮料等领域的品牌强度通常要高于高技术和时装领域的品牌,其原因是消费者在选择后一类产品时,更多的受技术和时尚变化等方面的影响。二是品牌稳定性。此指标考核品牌的稳定性,借以品牌的保值增值能力。一般而言,较早进入市场的品牌比新进入的品牌拥有更多的忠诚消费者,故其分值较高。三是品牌在同行业中的地位。此指标通过对品牌标定下产品市场占有率的测评,来评估品牌的市场竞争能力。通常,居于领导地位的品牌应得高分。四是行销范围或辐射力。此指标考核品牌标定下产品的市场覆盖率,继而评估品牌超越地理和文化边界的能力。品牌行销范围越广,辐射力越强,其品牌的得分越高。五是品牌发展趋势。此指标考核评估品牌标定下产品的新产品开发能力及其品牌对行业发展方向的影响力。品牌标定下的产品越具有时代感,与消费者需求越趋于一致,其品牌的得分越高。六是品牌所获支持状况。此指标考核评估品牌的传播效果和获得消费者对品牌的支持程度。受到支持越大的品牌越具有价值。七是品牌受保护程度。此指标考核品牌注册及商标专用权情况。获得注册、享有商标专用权从而受到商标法保护的品牌价值自然要高于未注册品牌或未取得商标专用权的品牌价值;还有,与一般法律保护的品牌相比,受到特殊法律保护的品牌(如驰名商标)会获得更高的分值。

(3)品牌强度与品牌未来收益的贴现率具有关联性。对于上述七方面指标,Interbrand 方法分别规定了最高分值(总分是 100),也就是"理想品牌"所获得的分值。但现实经济生活中的品牌很难达到这种"理想品牌"状态。Interbrand 公司还创立了一种 S 形曲线,将品牌强度得分转化为品牌未来收益所适用的贴现率。图中横坐标为适用于将品牌未来收益折为现值的贴现率,纵坐标为品牌强度分值。由于品牌未来收益是基于对品牌的近期和过去业绩以及市场未来的可能变动而做出的估计,品牌的强度越大,其估计的未来收益成为显示收益的可能性就越大。所以,在对未来收益贴现时,对强度大的品牌应采用较低的贴现率,反之,则应采用较高的贴现率。

据 S 形曲线图,对于强度分值为 100 的"理想品牌"或"完美品牌",其贴现率为 5%,相当于没有任何风险的长期投资所获得的回报。对于品牌强度分值为 0 (即没有任何品牌价值)的品牌,贴现率为无穷大。同时还可以看出的是,适用于品牌未来收益的贴现率会随着品牌强度的增强(分值提高)而降低,但当品牌强度达到一定水平后,贴现率下降速度呈递减趋势。

用 S 形曲线将品牌强度分值与品牌未来收益所使用的贴现率直接联系起来(即将某一品牌的强度分值与特定的贴现率相对应),从而用以对品牌未来收益转化为显示收益的风险作出估计,这也是 Interbrand 评估法颇具创造性的方面。

2. Interbrand 品牌评估方法的简单实例

以上简要地介绍了 Interbrand 品牌评估法的主要特点,据此我们可以了解该评估法的基本做法。在此例举一个品牌价值评估的简单实例。为了简便,假定净销售收入是以当前年度(即第 0 年)不变价计算而得;净销售额中全部是生产经营企业被评估品牌标定下的产品的销售额;有形资产包括固定资产与流动资产,均以第 0 年不变价计价;有形资产的收益剔除了通货膨胀的影响;品牌所产生的未来收益按全部无形资产所创收益的 75% 计算;在对行业、市场和品牌分析基础上确定的贴现率为 15%;第 5 年之后品牌收益增长为 0。由此,结合其他实际情况列出计算表(见表 10 - 5)。

　　从表 10 - 5 可看出,被评估品牌到第 5 年所创造的累计收益的现值为 152.4 万元,第 5 年后品牌残值折合现值为 135.3 万元。因此,该品牌的总价值为 287.7 万元。

表 10 - 5　Interbrand 品牌评估法实例　　　　　　　　单位:万元

年份	前年	去年	第 0 年	第 1 年	第 2 年	第 3 年	第 4 年	第 5 年
净销售额	440.0	480.0	500.0	520.0	550.0	580.0	620.0	650.0
营运收益	66.0	72.0	75.0	78.0	82.5	87.0	93.0	97.5
使用的有形资产	220.0	240.0	250.0	260.0	275.0	290.0	310.0	325.0
有形资产计提收益(5%)	11.0	12.0	12.5	13.0	13.8	14.5	15.5	16.3
无形资产收益	55.0	60.0	62.5	65.0	68.8	72.5	77.5	81.3
品牌收益(占无形资产收益 75%)	41.3	45.0	46.9	48.8	51.6	54.4	58.1	60.9
税率	33%	33%	33%	33%	33%	33%	33%	33%
税后品牌收益	27.6	30.2	31.4	32.7	34.5	36.4	38.9	40.8
贴现率			15%					
贴现因子			1.0	1.15	1.32	1.52	1.75	2.01
现值现金流			152.4					
到第 5 年时品牌所创造的价值			135.3					

(续表)

年份	前年	去年	第 0 年	第 1 年	第 2 年	第 3 年	第 4 年	第 5 年
第 5 年后品牌残值			135.3					
品牌总价值			287.7					

二、Financial World 品牌价值评估

美国 Financial World("金融世界")的品牌评估起始于 1992 年,其品牌评估方法是借鉴英国伦敦的 Interbrand 公司创立的方法适当修改而成的。美国 Financial World 搜集的数据来源于财务分析专家、贸易协会和少数企业自己提供的财务报表等,依此进行品牌评估。下面以 1995 年凯洛格(Kellogg's)品牌价值(在 282 个品牌中排名第九)的简要计算过程为例说明 Financial World 品牌评估方法。

根据凯洛格 1994 年在全世界的所有产品的销售额为 55 亿美元,为计算其品牌价值,需要进行三步计算。

首先,计算品牌的营业利润。为此需要通过两步计算:其一要计算出每个特殊行业的资本销售率中值。若已知预制食品的资本销售率中值(此指标是 1994 年开始使用的,在此之前,全部行业都使用 60%这一指标值)为 32%,即预制食品行业投入 32 美分可带来 1 美元的销售收入,这样就可以得出一个凯洛格的假定资本运用量是 17.6 亿美元(55×32%)。其二要计算与品牌相联系的营业利润。现假定一般的品牌能获得 5%的资产回报(也可称资本净利润率),从总利润(10 亿美元)中扣除 0.88 亿美元(17.6×5%),就得到与品牌相联系的营业利润为 9.12 亿美元。此即凯洛格品牌带来的税前利润。

其次,计算品牌的净收益。为了防止短期变化的大起大落引起的对长期倾向的歪曲,1995 年起,"金融世界"的品牌价值评估不再直接使用最近一年的品牌税前利润(凯洛格最近一年的品牌税前利润为 9.12 亿美元),而是用最近两年税前利润的加权平均数(凯洛格 1993 年的税前利润是 8.43 亿美元),其权数分配比例是:最近一年的权重是上一年的 2 倍。经加权平均(主要是通过平滑移动),凯洛格品牌两年加权平均的税前利润为 8.89 亿美元。以品牌的税前利润为基础,再扣除税收,即是品牌的净收益。为防止公司税率各年的变化导致品牌价值的歪曲,把母品牌所属国内最大通用税率(这是由阿瑟·安德森和库莱会计师事务所提供)34%用于凯洛格,如此,就得到了凯洛格品牌净收益 5.87 亿美元(8.89－8.890×34%)。

最后,测定凯洛格品牌的英特品牌强度系数,并与品牌净收益相乘得到品牌的价值。英特品牌强度系数是根据被评估品牌的市场领导能力(leadership)、稳定性(stability)、销售状况(market)、国际化能力(ineternationnality)、发展趋势

（trend）、所获支持状况（support）和受保护程度（protection）等七方面指标的综合评定。大量调查结果表明，有价值的品牌最低获利年限约为 6 年，所以为了便于评估，品牌获利年限最高不超过 20 年。如此，品牌强度系数的取值范围是 6～20之间。通过对凯洛格品牌的 7 项指标的综合评定，凯洛格品牌的强度系数为 18.76，据此得出凯洛格品牌的最终价值为 110 亿美元（5.87×18.76%）。

值得说明的是，为了避免汇率的变化所引起的波动，对外国企业所有的计算都根据本国货币进行包括各年的品牌价值变化。但是，品牌价值、销售收入和营业利润等数字在表中都以美元表示。外国品牌则根据品牌的财政年度年末的汇率折算成美元。如果美元汇率下降，那么美国品牌的价值与日本和德国品牌相比就会下降。

参考文献

[1] 伊查克·爱迪斯.企业生命周期[M].北京:中国社会科学出版社,1997.

[2] 麦克尔·波特.竞争战略[M].北京:华夏出版社,1997.

[3] 林恩·阿普绍.塑造品牌特征[M].北京:清华大学出版社,1999.

[4] 约翰·菲利普·琼斯.广告与品牌策划[M].北京:机械工业出版社,1999.

[5] 让·诺尔·卡菲勒.战略性品牌管理[M].北京:商务印书馆,2000.,

[6] 刘凤军.品牌运营论[M].北京:经济科学出版社,2000..

[7] 乔治·E·贝尔齐,麦克尔·A·贝尔齐.广告与促销[M].大连:东北财经大学出版社,2000.

[8] J.泰勒思.广告与销售战略[M].昆明:云南大学出版社,2001.

[9] 艾·里,杰克·特劳特.定位:争夺用户心智的战争[M].北京:机械工业出版社,2002.

[10] 冶鲁,魏中龙.制胜之理[M].北京:机械工业出版社,2002.

[11] 赵跃鹏,侯瑞鹤.如何面对品牌更年期[M].中国广告杂志,2003(4).

[12] 戴维斯.品牌资产管理:赢得客户忠诚度与利润的有效途径[M].刘莹,李哲,译.北京:中国财经出版社,2006.

[13] 奈杰尔·霍利斯.全球化品牌[M].谭北平,等译.北京:北京师范大学出版社,2009.

[14] 华杉,华楠.超级符号就是超级创意[M].天津:天津人民出版社,2013.

[15] 舒咏平.新媒体广告传播[M].上海:上海交通大学出版社,2015.

[16] 舒尔茨.重塑消费者—品牌关系[M].沈虹,译.北京:机械工业出版社,2015.

[17] 凯文·莱恩·凯勒.战略品牌管理[M].北京:中国人民大学出版社,2016.

[18] 黄有璨.运营之光:我的互联网方法论与自白[M].北京:电子工业出版社,2016.

[19] 威廉姆·巴雷.品牌广告手册[M].刘洲,译.北京:中信出版集团,2017.

[20] 戴维·阿克.品牌大师:塑造成功品牌的 20 条法则[M].王宁子,译.北京:中信出版社,2019.

[21] 薛可,余明阳.文化创意学概论[M].上海:复旦大学出版社,2021.

［22］薛可,余明阳.人际传播学概论［M］.第四版.上海:复旦大学出版社,2021

［23］余明阳,陈先红,薛可.广告策划创意学［M］.第四版.上海:复旦大学出版社,2021.

［24］余明阳,薛可,杨芳平.品牌学教程［M］.上海:复旦大学出版社,2022.

［25］余明阳,薛可.公共关系学［M］.第三版.北京:北京师范大学出版社,2022.

［26］余明阳,薛可.公共关系策划学［M］.第三版.北京首都经济贸易大学出版社,2022.

［27］Simon,Julian L.Issues in the Economics of Advertising［M］. Urbana: University of Illinois Press,1970.

［28］Lancaster, Kelvin J. Consumer Demand: A New Approach［M］. Columbia University Press,1971.

［29］Kirzner, Israel.Competition and Entrepreneurship［M］. University of Chicago Press,1973.

［30］Kapferer, JeanNol.Strategic Brand Management［M］. New York: Free Press,1992.

［31］D.Aaker.Building Strong Brands［M］. New York: Free Press,1996.

［32］Barbara Mueller. International Advertising: Communicating across Culture［M］. Wadsworth Publishing Company,1996.

［33］Ries, Laura. The 22 Immutable Laws of Branding［M］.Harper Collins Press,1998.

［34］Sherry Devereaux Ferguson. Communication Planning: An Integrated Approach［M］.California: SAGE Publications, Inc.,1999.

［35］Chartered Institute of Public Relations and Department of Trade and Industry［M］.Unlocking the Potential of Public Relations: Developing Good Practice Report.London:CIPR,2003.

［36］Hobsbawm Julia. Where the Truth Lies: Trust and Morality in PR & Journalism［M］. London : Atlantic Books,2006.

［37］Botan C.H. & Hazleton V. Public Relations in a New Age［M］. New Jersey: Lawrence Erlbaum,2006.

［38］薛可.公共关系在名牌战略中的作用［J］.经济论坛,1998(18):21－22.

［39］余明阳,舒咏平.品牌传播刍议［J］.品牌,2001(11):8－10.

［40］刘凤军.品牌:市场边界与竞争制高点［J］.经济管理,2001(06):47－51.

[41] 宁昌会.品牌传播效果的衡量指标及测定[J].统计与决策,2001(07):15-16.

[42] 周惠萍.品牌、传播与公共关系探讨[J].工业技术经济,2002(03):45-47.

[43] 余明阳,舒咏平.论"品牌传播"[J].国际新闻界,2002(03):63-68.

[44] 范秀成,陈洁.品牌形象综合测评模型及其应用[J].南开学报,2002(03):65-71.

[45] 黄胜兵,卢泰宏.品牌个性维度的本土化研究[J].南开管理评论,2003(01):4-9.

[46] 沈占波,刘国锋,赵宪军.论品牌竞争力外显性指标体系构建[J].商场现代化,2005(15):100.

[47] 潘成云.品牌市场生命周期管理理论论纲[J].中国流通经济,2006(09):42-45.

[48] 韩中和.品牌国际化研究述评[J].外国经济与管理,2008,30(12):32-38.

[49] 方英.搜索引擎营销模式及其商业价值分析[J].商业时代,2009(03):32-33.

[50] 刘家凤.品牌价值观一致性:研究视角、衡量指标及结果变量[J].西南民族大学学报(人文社会科学版),2011,32(05):171-175.

[51] 于潇.Web2.0时代下微博广告传播策略分析[J].新闻界,2011(03):135-137.

[52] 于潇.社交媒体时代品牌传播策略分析[J].新闻界,2011(04):122-123+133.

[53] 宗文.全球价值网络与中国企业成长[J].中国工业经济,2011(12):46-56.

[54] 孔颖.品牌构建中新媒体的功能及应用路径探析[J].河南师范大学学报(哲学社会科学版),2012,39(03):98-100.

[55] 谭佳音,李波.品牌竞争与渠道竞争共存时销售渠道选择策略[J].管理评论,2012,24(06):74-82.

[56] 刘家凤,林雅军.品牌价值观——概念与测量[J].西南民族大学学报(人文社会科学版),2013,34(07):118-123.

[57] 薛健平,余伟萍,牛永革.电子商务企业微博品牌传播效果研究——以易迅网微博为例[J].软科学,2013,27(12):67-71.

[58] 谢新洲,刘京雷,王强.社会化媒体中品牌传播效果评价研究[J].图书情报工作,2014,58(14):6-11.

[59] 何佳讯,吴漪,谢润琦.中国元素是否有效:全球品牌全球本土化战略的消费者态度研究 ——基于刻板印象一致性视角[J].华东师范大学学报(哲学社会科学版),2014,46(05):131－145＋182.

[60] 舒咏平.搜索平台上的广告信息呈现[J].湖湘论坛,2014,28(06):117－122.

[61] 李敏.新媒体背景下的品牌营销新思维[J].新闻战线,2015(10):70－71.

[62] 何佳讯,吴漪.品牌价值观:中国国家品牌与企业品牌的联系及战略含义[J].华东师范大学学报(哲学社会科学版),2015,47(05):150－166＋223－224.

[63] 单佳佳.社会化媒体背景下企业品牌营销策略[J].东南大学学报(哲学社会科学版),2016,18(S1):23－25.

[64] 倪宁,徐智,杨莉明.复杂的用户:社交媒体用户参与广告行为研究[J].国际新闻界,2016,38(10):111－127.

[65] 高鹏.微电影广告品牌形象的构建路径[J].传媒,2017(15):77－79.

[66] 张轶楠.微电影广告特征及发展趋势分析[J].现代传播(中国传媒大学学报),2018,40(05):165－167.

[67] 刘敏.基于用户体验的品牌搜索引擎服务评价及优化[J].图书馆学研究,2020(19):41－49.

[68] 闫幸,徐聪.微电影广告对消费者社交媒体传播和购买意愿的影响研究[J].经济与管理,2022,36(01):34－39.

[69] 姚曦,郭晓譞,贾煜.价值·互动·网络:城市品牌国际传播效能评价指标体系建构[J].新闻与传播评论,2022,75(04):106－115.

[70] 王晓维,丁娜.穿透力与说服力:移动互联网时代企业品牌传播特质探析[J].传媒,2022(16):83－85.

[71] www.21brand.com,www.businesspie.net,www.kpworld.com.